FRANK SCHÄTZING
WAS, WENN WIR
EINFACH DIE WELT RETTEN?

Das Buch

Wir leben in einem Thriller. Nie waren wir so vielen potenziellen Schrecknissen gleichzeitig ausgesetzt wie heute. Wenn wir also dem Klimaschutz vorübergehend unsere Aufmerksamkeit entzogen haben, um eine Pandemie zu besiegen, ist das schlichtweg menschlich. Was nichts daran ändert, dass der Klimawandel die größte existenzielle Bedrohung unserer Geschichte darstellt, und ebenso wenig wie ein Virus lässt er mit sich reden. Zeit, zurück ins Handeln zu finden.

Wissenschaftlich fundiert, spannend und nie ohne Humor entwirft Frank Schätzing verschiedene Szenarien unserer Zukunft, in denen wir mal versagt, mal obsiegt haben. Wir lernen die Protagonisten und Antagonisten kennen, Verantwortliche aus Politik, Wirtschaft und Gesellschaft, Aktivisten, Leugner und Verschwörungstheoretiker, bevor der Autor den Blick aufs Panorama des Machbaren öffnet, auf die Vielzahl unserer Optionen und gar nicht so fernen Superlösungen.

»Was, wenn wir einfach die Welt retten?« ist ein Plädoyer für Mut und Zuversicht. Wir können die Herausforderung meistern, wenn wir nur wollen: mit Wissen, Willenskraft, positivem Denken, Kreativität, der Liebe zu unserem Planeten und ein bisschen persönlichem Heldentum, wie man es im Thriller braucht.

Der Autor

Frank Schätzing ist einer der meistgelesenen Autoren Deutschlands. Er gilt als Visionär, dessen Szenarien oft nur einen Herzschlag von unserer täglichen Lebensrealität entfernt liegen. Viele seiner Romane wurden internationale Bestseller. »Tod und Teufel«, 1995; »Lautlos«, 2000; »Der Schwarm«, 2004; »Limit«, 2009; »Breaking News«, 2014; »Die Tyrannei des Schmetterlings«, 2018. Auch als Sachbuchautor hat sich Schätzing einen Namen gemacht. 2006 zeichnete Bild der Wissenschaft seine Evolutionsgeschichte »Nachrichten aus einem unbekannten Universum« als bestes Wissenschaftsbuch aus. »Was, wenn wir einfach die Welt retten?« ist sein zweites Sachbuch.

FRANK SCHÄTZING

WAS, WENN WIR EINFACH DIE WELT RETTEN?

HANDELN IN DER KLIMAKRISE

Kiepenheuer & Witsch

Mit diesem Buch unterstützen wir das Buchen-UrwaldProjekt von Wohllebens WALDAKADEMIE in der Eifel.

Von Natur aus wäre Deutschland zu über 90 Prozent von Wald bedeckt, größtenteils Buche/Eichen-Mischwälder. Alte Buchenwälder sind die Regenwälder Europas, und ähnlich wie in den Tropen ist es auch um sie sehr schlecht bestellt. Buchenwälder ab Alter 180 haben nur noch einen Anteil von 0,16 Prozent an der Landfläche. Selbst diese kleinen Restflächen werden oft weiter bewirtschaftet. Die Buchenwälder des UrwaldProjekts werden konsequent geschützt und für kommende Generationen erhalten.

 DIESES BUCH TUT GUTES FÜR DIE UMWELT
In unserem Wald-Schutzgebiet in der Eifel wird auf natürliche Weise CO_2 in alten Wäldern gespeichert und somit das Klima entlastet. Gleichzeitig übernimmt das Projekt eine wichtige Rolle im Erhalt der Biodiversität.
Schutzflächen-ID: wohllebens-waldakademie.de/forest/cfdbfbeb

Durch das Einscannen dieses QR-Codes gelangen Sie auf die Website von Wohllebens WALDAKADEMIE und können den Buchen-Urwald, den Sie mit dem Kauf dieses Buchs schützen helfen, live erleben.

Verlag Kiepenheuer & Witsch, FSC® N001512

1. Auflage 2021

© 2021, Verlag Kiepenheuer & Witsch, Köln
Alle Rechte vorbehalten
Cover- und Vorsatzgestaltung: buerogroll.com
Cover- und Vorsatzmotive: © Gorshkov Igor / Getty Images;
© penfold / Getty Images; © A-Digit / Getty Images;
© dra_schwartz / Getty Images; Autorenfoto: © Paul Schmitz
Gesetzt aus der Minion und der Gibbs
Satz: Buch-Werkstatt GmbH, Bad Aibling
Druck und Bindung: CPI books GmbH, Leck
ISBN 978-3-462-00201-0

Für Jürgen,
der die Menschen liebt

Jeder dumme Junge kann einen Käfer zertreten.
Aber alle Professoren der Welt können keinen herstellen.
Arthur Schopenhauer

Unser Planet ist unser Zuhause, unser einziges Zuhause.
Wo wollen wir denn hingehen, wenn wir ihn zerstören?
Dalai-Lama

Wer nicht an den Klimawandel glaubt, glaubt nicht
an Fakten, an die Wissenschaft oder an empirische
Wahrheiten und sollte deshalb meiner Meinung nach
kein öffentliches Amt bekleiden.
Leonardo DiCaprio

Probleme kann man niemals mit derselben Denkweise
lösen, durch die sie entstanden sind.
Albert Einstein

TEIL I
EIGENTLICH –

– wollte ich ein ganz anderes Buch schreiben, einen Thriller.

Dann dachte ich: Wir sind in einem Thriller.

Sie und ich.

Nicht als Leser und Autor.

Als Akteure.

Besagter Thriller schreibt sich seit Menschengedenken fort und wechselt dabei immer wieder den Titel. Aktuell heißt er Klimakrise. Pandemie. Digitalisierung. Terror. In der Vergangenheit hieß er Kalter Krieg, Wettrüsten, davor Zweiter Weltkrieg, Erster Weltkrieg, Dreißigjähriger Krieg, Hexenverfolgung, Pest, Sintflut, Vertreibung aus dem Paradies, um nur einige zu nennen. Neue Titel sind annonciert. Kleiner Vorgeschmack? Supermeteorit, Herrschaft der Maschinen, Invasion Außerirdischer oder schlicht Überbevölkerung.

Nicht nur Deutsche, aber ganz besonders Deutsche, lieben eher Krimis. Leichen und Ermittler sind hierzulande noch beliebter als Golden Retriever und Fernsehköche. Nicht, dass wir blutrünstig wären. Wir mögen es nur einfach, die aus den Fugen geratene Welt wieder in Ordnung gebracht zu sehen. Anders als beim Thriller steht beim Krimi die Eskalation am Anfang. Jemand wird gemeuchelt, Verdächtige marschieren auf, wo waren Sie gestern Abend, die Schlinge zieht sich zu, Showdown, Fall abgeschlossen.

Nichts beruhigt so wie ein schöner Krimi.

Thriller funktionieren andersrum. Am Anfang steht Normalität. Heile kleine Welt. Familie, Nachbarn, Freunde. Dann bricht etwas ein. Unheimlich, unerklärlich. Die Ordnung erodiert, und je weiter das Ganze voranschreitet, desto schlimmer wird es. Sicher geglaubte Strukturen zerfallen. Gewissheiten enden, Vertrautes wendet sich gegen uns. Thriller erzählen vom Kontrollverlust. Bei Roland Emmerich pflegt das im Weltuntergang zu enden. Ich teile diese Freude am

Zerdeppern. Es macht Spaß, Städte auszulöschen und Ungeheuer auf die Menschheit loszulassen. In der Literatur, im Film ist es ein Spiel mit dem Unvorstellbaren: Was wären wir in der Lage, zu ertragen? Was macht die Katastrophe, der Zusammenbruch mit uns? Bleiben wir solidarisch? Wie dünn ist die Decke der Zivilisation, wie nah der Mensch am Monster?

Das herauszufinden, kann unterhaltsam sein, aber auch ziemlich erschreckend. Kommt man der Wirklichkeit zu nahe, greift sie kalt nach einem. Vielleicht haben Sie den Viren-Thriller ›Contagion‹ gesehen. Die Pandemie wird am Ende eingedämmt, aber der Film entlässt einen nicht gerade mit einem Gefühl der Beruhigung. Thriller sind perfide. Sie stellen die Ordnung nur scheinbar wieder her. Die Bedrohung bleibt. Im Falle von ›Das Schweigen der Lämmer‹ können wir dieses Gefühl sogar genießen. Wir wollen Hannibal Lecter zwar nicht persönlich begegnen, ihn aber unbedingt wiedersehen. Die Chance, so einem ins Messer zu laufen, geht im echten Leben schließlich gegen null. In Steven Spielbergs Verfilmung des H.-G.-Wells-Klassikers ›Krieg der Welten‹ geht es um Außerirdische. Nicht unser drängendstes Problem und auf der Skala prospektiver Bedrohungen noch Lichtjahre hinter Hannibal the Cannibal, dennoch hat der Film viele Menschen verstört. Die Aliens entfesseln einen gnadenlosen Genozid. Wir haben ihnen nichts entgegenzusetzen. Der Held ist ganz unheldenhaft auf der Flucht und kaum imstande, seine Kinder zu beschützen. Durch ihn erleben wir das Gefühl völligen Ausgeliefertseins.

Warum erzähle ich Ihnen das?

Weil es viel mit unserer Wirklichkeit zu tun hat.

Das Gute an der Fiktion ist, dass wir den Kinosaal verlassen und das Buch zuklappen können. Insofern haben Thriller etwas Heilsames. Spannung kann sich entladen. Denn wir stehen unter Druck. Täglich konsumieren wir die Befindlichkeiten eines kompletten Planeten. Die Nachrichten sind ein Komprimat dessen, was schiefläuft, wie soll man *nicht* glauben, dass die Welt den Bach runtergeht? Relevantes muss berichtet werden! Aber Fakt ist, dass die Verdichtung schlechter Nachrichten nicht die wahren Verhältnisse widerspiegelt, in denen die Leben von Millionen Menschen friedlich und geregelt verlaufen, viel Gutes geschieht und gemeinhin wenig, was eine Primetime-Berichterstattung rechtfertigen würde. In der echten Welt verdünnen sich Katastrophen auf ein ungleich größeres Maß an Normalität, gibt es weniger Kriege, Armut, Krankheit und Hunger denn je (wenn auch immer noch zu viel). In der medialen Welt dissonieren Dutzende Alarmglocken.

Als Folge fühlen wir uns dauerbedroht: Klimawandel, Killerviren, Flüchtlingsströme, künstliche Intelligenz, Jobverlust, religiöser Terror, Zusammenbruch der Demokratien, Erstarken rechter Populisten – der Thriller, in dem wir *leben*, löst kaum etwas davon auf, und wir können das Buch nicht zuklappen, das Kino nicht verlassen. Wir verharren im Schwebezustand. Bis heute ist die Welt nicht untergegangen, Entwarnung gibt es aber auch nicht. Das steigert die Anspannung. Unsere Ängste wachsen über die Ursachen hinaus. Bezeichnenderweise ist die Furcht vor Ausländern dort am größten, wo kaum welche sind. Zugleich scheint, was uns bedroht, nicht zu existieren. Am Morgen öffnen wir die Tür, der Himmel sieht aus wie immer. Klimawandel? Wo? Und wo sind die intelligenten Maschinen, die uns vernichten wollen? Die Post bringt immer noch der Briefträger, nicht der Terminator. Keine Flüchtlingsströme ziehen durch meine Straße. Keiner kommt, um mich im Namen Gottes in die Luft zu sprengen, obwohl ich gerade eben wieder davon höre. Kein Atompilz steht am Himmel. Corona? Ein Zahlenspiel. Ich bin immer noch nicht infiziert, auch meine Freunde schauen eher genervt als krank aus, aber jeder weiß, es gibt die Kranken, und man kann dran sterben.

Der Thriller, in dem wir leben, hält uns hin.

Das reibt Menschen auf. Fast schlimmer als der Weltuntergang ist, wenn er sich dauerankündigt, ohne einzutreten. Die Probleme scheinen nur immer mehr zu werden, und die, in deren Hand es läge, sie zu lösen, schließen lasche Abkommen, die sie dann noch unterlaufen.

Was also kann man tun? Offenbar nichts.

Wem kann man trauen? Offenbar keinem.

Während ich das schreibe, wächst sich die zweite Corona-Welle zum Tsunami aus. 2019 beherrschten Fridays for Future und Gretas Atlantiküberquerung die deutschen Medien. Mit 438.000 Medienbeiträgen war Klimaschutz Topthema, unmittelbar gefolgt von Zuwanderung (über 430.000 Beiträge), Pflege und Gesundheit (268.000), Digitalisierung (235.000) und Rente (206.000). 2020 sah es völlig anders aus. Allein im ersten Halbjahr ging der Spitzenplatz mit 250.000 Beiträgen an COVID-19 (Pflege und Gesundheit), weit dahinter rangierten Zuwanderung (über 143.000) und Klimaschutz (knapp 127.000). Letzterer erlitt mit über 52 Prozent den größten Verlust an Medienpräsenz.

Aktuell (Januar 2021) beherrscht Corona unverändert das Nachrichtengeschehen. Auf der Platte springt die Nadel immer wieder in dieselbe Rille. Dennoch sind die übrigen Themen nicht weg. Sie haben medial an Relevanz verloren, bleiben aber im Hintergrund präsent. Keine seelische Entlastung also, nur dass der Corona-Daueralarm alles andere übertönt. So richtig es war (und bis auf Weiteres sein wird), dem Virus maximale Medienpräsenz einzuräumen, kann man dennoch fragen, ob über Monate hinweg jede Talkshow, jede Headline dieser Monothematik unterworfen sein musste. Kein Zweifel, das Monster ist groß. Medial wurde es erdrückend groß. In jeder Sekunde drängelte es sich in den Vordergrund, was viel zur Corona-Müdigkeit beigetragen haben dürfte. Man hätte gerne mal was anderes gehört, nur: Hey, lass uns über Geflüchtete und den Klimaschock reden!, war auch nicht gerade geeignet, Trost zu spenden. Man sehnte sich nach etwas Nettem. Es gab nichts Nettes. Alte Menschen vereinsamten in Quarantäne. Viele starben. Ganze Branchen gerieten in die Krise. Millionen bangten und bangen um ihre Jobs.

Das Netteste war Netflix.

Wie viel Thriller hält man aus, wenn kein Dustin Hoffman mit dem Impfstoff um die Ecke kommt?

So geriet der Klimawandel ins Hintertreffen. Bei aller Fortschrittlichkeit unserer Spezies sind wir evolutionär nicht dazu geschaffen, einem Übermaß globaler Bedrohungen Gleichrangigkeit einzuräumen. Bedroht waren wir immer. Aber nie waren wir so vielen potenziellen Schrecknissen gleichzeitig ausgesetzt wie heute. Man kann schon froh sein, dass die Besiedelung des Weltraums hinter den Träumen der Science-Fiction-Autoren zurückgeblieben ist, andernfalls hätten wir jetzt auch noch Horrormeldungen vom Mars zu verkraften. Was also tun wir? Reagieren auf die unmittelbare, handfeste, sichtbare Bedrohung und schieben die abstrakte beiseite, um nicht vor lauter Ängsten verrückt zu werden. Dabei handeln wir zwar richtig, verlieren aber existenzielle Probleme aus den Augen.

Kurz, der Thriller, dessen Akteure wir sind, bringt uns an die Grenzen unserer psychischen und körperlichen Belastbarkeit. Gefahren auszublenden ist ein Überlebensmechanismus. Zutiefst menschlich. Falls Sie also dem Klimaschutz

15

vorübergehend Ihre Aufmerksamkeit entzogen haben, um mit einer Pandemie zurechtzukommen, deren Ende nicht absehbar ist, gegen die es wenig Schutz gibt und die uns als Gesellschaft auf allen Ebenen verändert, ist das durchaus nachvollziehbar und erst mal nicht zu kritisieren. Krisen drehbuchgerecht in neunzig Minuten abzuhaken, bleibt weiterhin den Fernsehkommissaren überlassen. Wir echten Menschen müssen in der Eskalation bestehen – und nichts eskaliert dramatischer als die Klimakrise. Hätten Gesellschaft, Politik und Wirtschaft das nicht ignoriert, wären wir in einer komfortableren Lage. So läuft uns die Zeit davon. Gleichzeitig werden Forderungen laut, den Klimaschutz angesichts explodierender Corona-Kosten herunterzufahren, was ungefähr so schlau ist, als stellte man den Deichbau ein, um für Wasserrohrbrüche gewappnet zu sein.

Wie schaffen wir es, aus der Verdrängung zurück ins Handeln zu finden?

Nun, wenn Sie Thriller lieben, wissen Sie, was als Einziges gegen Bedrohungen hilft: sie zu verstehen. Fakt ist, viel stürzt auf uns ein. Fakt ist aber auch, dass Menschen wie keine andere Spezies mit der Gabe gesegnet sind, durch Erkenntnisgewinn Ordnung ins Chaos zu bringen. Bedroht zu sein ist an sich kein Problem. Ohnmacht ist das Problem. Unwissenheit. Hilflosigkeit. Wie im Mittelalter keine Vorstellung davon zu haben, was die Pest überträgt, dementsprechend alles falsch zu machen und daran zu verzweifeln.

Darum habe ich dieses Buch geschrieben (das andere schreibe ich danach zu Ende, versprochen). Um der Klimakrise das Abstrakte, Glaubenskriegerische zu nehmen und auf nicht zu vielen Seiten (und ich sage Ihnen, *das* fällt mir schwer!) möglichst viel Wissen zusammenzutragen. Wissen ist magisch! Wissen versetzt uns in die Lage, zielgerichtet zu handeln. Wissen gibt uns Kontrolle und Souveränität. Wissen ist die Wunderpille gegen fragwürdige Ideologien. Wissen erzeugt Zuversicht! Wer Dinge versteht, den kann man nicht ins Bockshorn jagen. Der Populismus, in gleich wessen schmieriger Gestalt er pöbelt, ist nicht an differenziertem Denken interessiert. Er kann nur in der Unterkomplexität überleben, also setzt er alles daran, Ängste und Vorurteile zu schüren, Verschwörungstheorien zu verbreiten, Menschen dumm zu halten und ihren Hass auf Sündenböcke zu schüren. Populisten versprechen die Vergangenheit und verspielen die Zukunft. Sie erklären die Blödheit zur Staatsräson. Wohin das führt, lehrt unsere eigene Geschichte. Jetzt haben wir es mit einer Herausforderung für die ganze Menschheit zu tun, und die gute Nachricht ist: Wir können sie meistern.

Im folgenden Teil geht es um unseren Umgang mit Katastrophen, um Klima, Wetter und Treibhausgase, Klimaforschung, den Unterschied zwischen natürlichem und menschengemachtem Klimawandel und warum es ohne Klimaschwankungen an Halloween keine Boris-Karloff-Masken gäbe. In Teil drei spielen wir die Gegenwart und Zukunft durch, ganz in der Art, wie es sich für einen Thriller gehört. Teil vier fasst die Ursachen der Klimakrise zusammen und erklärt im Einzelnen, welche Prozesse die Umwelt aus dem Gleichgewicht bringen, bevor wir in Teil fünf sowohl Verursachern der Krise als auch Klimaaktivisten begegnen. Im sechsten Teil geht es um unsere Optionen: Was können wir tun, wer kann was tun, wie nehmen wir Einfluss auf Entscheidungsträger? In Teil sieben widmen wir uns der heiligen Kuh der kapitalistischen Weltordnung, dem Wachstum. Abschließend in Teil acht entwickle ich das Szenario einer Zukunft, in der wir das meiste richtig gemacht haben.

Jetzt aber werfe ich Sie in ein schwarzes Loch.

TEIL 2

FRANKENSTEIN UND DIE KLIMA-KATASTROPHE

EIN PAAR WORTE ÜBER KATASTROPHEN

Im Zentrum unserer Galaxis haust Sagittarius A, ein gigantisches schwarzes Loch, und verschlingt kosmische Materie, gerade wieder mit gesteigertem Appetit. Schwarze Löcher zerreißen Sterne und fressen Planeten. Fielen Sie in ein schwarzes Loch, würden Sie lang gezogen wie Spaghetti. Solange niemand das Pech hat, im Umkreis zu siedeln und mitverschlungen zu werden, kann von einer Katastrophe indes keine Rede sein, so wie auch ein Asteroid, der auf einen unbewohnten Planeten knallt, erst mal nur ein Naturereignis ist. Der Global Killer hingegen, der vor 66 Millionen Jahren an der Kreide-Paläogen-Grenze im heutigen Yucatán niederging, war für die Saurier eine entsetzliche Katastrophe. Da sie allerdings keine Vorstellung davon entwickeln konnten, was ihnen blühte, mussten sie im Vorfeld auch keine Ängste ausstehen, lebten ihren Saurieralltag, jagten, fraßen, liebten sich und lagen auf der faulen Haut. Dann zog ein Feuersturm über die Erde, und sie starben.

Was eine Katastrophe ist, kommt auf die Perspektive an.

Wir heute sähen den Asteroiden kommen. Erschiene er in unseren Teleskopen, würde der angekündigte Untergang uns sofort verändern. Wir würden die letzten Wochen und Monate, vielleicht Jahre bis zum Einschlag ein völlig anderes Leben führen als ohne das Wissen um unsere Auslöschung. Aufgrund von Messwerten wären wir schnell in der Lage, ein präzises Szenario zu entwickeln, wie genau sich der Exitus vollziehen wird. Das Grauen nähme in unseren Köpfen Gestalt an, lange bevor es einträfe. Zugleich würde uns die detaillierte Kenntnis der Zukunft in die Lage versetzen, gezielt an Gegenmaßnahmen zu arbeiten, um die Katastrophe doch noch abzuwenden. Eindeutig wären wir in einer besseren

Position als die Saurier, die eben nicht, wie Heinz Erhardt so schön dichtete, immer traurier wurden, weil sie bis zuletzt keinen Schimmer hatten, dass sie gleich ein Fall für die Paläontologen sein würden.

Solange gar kein Asteroid auf uns zurast, haben wir die Wahl, entweder beruhigt anderen Dingen nachzugehen oder uns vor Angst zu verzehren, dass irgendwann doch einer auf Kollisionskurs schwenkt. Weil man nicht messen und einschätzen kann, was nicht da ist, nimmt dieser Asteroid in unserer Vorstellung aberwitzige Ausmaße an. Er ängstigt uns Tag und Nacht. Wir sind starr vor Schreck. Mit fast hundertprozentiger Sicherheit werden wir ihm nicht zum Opfer fallen, dennoch vermiest er uns gründlich den Tag. All dies zugrunde gelegt, kommt man auf drei Kategorien von Katastrophen.

1. **Unerwartete Katastrophen**
   Solche, die überraschend eintreten und nicht vorausgesehen werden können.
2. **Sich ankündigende Katastrophen**
   Solche, um deren kurz-, mittel- oder langfristiges Eintreten und die Folgen man weiß.
3. **Heraufbeschworene Katastrophen**
   Solche, deren Annahme auf einer Mischung aus Gefühl und Fakten basiert und deren Eintreten nicht belegbar ist.

Der Kreide-Paläogen-Asteroid, dem die Saurier zum Opfer fielen, kam unerwartet. Für die Saurier. Für uns gehört er in Kategorie zwei, weil als gesichert gilt, dass wieder so ein Trümmer runterkommen wird. Die Frage ist einzig, wann, und die Folgen lassen sich berechnen. Statistisch sucht uns dieser Global Killer in 35 Millionen Jahren heim. Statistisch haben Sie und ich allerdings auch anderthalb Kinder und kippen uns jährlich 100 Liter Bier hinter die Binde. Statistisch beträgt Ihre Chance, vom Hai gefressen zu werden, eins zu 3,7 Millionen, was Ihnen gar nichts nützt, wenn er sie frisst. Sprich, der Global Killer kann schon morgen aufkreuzen oder noch 100 Millionen Jahre auf sich warten lassen. Intuitiv neigen wir dazu, ihn ins Reich der heraufbeschworenen Katastrophen zu verlegen und zu unterlassen, was dringend geraten wäre, nämlich auf Hochdruck an Asteroiden-Abwehr-Systemen zu forschen.

Die Coronapandemie siedelt irgendwo zwischen unerwartet und angekündigt. Sie kam überraschend. So überraschend aber auch wieder nicht. Epidemien grassieren alle paar Jahre und aus Sicht von Mitteleuropäern immer dort, wo Menschen sowieso mit allem Erdenklichen Probleme haben: Sturmfluten, Hungersnöte, Bürgerkriege. Die Ebola-Epidemie 2014–16 forderte 12.000 Menschenleben, blieb aber weitestgehend auf den afrikanischen Kontinent beschränkt. Als Covid-19 die chinesische Medienzensur überwand und viral ging, erwartete entsprechend jeder, dass es sich hübsch an die Regel halten und in China bleiben würde. Das Virus hustete uns was. Vielmehr entwickelte es sich zur Pandemie, und wir rieben uns verdattert die Augen, als hätte es nie eine Spanische Grippe gegeben.

Seit Anbeginn der Menschheit befinden wir uns auf dem Weg in die Katastrophe.

Seit Anbeginn sind wir schlecht vorbereitet.

Denn tatsächlich war Corona angekündigt. Archivweise liegen uns Aufzeichnungen über Pandemien vor, Pest, Syphilis, Englischer Schweiß, Pocken, Cholera, Russische, Spanische und Asiatische Grippe, Aids, SARS, Vogelgrippe, Influenza. Pandemien wüten in Blockbustern (›Outbreak‹, ›Contagion‹,

›The Bay‹, ›Die Stadt der Blinden‹) und Romanen (zuletzt in Deon Meyers großartigem Viren-Thriller ›Fever‹), dennoch hat uns Corona kalt erwischt. Nur: Wenn wir nicht mal so ein Virus auf dem Schirm hatten – wie gut oder schlecht sind wir dann auf die Klimakrise vorbereitet? Für die gibt es keine Referenzmodelle aus schriftmächtiger Zeit. Das letzte Mal, als Menschen eine Klimakrise zu bewältigen hatten, stapften sie in Fellkleidung gehüllt durch eine Eiszeit und waren weit davon entfernt, uns Messergebnisse oder Erfahrungsberichte zu hinterlassen.

Solche Überlegungen pflege ich mit meiner allzeit klugen Frau Sabina zu teilen. Sie sagte: »Menschen sind so. Wir sehen die Wand und fahren dagegen.« Bei näherem Nachdenken stellten wir dann allerdings fest, dass es sich diesmal etwas anders verhält. Jetzt fahren wir gegen die Wand, weil die Wand unsichtbar ist. Unser mangelndes Vorstellungsvermögen macht sie unsichtbar. Tatsächlich können wir uns eine Klimakatastrophe noch viel weniger vorstellen, als wir uns die Pandemie vorstellen konnten. Für alles haben wir Bilder: Hungerleidende, Geflüchtete, Erdbebengebiete, Krankenbetten, Tsunamis, Waldbrände, Vulkanausbrüche. Aus Hollywoodfilmen kennen wir herrschsüchtige Roboter und Global Killer, und wer nie einen Krieg erlebt hat, weiß dennoch, wie Krieg aussieht.

Aber Klimawandel?

Wie sieht Klimawandel aus?

Ein Monster-Hurrikan, eine Hitzewelle – ist das schon Klimawandel? Gab es das nicht immer? Klimawandel dürfte das Abstrakteste sein, was je unseren inneren Projektor überhitzt hat, abgesehen vom Jüngsten Gericht vielleicht, und das ist nun wirklich Glaubenssache. Fast zwangsläufig entrückt der Klimawandel damit in die Kategorie heraufbeschworener Katastrophen – und wird genauso behandelt. Irgendwas mag ja dran sein. Ganz sicher aber kein Grund, mein Leben umzustülpen, meine Wiederwahl zu gefährden oder der Wirtschaft vors Knie zu treten.

Na schön. Lassen wir Wörter wie Krise und Katastrophe mal beiseite und beschäftigen uns einfach mit dem –

KLIMA

Was genau ist Klima?

Das Wort entstammt dem Griechischen und bedeutet so viel wie Neigung oder Krümmung. Gemeint ist damit nicht die Neigung der Erdachse, sondern die Krümmung und Geschlossenheit der Erde selbst. Die Oberfläche einer Kugel weist keine Ränder auf, alles ist miteinander verbunden. Bezogen auf die dynamischen Prozesse innerhalb der Atmosphäre bezeichnet Klima somit ein Gesamtsystem, dessen Untersysteme einander beeinflussen. Diese Untersysteme nennen wir Wetter. Wenn ich zum Beispiel nach Mallorca fliege, herrscht ausgerechnet zu dieser Zeit in Köln schönstes Wetter, während es in Palma am Stück gießt. Fahre ich zurück, ändert sich das Wetter. Jetzt knallt in Palma die Sonne vom Himmel, und in Köln regnet es Bindfäden. Kennt jeder. Wetter ist überall anders, wechselt unentwegt und bringt Meteorologen bei Kindern in Verruf, die glauben, es würde regnen, weil Claudia Kleinert es so will. Etymologisch heißt Wetter übrigens nichts anderes als Wind, entstanden aus dem althochdeutschen Wetar.

Die Gesamtheit allen Wetters nennen wir Klima. Wetter ist lokal, Klima global. Je größer und komplexer ein System, desto langsamer verändert es sich, und Klima ist ein aberwitzig komplexes System. Eine Regenwolke kommt, ergießt sich über Köln und geht. Aber warum regnet es überhaupt in Köln? Warum schneit es dort nicht fortgesetzt? Warum steht der Dom nicht inmitten einer sengenden Wüste? Weil das Gesamtsystem, innerhalb dessen sich entscheidet, ob vor der Haustür Palmen wachsen oder Pinguine brüten, die entsprechenden Voraussetzungen schafft. Dabei gewährleistet es längerfristige Stabilität. Im Zuge einer menschlichen Lebensspanne ändert sich das Wetter unzählige Male. Das Klima nicht. Man weiß, wie der Sommer, wie der Winter werden wird, und so entstehen Bauernregeln. Alte Bauern meinen, sich zu erinnern, früher sei es wärmer oder kälter gewesen, womöglich sprechen sie aber nur von einer kurzen Aufeinanderfolge besonders heißer Sommer oder kalter Winter. Weltklima braucht Tausende, Abertausende, mitunter Millionen Jahre, um signifikant andere Rahmenbedingungen fürs lokale Wetter zu schaffen. Es ändert sich ungeheuer langsam.

Aber es ändert sich.

Nun ist das nichts dramatisch Neues. Tatsächlich ist Klimawandel ein alter Hut, seit aus einem Haufen glühenden Gesteins im All die schmucke blaue Wohnstatt wurde, auf der wir um die Sonne flitzen, aber warum ändert sich das Klima überhaupt?

NATÜRLICHER KLIMAWANDEL

Entscheidend für jede Art von Klimawandel ist eine Atmosphäre. Ohne Atmosphäre kein Klima. Schon im Glutballstadium hat unser Planet begonnen, einen Mantel aus Wasserdampf und diversen anderen Substanzen um sich zu lagern. Bis heute hindert die Erdschwerkraft unsere Atmosphäre daran, ins All auszubüxen, wohingegen kleinere, weniger massereiche Planeten, die mal eine Atmosphäre hatten, sie mit der

Zeit verloren. Auf die Atmosphäre nun wirken veränderliche Kräfte ein, etwa kosmische Strahlung. Das All ist voller Strahlung, deren Maß nicht immer gleich ist. Die Sonne scheint mal heißer, mal weniger heiß, mal sind wir ihr näher, mal ferner, entsprechend wärmer wird die Atmosphäre oder kühlt sich ab, und aus einem trägen, langweiligen Gasmantel wird ein dynamisches System, das wir Klima nennen.

Wie sich das Klima entwickelt, hängt von der Intensität der Sonnenstrahlen, der Rückstrahlkraft der Erde (Ausdehnung der Eisflächen, die Sonnenlicht ins All reflektieren) und der Menge und Verteilung von Aerosolen und Treibhausgasen in der Atmosphäre ab. Diese Faktoren verschieben sich ständig zueinander, ohne Pause, was der Erde seit vier Milliarden Jahren immerwährenden Klimawandel beschert. Wahrscheinlich wissen Sie, dass der Planet zeitweise völlig eisbedeckt und auch schon völlig eisfrei war. Während die kosmische Strahlung von außen einwirkt, verändert der Planet selbst seine Atmosphäre durch die Freisetzung von Treibhausgasen – wer und was sie ausstößt, soll uns hier noch nicht interessieren. Die Gase gelangen in die Luft, wo sie je nach Art und Konzentration das Klima beeinflussen – es gab Zeitalter, da war die ganze Erde ein rüpelnder Vulkan und die Atmosphäre rußverhangen, während sich unsere moderne Erde durch gesittetes Verhalten ausweist, mit dem Ergebnis schöner, klarer Himmel. Reden wir also über –

TREIBHAUSGASE

Treibhaus- oder Spurengase nennt man die Gesamtheit aller Gase, die in der Luft vorkommen. Es gibt diverse Treibhausgase, deren meiste auf der Himmelsbühne Neben- und

Statistenrollen spielen. Die Oskar-Rollen fallen den großen Vier zu: CO_2 (Kohlenstoffdioxid), N_2O (Distickstoffmonoxid oder Lachgas), CH_4 (Methan) und H_2O (Wasserdampf). Durch natürliche Prozesse wie Vulkanismus, Verdunstung und Eisschmelze gelangen sie in die Atmosphäre, wo sie erkennbar als Wolken (die im streng wissenschaftlichen Sinne übrigens keine Treibhausgase sind, da *kondensierter* Wasserdampf, aber mit Treibhauseffekt) oder als Rauch umhertreiben. Meist sehen wir Treibhausgase nicht direkt, da ihre Partikel sich gleichmäßig verteilen, statt sich konspirativ zusammenzuballen.

Den Begriff Treibhaus können Sie wörtlich nehmen. Die Atmosphäre fungiert wie ein Gewächshaus. Sonnenlicht fällt hinein, trifft auf den Erdboden und wird reflektiert. Ein Teil gelangt direkt wieder ins All. Ein anderer wird in langwellige Wärmestrahlung umgewandelt und von den Treibhausgasen daran gehindert, ebenfalls zurück ins All zu entwischen. Stattdessen heizen sich die Treibhausgase auf und schicken uns Wärmestrahlung zurück zur Erdoberfläche, in der Fachwelt atmosphärische Gegenstrahlung genannt. Zwar erwärmt Sonnenlicht die Erde auch ohne diesen Umweg. Doch erst besagte Gegenstrahlung ermöglicht Bikini-Selfies, weil wir es dank ihr mit 15 Grad im globalen Mittel gemütlich warm haben. Ohne Treibhausgase läge die Durchschnittstemperatur der Erde bei -18 Grad, und Sie und ich wären Mikroben im Eis oder trübselig glotzende Tiefseefische – zu Höherem hätte sich das Leben wohl kaum entwickelt.

Treibhausgase sind also etwas Gutes.

Woher dann der schlechte Ruf?

MENSCHENGEMACHTER KLIMAWANDEL

Wie gesagt, vollzieht sich der natürliche Klimawandel immens langsam, jedenfalls in der Erlebniswelt flüchtiger Daseinsformen wie Menschen. Klimaperioden erstrecken sich oft über ganze Erdzeitalter. Zwar gab es schon verschiedentlich Fälle rapiden Wandels, etwa wenn der Einschlag eines Killermeteoriten das Öko- und Klimasystem auf links drehte, sonst aber könnte man den natürlichen Klimawandel übertiteln mit: Die unglaubliche Langsamkeit des Seins.

Innerhalb ausgedehnter Klimaperioden gab es immer wieder Schwankungen – kältere, wärmere Jahrtausende – und innerhalb der Schwankungen kleine und allerkleinste Schwankungen; das ist dann, wenn Opa erzählt, wie er im Winter zu Fuß den Rhein überqueren konnte. Klimaskeptiker beziehen daraus eines ihrer Lieblingsargumente. Sicher, sagen sie, es werde wärmer! Aber das seien natürliche, vorübergehende Schwankungen. Nach Phasen der Stabilität stiegen die Temperaturen eben an, dann knicke die Entwicklung plötzlich wieder ab. Weil solche Kurvenverläufe ein bisschen wie Hockeyschläger aussehen, nennt man sie Hockeyschläger-Diagramme. Richtig gelesen, belegen sie den menschengemachten Klimawandel, falsch interpretiert untermauern sie gegenteilige Behauptungen.

Was die Skeptiker vernachlässigen, ist, dass auch Hockeyschläger-Entwicklungen konkrete Ursachen haben müssen. Nichts geschieht ohne Grund. Wenn also innerhalb des Stabilitätskorridors eines Systems Schwankungen auftreten, muss etwas, das man messen kann, dafür verantwortlich sein. 1816 etwa fiel in Europa der Sommer aus. Es schneite mitten im August, Getreide wurde knapp, die größte Hungersnot des 19. Jahrhunderts nahm ihren Lauf. Am Genfer See hockte eine englische Adelsgesellschaft in ihrem Sommer-Domizil und langweilte sich bei Dauerregen zu Tode. Also beschloss man, einander zum Zeitvertreib Schauergeschichten zu erzählen. Jeder musste eine ersinnen. Die damals 19-jährige Mary Shelley schrieb ›Frankenstein‹, womit das berühmteste Monster aller Zeiten seine Existenz einer klimatischen Verschnupfung verdankt.

Aber was genau löste die Kältewelle aus?

Die Antwort fand sich auf der Insel Sumbawa im heutigen Indonesien, wo im Vorjahr der Vulkan Tambora explodiert war – eine Eruption solchen Ausmaßes, dass sie für die nächsten drei Jahre das Weltklima veränderte. Hunderte Megatonnen Vulkanasche und Schwefel gelangten in die Atmosphäre und legten sich als Schleier, der das Sonnenlicht filterte, um den Globus. Möglicherweise waren weitere Eruptionen in Südamerika mitverantwortlich, jedenfalls zeigt dieses Beispiel eindrucksvoll, dass noch die kleinste globale Klimaschwankung auf messbare Ursachen zurückzuführen ist und es ohne Dauerregen weniger gute Bücher gäbe.

Was entgegnen wir nun Skeptikern des menschengemachten Klimawandels, wenn sie behaupten, die Erwärmung der letzten 150 Jahre sei ausschließlich natürlichen Phänomenen zuzuschreiben, weshalb wir unsere Lebensweise nicht zu ändern bräuchten? Wir kontern mit Technologie. Spätestens seit Erfindung der Satelliten sind wir in der Lage, äußerst präzise Messungen durchzuführen. Messen wir's also nach: Welches der infrage kommenden Naturphänomene könnte für den globalen Temperaturanstieg verantwortlich sein?

I. Erhöhte Sonnenaktivität

Manche Maler, hat Picasso gesagt, verwandeln die Sonne in einen gelben Fleck, andere einen gelben Fleck dank ihrer

Kunst in eine Sonne. So wie van Gogh, der Sonnen mit wilden Wirbeln und Schlieren malte, und manchmal malte er schwarze Flecken hinein. Allerhand! Woher wusste der alte Vincent von Sonnenflecken? War er am Ende gar ein Außerirdischer? Nein, aber dank seiner einzigartigen Pinselführung kam er der Wahrheit verblüffend nahe. Sonnenflecken sind kühlere Stellen, die weniger sichtbares Licht emittieren. Man sollte meinen, je mehr Sonnenflecken, desto geringer die Sonnenleistung und kühler das Sonnenwetter, doch es ist genau umgekehrt. Die kühleren Flecken gehen mit Plages einher, Sonnenregionen stark erhöhter Temperatur. Die Häufigkeit der Flecken ändert sich in Elfjahreszyklen. Je mehr Flecken also, desto höher die Sonnenaktivität (je weniger, desto geringer), und nachweislich nehmen diese Zyklen Einfluss auf unser Weltklima.

2. Abstand der Erde zur Sonne

Unser Planet umläuft die Sonne nicht auf einer perfekten Kreisbahn, sondern eiert in einer verschobenen Ellipse um sie herum. Mal ist er ihr näher, mal ferner. Es sollte also umso wärmer werden, je näher die Erde der Sonne kommt. Wird es auch. Zudem ist die Erdachse leicht geneigt, wodurch der Planet taumelt und aus unterschiedlichen Winkeln von der Sonne beschienen wird. All das sind langperiodische Veränderungen, die sich in Zyklen von 25.800 bis etwa 405.000 Jahren vollziehen – aber ja, sie haben Einfluss auf das Weltklima, wenn auch schwach, also machen Skeptiker sie für die Klimakrise mitverantwortlich.

3. Vulkanismus

Vulkane sind Dreckschleudern, stimmt. Da gelangt eine Menge Kohlenstaub, Schwefel und Sonstiges in die Atmosphäre, mit teils gravierenden Folgen, wie Frankensteins Geburtsumstände zeigen. Nachweislich hat es im Verlauf der Erdgeschichte immer wieder Fälle starken Vulkanismus gegeben, die das globale Klima verändert haben.

Drei Argumente von einigem Gewicht.

Jetzt legen wir ein Diagramm an: Zeitachse von 1880 bis heute. Hinein zeichnen wir die Verlaufskurve der Erderwärmung. Sie steigt stetig an. Wenn die These der Skeptiker stimmt, müsste mindestens eine der drei oben genannten Ursachen eine ähnliche Entwicklungskurve aufweisen. Zwar verlaufen alle Kurven krakelig, mit Ausschlägen nach oben und unten wie bei Sägeblättern, allerdings ohne im Gesamten anzusteigen. Weder der Abstand zur Sonne noch die Sonnenaktivität noch Vulkanausbrüche sind demzufolge verantwortlich für den Temperaturanstieg. Tatsächlich schwächelte die Sonne im vergangenen Jahrzehnt sogar, es hätte kühler werden müssen. Das Gegenteil war der Fall. Nun fügen wir eine letzte Kurve hinzu, nämlich unsere hausgemachten CO_2-Emissionen – und wie in einem guten Krimi ist der Täter entlarvt. Klimakurve und Emissionskurve zeigen denselben ansteigenden Verlauf.

Nicht alle Klimaskeptiker leugnen, dass sich das von Menschen freigesetzte CO_2 in der Atmosphäre anlagert. Allerdings behaupten sie, es speichere keine Hitze. Das ist schlichtweg falsch. Nachweislich steigt die Temperatur der Atmosphäre bei gleichbleibender Wärmeeinwirkung stetig an, je mehr CO_2 hineingelangt. Der menschengemachte Klimawandel ist somit Fakt, und anders als der natürliche Klimawandel, dem die Erde seit ihrer Entstehung unterworfen ist, vollzieht er sich um ein Vielfaches schneller. Während der letzten 10.000 Jahre war die Erdtemperatur bemerkenswert stabil. Mit Anbruch des Industriezeitalters haben wir das geändert, seit 2010 schnellt sie in die Höhe wie nie zuvor in der Geschichte des Homo sapiens. 40 Gigatonnen Kohlendioxid pustet der Mensch Jahr für Jahr in die Luft (51 Gigatonnen Treibhausgase insgesamt, wenn man Methan, Lachgas und andere hinzurechnet). Das ist mehr denn je, und dieses CO_2 spielt mit der Wärmestrahlung Pingpong. Immer weniger Wärme entweicht ins All, sie wandert hin und her und hin und her und heizt unsere Welt weiter auf. Der Ausbruch des Tambora hat bewiesen, dass Stoffe, die in großer Menge in die Atmosphäre gelangen, das Weltklima beeinflussen können – binnen Monaten, wenn sie als Aerosole die Sonnenwärme vom Erdboden fernhalten (es wird kälter), oder über Jahrtausende und Jahrmillionen, wenn konzentriertes CO_2 den Treibhauseffekt verstärkt (es wird wärmer).

Und das ist schon alles.

Eigentlich ganz einfach, oder? Warum sträuben sich dann so viele Menschen gegen die Erkenntnis, dass wir den Klimawandel beschleunigen?

DIE VERTEUFELUNG DER KLIMAFORSCHUNG

Springen wir zurück ins Jahr 1965 zur Hauptversammlung des API (American Petroleum Institute), des größten Lobbyverbandes der US-amerikanischen Öl- und Gasindustrie, und lauschen einer Rede des damaligen Direktors Frank N. Ikard. Schon Anfang der Fünfziger hatten API-Forscher entdeckt, dass die Verbrennung fossiler Energieträger das atmosphärische CO_2 in die Höhe treibt. Aus ihrem Bericht ging hervor, dass der daraus resultierende Treibhauseffekt die Erde erwärmen würde, mit negativen bis katastrophalen Folgen. Explizit wurde vor dem Anstieg des Meeresspiegels gewarnt.

Wenige Tage nachdem Wissenschaftler das Weiße Haus über die Gefahren eines raschen und irreversiblen Klimawandels in Kenntnis gesetzt hatten, erklärte Ikard seinen wie betäubten Zuhörern:

»Dieser Bericht wird ohne Frage Emotionen schüren, Ängste wecken und Forderungen nach Taten laut werden lassen. Seine Kernaussage ist, dass noch Zeit bleibt, um die Völker der Welt vor den katastrophalen Folgen der Verschmutzung zu bewahren, aber die Zeit läuft ab. Eine der wichtigsten Vorhersagen des Berichts ist, dass der Erdatmosphäre durch die Verbrennung von Kohle, Öl und Erdgas Kohlendioxid in solcher Menge und Geschwindigkeit zugeführt wird, dass durch die Veränderung der Wärmebilanz bis zum Jahr 2000 möglicherweise deutliche Klimaänderungen eintreten, die uns lokal und national überfordern. Im Bericht heißt es weiter, und ich zitiere: ›... die Verschmutzung durch Verbrennungsmotoren ist so gravierend und wächst so schnell, dass ein alternatives umweltfreundliches Antriebsmittel für Autos, Busse und Lastwagen wahrscheinlich zur nationalen Notwendigkeit wird.‹«

Auf diese alarmierende Ansage erfolgte –
Nichts.

Zur API-Forschungsgruppe gehörten damals Wissenschaftler fast aller großen Ölunternehmen, darunter Exxon, Texaco und Shell. In den Siebzigern erstellte Exxon eine eigene Studie, deren Prognosen noch angsteinflößender ausfielen. Statt die Welt darüber zu informieren, blockierte der Konzern die Veröffentlichung und begann mit einer gezielten Desinformationskampagne. Über Jahrzehnte zog er die Seriosität der Klimawissenschaft in Zweifel, attackierte und diffamierte die Mahner, mit Rückendeckung der Bush-Cheney-Administration. King of Chaos war Lee Raymond, CEO von Exxon und später ExxonMobil, der über Klimamodelle spottete, Wissenschaftler dafür bezahlte, Gegengutachten zu schreiben, globale Maßnahmen zur Reduzierung der Emissionen fossiler Brennstoffe hintertrieb, während er zugleich damit begann, Exxon-Infrastrukturprojekte vor dem Anstieg des Meeresspiegels zu schützen, von dem er wusste, dass er kommen würde.

Später ließ ExxonMobil verlauten, Raymonds Aussagen seien missverstanden worden. In einer Rede, die Raymond 1997 auf dem Weltölkongress in Peking kurz vor den Klimaverhandlungen in Kyoto hielt, äußerte er sich jedoch recht unmissverständlich: »Erstens erwärmt sich die Welt nicht. Zweitens wären Öl und Gas selbst dann nicht die Ursache. Drittens kann niemand den wahrscheinlichen zukünftigen Temperaturanstieg vorhersagen.« Vielmehr, erklärte er den anwesenden Staats- und Regierungschefs, sei die Erde in den letzten Jahren kühler geworden. Doch selbst wenn die Wissenschaft mit dem Treibhauseffekt recht hätte: »– ist es höchst unwahrscheinlich, dass die Temperatur zur Mitte des nächsten Jahrhunderts erheblich beeinflusst wird.«

Kurz, die Ölbranche betrieb schon Mitte des vergangenen Jahrhunderts hochmoderne Analytik, stufte die Ergebnisse als geschäftsschädigend ein und setzte eine weltweite Fake-News-Kampagne in Gang, um die Klimaforschung in Verruf zu bringen. Donald Trump hätte seine Freude gehabt. Dick Cheney hatte sie definitiv. Die Saat der Skepsis wurde von den Ölmultis und den ihnen verbundenen Politikern gelegt.

Mary Shelleys Frankenstein?

Den will natürlich niemand missen!

Aber wir haben ein zweites Frankenstein-Monster geschaffen. Und nach Art aller unheiligen Schöpfungen entgleitet es jetzt unserer Kontrolle. Schauen wir als Nächstes, was passie-

ren wird, wenn wir unsere selbst gesteckten Klimaziele verfehlen. Ich sagte eingangs schon, Sie sind nicht einfach Leser.
Sie sind Akteur in einem Thriller. Also, ab in die Maske. Kos-
tümprobe. Klima-Thriller, die erste –

Ihr Auftritt.

TEIL 3
THRILLER

STAFFEL EINS   2015–20: 1°C

Paris, Dezember 2015: Auf der 21. UN-Klimakonferenz werden Sie als Berichterstatter Zeuge wegweisender Abkommen. Geschichte wird geschrieben! 196 Staaten und die Europäische Union beschließen einvernehmlich, die menschengemachte Erderwärmung auf möglichst 1,5 Grad gegenüber der vorindustriellen Zeit zu beschränken, keinesfalls aber 2 Grad zu überschreiten.

> SIE *(völlig beseelt)*: Wow! Und darauf haben sich jetzt alle verbindlich festgelegt?
> EIN TEILNEHMER *(begeistert)*: Aber ja! Wir haben verbindlich beschlossen, uns darum zu bemühen.
> SIE *(irritiert)*: Bemühen? Also nicht verbindlich.
> TEILNEHMER: Doch, doch! Alle haben sich unmissverständlich dazu bekannt. Ohne Wenn und Aber! Das Abkommen sieht eine klare Begrenzung vor.
> SIE: Äh – sieht es sie vor oder legt es sie fest?
> TEILNEHMER: Mann! Jetzt freuen Sie sich doch mal.

Sie freuen sich ja. Auch wenn Sie es immer noch nicht ganz verstehen. Wurde da nun etwas beschlossen? Oder vage in Aussicht gestellt, nach Art guter Vorsätze: Nächstes Jahr wird abgespeckt, weniger Fleisch, mehr Sport, Zeit für die Familie, und mit dem Rauchen aufhören – kinderleicht, hab ich schon Hunderte Male geschafft!

> TEILNEHMER: Sie müssen einfach nur ein bisschen an den guten Willen glauben.
> SIE: Kann denn auch jeder, was er will?
> TEILNEHMER: Natürlich. Das ist alles umsetzbar.

Will denn auch jeder, was er kann, wollen Sie ihn noch fragen, aber da ist er schon durch die Tür. Wahrscheinlich hat er recht: Sie sind zu kritisch. Da sich alle Teilnehmer in Superlativen übertreffen, wurde wohl gerade tatsächlich Geschichte geschrieben.

Sagt auch Obama.

Fakt ist, um die angestrebten Ziele zu erreichen, müssten die beschlossenen Maßnahmen von Stund an umgesetzt werden, und zwar konsequent. 2050, besser vorher, müssen alle Nationen ihre Treibhausgasemissionen weltweit auf null heruntergefahren und die Atmosphäre möglichst vom bereits hineingelangten CO_2 gesäubert haben. Ganz schön anspruchsvoll, aber technologisch zu schaffen (mehr dazu in Teil 7). Der Abend ist lau, ungewöhnlich warm für Dezember. Sie spazieren durchs 6. Arrondissement. Vor dem La Palette, Cézannes und Picassos Stammlokal, stehen noch Stühle. Sie ergattern den einzigen freien Platz neben einem bekannten Greenpeace-Aktivisten. Er lädt Sie auf einen Côtes du Rhône ein. Netter, nachdenklicher Zeitgenosse, dennoch wird er wohl kein gutes Haar an der Konferenz lassen.

AKTIVIST: Doch. Die alle an einen Tisch zu kriegen, das muss man erst mal anerkennen.

SIE: Und dass sie sich sogar geeinigt haben.

AKTIVIST: Oui. Achtungserfolg.

SIE (genehmigen sich einen Schluck): 1,5 Grad ist ja auch noch ein ganzes Stück hin.

AKTIVIST: 0,5 Grad.

SIE (verwirrt): Wieso? 1,5 Grad wurden beschlossen gegenüber dem vorindustriellen Niveau, und maximal –

AKTIVIST: Wir sind schon bei 1 Grad –

– und mittlerweile (Januar 2021) sogar bei 1,2 Grad. Mit allen schäbigen Begleiterscheinungen. Seit den Achtzigern nehmen Fälle von Extremwetter zu. Hurrikans der höchsten Kategorie haben ihr Auftreten verdoppelt. Die Erderwärmung beeinflusst zudem das Zirkulationsverhalten der Atmosphäre. 2017 richtete sich Hurrikan Harvey eine Woche häuslich über Houston ein und machte alleine dort 40.000 Gebäude dem Erdboden gleich – zusammen mit Katrina der teuerste Supersturm der US-Geschichte. Am Nordpol nähert sich die Erwärmung mittlerweile sogar 2 Grad an. Zwischen Arktis und Tropen sinken die Temperaturunterschiede, was dem Jetstream seine Kraft raubt. Kurz zur Erläuterung: Jetstreams sind schlängelige Starkwindströmungen in acht bis zwölf Kilometern Höhe, die für ausgeglichenes, rasch wechselndes Wetter sorgen. Global Warming bringt sie aus dem Gleichgewicht. Hoch- und Tiefdruckgebiete verharren länger am selben Platz, Hitzewellen und Dürren nehmen zu.

> AKTIVIST *(beugt sich vor)*: Ganz ehrlich? Mit dem, was da heute an Maßnahmen beschlossen wurde, werden wir kaum 2 Grad schaffen.
> SIE: Kein Meilenstein also?
> AKTIVIST: Eher ein Steinchen. Eines im Schuh.

Drei Jahre später, 2018, lesen Sie in einer Studie des Klimawissenschaftlers Will Steffen, dass schon eine Begrenzung auf 2 Grad nicht ausreichen wird, um »irreversible Rückkopplungen durch Kippelemente im Erdsystem« auszuschließen. Was um Himmels willen heißt das nun wieder? Sie rufen einen befreundeten Physiker an. Der hat schlechten Empfang, er führt nämlich gerade in der Westantarktis Messungen durch.

Weil Sie nichts Besseres zu tun haben, beschließen Sie, ihn zu besuchen. Da stehen Sie im ewigen Eis und –

PHYSIKER *(schnaubt)*: Ewig? Von wegen.

SIE: Sieht doch ganz stabil aus.

PHYSIKER: Ja, aus deiner Perspektive. Genau das ist unser Problem. Wir sehen immer nur unser direktes Umfeld, und da scheint alles okay zu sein. Komm mit in die Station, ich zeig dir was.

Sie wollten ohnehin ins Warme. Der Wind heult übers Eis, die Dunkelheit bricht herein. Auf dem Hinflug haben Sie die zwei Verfilmungen von ›Das Ding aus einer anderen Welt‹ gesehen, die man Polarforschern vor ihrem Einsatz in der Antarktis traditionell zeigt. Da tauen Expeditionsteilnehmer versehentlich einen parasitären, mordlüsternen Außerirdischen auf, der Jahrtausende im Eis eingefroren war. Reine Fantasie natürlich – aber weiß man's?

PHYSIKER *(bringt Ihnen einen Kaffee, lacht)*: Nein, geh mal getrost davon aus, dass uns heute Nacht kein Monster aus dem All bedrohen wird. Deine Kipppunkte – darum musst du dir Sorgen machen.

SIE: Was sind denn Kipppunkte?

PHYSIKER: Wendepunkte. In der Physik spricht man von Kipppunkten, wenn die vertraute Entwicklung eines Systems so aus dem Gleichgewicht gerät, dass es abrupt eine neue Entwicklung nimmt und oft nicht mehr in den früheren Zustand zurückversetzt werden kann.

SIE: Der klassische *point of no return*.

PHYSIKER: Genau. Beispiel Artensterben. Fortgesetzt bringen wir Arten an den Rand des Exitus, überjagen und überfischen sie. Solange ein Mindestbestand erhalten bleibt, kann sich die Art erholen. Oft sogar erstaunlich schnell, wenn man sie eine Weile in Ruhe lässt. Wird aber auch noch dieser Mindestbestand unterschritten –

SIE: Stirbt sie aus.

PHYSIKER: Und zwar ruckzuck, und du machst gar nix mehr. Dummerweise bleibt ihr Verschwinden nicht folgenlos. Es setzt Rückkopplungen in Gang, oft ganze Kaskaden von Rückkopplungen. Weitere Kippelemente –

SIE: Stopp. Was sind jetzt noch gleich Kipp*elemente*?

PHYSIKER: Anfällige Systeme. Meeresströmungen, der Golfstrom zum Beispiel. Das Amazonasgebiet mit seinen Regenwäldern. Permafrostböden. Der Westantarktische Eisschild –

Sie denken nach. Was wissen Sie eigentlich über die Antarktis, außer dass es dort keine Eisbären gibt? Die haben mit den Pinguinen irgendwann Gebietsteilung vereinbart. Uns der Norden, euch der Süden. Sollte Günther Jauch Sie mal fragen, wie viele Pinguine im Jahr von Eisbären gefressen werden, lautet die richtige Antwort: keine. Beide Arten leben an entgegengesetzten Polen, und den Eisbären geht es gerade nicht gut. In der Arktis schmelzen die Eismassen ab, und zwar rapide – so ist das, wenn Kipppunkte überschritten werden und Kaskadeneffekte eintreten. Wie bei einer Lawine. Ein Schneeball kann sie auslösen. Die abrutschende Masse reißt größere Massen mit sich, die Lawine schwillt exponentiell an (das heißt, ihre Größe verdoppelt sich fortgesetzt), und aus einem Kügelchen Schnee wird im Handumdrehen ein zerstörerisches Monster, das Wälder mit sich reißt, tierisches und menschliches Leben auslöscht und Dörfer unter sich begräbt. Die Antarktis, erinnern Sie sich, ist das größte Eisreservoir der Erde. Im Inland und im Schelfgürtel lagern 90 Prozent allen globalen Eises und 70 Prozent allen gefrorenen Süßwassers. Was würde passieren, wenn diese ganzen Massen wegtauen? Welche Lawine würde da in Gang gesetzt?

PHYSIKER: Das kann ich dir auf den Meter genau sagen. Der Westantarktische Schild besteht im Wesentlichen aus Schelfeis, also Eis, das mit der Landeismasse verbunden ist, aber aufs Meer hinausragt. Wenn das schmilzt, steigt der Meeresspiegel weltweit um etwa dreieinhalb Meter an.

SIE: Gibt es noch ein Wenn?

PHYSIKER: Eigentlich nur ein Wann. Der Kipppunkt in der Westantarktis scheint überschritten. Wie schnell das Wasser steigt, hängt vom Szenario ab. Bei einer globalen Erwärmung von 2 Grad landen wir Ende des Jahrhunderts irgendwo zwischen einem halben und einem Meter –

SIE: Geht ja noch.

PHYSIKER: Findest du? Der Ansicht wird man auf den Malediven nicht sein. Und derzeit tendieren wir eher zu 3 Grad. Damit könnten wir bereits Mitte des Jahrhunderts bei einem Meter liegen.

Stiege der Meeresspiegel um einen Meter, erklärt Ihnen Ihr Freund, würden weltweit 150.000 km² Landfläche unbewohnbar und 180 Millionen Menschen obdachlos werden. Die Schäden gingen in die Billionen Dollar, und wieder mal lägen die meisten dieser Gebiete im Anderswo: Bangladesch, Pakistan, Indonesien, Thailand, Ägypten, Malediven. Arme Menschen träfe es am schlimmsten, wie sie grundsätzlich die Hauptleidtragenden des Klimawandels sind. Aber auch unsere glitzernden Küstenmetropolen hätten mit Jahrhundertfluten zu kämpfen, die jetzt alle paar Jahre aufträten. Steilküsten erodierten, Strände würden weggewaschen. Floridas Rentner tuckerten mit Hausbooten durch die überfluteten Avenues von Miami, die nordfriesischen Halligen wären nur noch für Krebse bewohnbar, und Deutschland sähe sich einem unerwarteten Zustrom von Klimaflüchtlingen gegenüber – Niederländern.

SIE: Und was passiert dann?

PHYSIKER: Als Nächstes schmilzt das unterseeische Eis im antarktischen Osten. Marines Eis ist dem Ozean unmittelbar ausgesetzt, und der wird ja wärmer. Weitere 19 bis 20 Meter Anstieg.

SIE: Meine Güte. Das ist ein fünfstöckiges Wohnhaus.

PHYSIKER: Drastischer. Es wäre das Ende aller küstengebundenen und küstennahen Infrastrukturen, ganze Länder gingen unter, bis tief ins Binnenland hinein würden Städte unbewohnbar werden.

SIE: Und was, wenn die komplette Antarktis davonflösse?

PHYSIKER (kratzt sich hinterm Ohr): Das alles hier? Hm. Da gehen die Schätzungen auseinander. Summa summarum zwischen 57 und 61 Meter. Ende der Zivilisation, wie wir sie kennen. Aber du musst noch ein paar Meter draufrechnen, denn wenn das passiert, schmilzt auch das im Norden gebundene Gletschereis, Packeis und Treibeis. Allein der Grönländische Eisschild ist gut für weitere sieben Meter –

SIE: Moment. Grönland ist doch überwiegend hoch gelegenes Inlandeis. Das kommt mit dem wärmeren Wasser gar nicht in Berührung.

PHYSIKER: Natürlich tut es das. Wenn das Eis entlang der Küsten schmilzt, sacken höher gelegene Eismassen in wärmere Luftschichten ab, zudem erhitzt sich die Atmosphäre. Die Gletscher werden regelrecht in die Zange genommen.

45

Übrigens musst du noch was anderes miteinbeziehen, wenn du den Anstieg des Meeresspiegels berechnen willst. Die Wassertemperatur. Wärmeres Wasser dehnt sich aus.

SIE *(nach kurzem Durchatmen)*: Okay, das klingt alles nicht gut.

PHYSIKER: Klang es denn in Paris besser?

SIE: Als sie sich einigten, klang es schon irgendwie –

PHYSIKER: Euphorisch? *(nickt)* Jaja. Sie haben sich auf die Schulter gehauen, als hätte ihnen der Weltklimabericht des IPCC nicht vorgelegen.

SIE: Und welche Kipppunkte sind überschritten? Was ist mit Grönland?

PHYSIKER: Da fließt derzeit mehr Eis in den Ozean ab, als Schnee nachkommt. In den Neunzigern war das noch ausgeglichen. Ist um 2000 herum gekippt.

SIE: Aber –

PHYSIKER: Warte.

Ihr Freund holt Ihnen vorsorglich etwas Stärkeres: Whisky. Weil Sie den jetzt brauchen werden. Dann zeigt er Ihnen Fotos von braunen Ebenen, die vor Jahresfrist noch eisbedeckt waren. Schmelzseen am Rande tauender Gletscher. Ein Gespann Schlittenhunde, das durch Wasser pflügt statt über Schnee. Luftaufnahmen der NASA, vorher, nachher. Man kann regelrecht zusehen, wie das Eis verschwindet.

Sie starren Grönland aus der Satellitenperspektive an und fühlen sich an etwas erinnert. Dann haben Sie's. Sie sind wieder klein. Zoobesuch, nie ohne Eis am Stiel. Bevorzugt Capri. Den ganzen Tag haben Sie sich drauf gefreut, auch auf das Affentheater am Pavianfelsen. Die multiple Teilung Ihrer Aufmerksamkeit – hundert kreischende Primaten von beträchtlichem Unterhaltungswert – tut dem Eis nicht gut. Unentschlossen lecken Sie mit der warmen Zunge daran herum. Das warme Meer. An den Rändern beginnt es zu schmelzen und läuft Ihnen über die Finger. Es wird auch immer heißer; Kinder wollen ja bevorzugt in den Zoo, wenn Bär und Tiger platt vor Hitze im Schatten liegen. Global Warming. Die gefrorene Masse wird wärmer und viskoser, und als Sie gerade herzhaft reinbeißen wollen, fällt das ganze blöde Eis vom Stiel. Kipppunkt. Hätte Ihnen mal einer sagen sollen, dass Ihr Capri ein waschechtes Kippelement ist.

SIE: Und das taut jetzt alles ab?
PHYSIKER: Nein. Es gibt ja nicht nur einen Kipppunkt. Es gibt viele. Stell sie dir vor wie eine Treppe. Ist einer überschritten, sind wir eine Stufe heruntergefallen. Wir müssen beobachten, ob sich der Trend fortsetzt. Unstrittig ist, dass der jetzige Eisverlust den Meeresspiegel steigen lässt. Und dass weitere Kipppunkte überschritten werden, wenn wir nicht endlich mit aller Konsequenz handeln.
SIE: Paris umsetzen.
PHYSIKER: Was da versprochen wurde, reicht schon nicht mehr, um unter 1,5 Grad, nicht mal, unter 2 Grad zu bleiben. Und bei 2 Grad kippt es.
SIE: Aber da landen wir doch, wie's aussieht!
PHYSIKER *(zuckt die Achseln)*: Sehr wahrscheinlich.
SIE: Toll. Gibt's auch gute Nachrichten?
PHYSIKER: Wir haben noch Whisky.

Inzwischen fragen Sie sich, welche Geschichte in Paris eigentlich geschrieben wurde. Und woher politische Akteure ihre Informationen beziehen, um in wichtigen Belangen wie Klimaschutz die richtigen Entscheidungen zu treffen. Damals hatten Sie den Eindruck, viele der Delegierten seien gut informiert, mindestens ebenso viele aber auch nicht. Oft wurde weniger über Fakten als über Glaubensfragen debattiert. Mancher meinte, gewiss sei nur, dass nichts gewiss sei. Klimaforschung? Bedingt verlässlich. Jeder erzähle da was anderes.

Kommt Ihnen das bekannt vor?

API, Lee Raymond, Exxon –

In dieser Polarnacht, während draußen der Schneesturm tobt, schwarze Wellenungetüme gegen den Schelf wüten, die Pinguine zusammenrücken und vielleicht noch etwas anderes, Unsägliches durchs Eis streift, das seine Form verändern kann und die Gestalt der Forscher annimmt, bis keiner mehr weiß, wer Freund oder Feind ist, lesen Sie den Fünften Bericht des *Intergovernmental Panel on Climate Change*, kurz IPCC oder Weltklimarat. Der wurde Ende der Achtziger als interstaatliche Forschungsinstitution von den Vereinten Nationen und der WMO, der Weltorganisation für Meteorologie, gegründet, um genau *das* auszuschließen – dass jeder was anderes erzählt. Auf der Mitgliederliste des IPCC stehen 195 Nationen und als Beobachter mehr als 120 NGOs. Tausende Forscher führen Tag für Tag ihre Erkenntnisse zusammen, die der IPCC in Statusberichten über den Stand der Klimaforschung veröffentlicht. Diese Berichte gelten allgemein als so fundiert und verlässlich, dass der IPCC 2007 mit dem Friedensnobelpreis ausgezeichnet wurde.

Der fünfte und bis dato letzte Weltklimabericht, den Sie jetzt lesen (der sechste wird 2021/22 erwartet), wurde ausreichend lange vor der Pariser Klimakonferenz publiziert, dass jeder sich damit hätte vergnügen können. Zugegeben, ein deprimierend dicker Packen. Aber die Kernaussagen sind auch in der Zusammenfassung unmissverständlich:

- Das Weltklima heizt sich in unnatürlicher Weise auf. Atmosphäre und Ozeane werden stetig wärmer, Schnee und Eis gehen zurück, der Anstieg des Meeresspiegels beschleunigt sich, die atmosphärische CO_2-Konzentration ist die höchste seit 800.000 Jahren. Während der Industrialisierung hat ihr Gehalt um 40 Prozent zugenommen und steigt weiter an.

- Seit Beginn des 21. Jahrhunderts haben der Grönländische und der Antarktische Eisschild deutlich an Masse verloren, zusammengenommen über 360 Milliarden Tonnen pro Jahr. Der Verlust wird durch Schneefälle nicht ausgeglichen. Zugleich gehen die sommerliche Fläche des arktischen Meereises und die nordpolare Schneedecke alljährlich zurück.

- Weder Schwankungen in der Sonneneinstrahlung noch Vulkanismus haben einen signifikanten Anteil an den Klimaveränderungen. Mit *extremer* Wahrscheinlichkeit ist der menschliche Einfluss der Hauptgrund für die seit 1950 ansteigende globale Erwärmung.

- Wenn wir fortfahren, Treibhausgase freizusetzen, wird dies zu einer weiteren Erwärmung und Veränderung des globalen Klimas führen. Je nachdem, was wir tun oder nicht tun, wird sich das Klima bis 2100 entweder zwischen 0,3 und 1,7 Grad (Best Case) oder aber zwischen 2,6 und 4,8 Grad aufheizen, möglicherweise auf über 5 Grad (Worst Case). Aktuell (Januar 2021) tendiert die Entwicklung zum Worst Case, womit um das Jahr 2050 eine globale Erwärmung von rund 3 Grad erreicht wäre, was einschneidende Auswirkungen auf unser Leben hätte.

- Insbesondere die ozeanischen Ökosysteme, deren Nutzung für den Menschen überlebensnotwendig ist, sind durch den Klimawandel Veränderungen unterworfen, die sich rapide beschleunigen und schon heute in einem Artensterben ausdrücken, das als größtes nach dem Verschwinden der Saurier zu gelten hat. In vielen Kippelementen sind kritische Punkte überschritten, stehen Kaskadeneffekte und chaotische Veränderungen zu erwarten.

Wenn das schon ungut klingt, dann klingt das Folgende noch schlechter: Alle diese Entwicklungen verlaufen nicht linear, sondern exponentiell! Was das heißt, veranschaulicht die zeitlos schöne Schachbrett-Analogie. Ich muss gestehen, dass ich sie schon mal verwendet habe, in ›Nachrichten aus einem unbekannten Universum‹. Gemeinhin wiederhole ich mich nicht. Sie haben ein Anrecht darauf, dass ich mir für Ihr Geld was Neues ausdenke, aber sie passt einfach zu gut.

Also, es war einmal ein mächtiger König, den es drängte, den Erfinder des Schachspiels zu belohnen, einen hochbetagten Mann. Der König liebte Schach. Alles, versprach er dem Alten, könne er von ihm haben! Der aber wollte nur ein bisschen Reis, so viele Körner nämlich, wie das Schachbrett Felder habe. Damit käme man auf 64 Reiskörner. So eine Beilage würden Sie in jedem Restaurant zurückgehen lassen, sofern Sie sie überhaupt fänden unter der Petersilie.

Angenommen nun, ein Feld auf dem Schachbrett entspräche einem Jahrzehnt und ein Reiskorn 1 mm Meeresspiegelanstieg, dann läge der Meeresspiegel in 640 Jahren 6,4 cm höher als heute. Und dafür die ganze Aufregung? Nein!, präzisierte der Alte seine Bitte, er wolle nicht pro Feld ein Reiskorn – er wolle auf das erste Feld ein Reiskorn, auf das zweite die doppelte Menge, also zwei Reiskörner, auf das dritte Feld die doppelte Menge vom zweiten Feld, also vier Körner, auf Feld vier die doppelte Menge vom dritten Feld, acht Körner, und so weiter. Um die Geschichte abzukürzen: Aller Reis der

Welt hätte nicht gereicht, den Alten zu bezahlen, also ließ der König ihn stattdessen lieber köpfen – unter Herrschern seit jeher eine beliebte Methode, Schulden zu begleichen.

Der Vergleich ist etwas salopp. Natürlich entspricht ein Feld nicht genau einem Jahrzehnt, ein Reiskorn nicht exakt einem Millimeter Meeresspiegelanstieg oder einem Temperaturzuwachs von 0,1 Grad (konkret: seit 1971 ist die ozeanische Wassertemperatur in den obersten 75 Metern im Schnitt um 0,11 Grad alle zehn Jahre angestiegen), und die Effekte verdoppeln sich auch nicht exakt. Doch im Prinzip gilt, dass sich fast alle Entwicklungen, die den menschengemachten Klimawandel kennzeichnen, beschleunigen, und das ist das Gefährliche daran. In unserer Schachbrettgeschichte finden sich zwei entscheidende Kipppunkte. Der eine war überschritten in dem Moment, als der König nicht mehr genug Reis hätte aufbringen können, ohne sein Land in den Staatsbankrott zu führen, womit eine über Jahrzehnte stabile Volkswirtschaft binnen Stunden in sich zusammengebrochen wäre, mit katastrophalen Kaskadeneffekten für Millionen von Menschen. Der andere Punkt war überschritten, als dem König klar wurde, was der Alte für ein Spiel mit ihm trieb, mit dem irreversiblen Ergebnis, dass der Kopf kippte.

Den Bericht des IPCC zugrunde gelegt, reichen die Bemühungen der Länder zur Emissionsverringerung, wie sie auf dem Pariser Klimagipfel vereinbart wurden, nicht im Mindesten aus, um vor 2050 weltweit klimaneutral zu werden. Die Einhaltung aller Versprechungen aber wäre die Voraussetzung, um wenigstens knapp das 2-Grad-Ziel zu erreichen – 1,5 Grad, machen wir uns nichts vor, gehört schon jetzt ins Reich der Fantasy. Und ja, Ihre Zweifel in Paris waren berechtigt! Die Länder sind zwar Selbstverpflichtungen eingegangen, aber nicht bindend. Gute Vorsätze halt. Mit dem Rauchen aufhören. Von wegen. Mehr CO_2 gelangt in die Luft als je zuvor. Der windelweiche Kompromiss, niemanden völkerrechtlich zu verpflichten, rächte sich spätestens, als die USA unter Donald Trump straflos das Klimaabkommen aufkündigen konnten, womit das Land mit dem zweitgrößten CO_2-Ausstoß nach China nicht mehr im Team war (erfreulicherweise hat der neue US-Präsident Joe Biden diesen Beschluss als eine seiner ersten Amtshandlungen sofort wieder rückgängig gemacht).

Am letzten Tag nimmt Ihr Freund Sie mit zur Meereiskante, wo Sie zusehen, wie es taut. Ja, man kann es tatsächlich sehen! Sicher, es geht langsam. Unter günstigen Umständen dauert es noch viele Hundert Jahre, bis der Schelf verschwunden ist. Doch die Umstände sind eher ungünstig. Wie sich die von uns in Gang gesetzten Entwicklungen – Erwärmung, Vermüllung, Artensterben – gegenseitig hochschaukeln, können selbst die besten Analysten und KI-Programme nicht aufs Mµ berechnen, das Reich des Nichtlinearen bleibt rätselhaft, aber an einem gibt es nichts zu rütteln: Jeder auf der Welt muss kompromisslos Klimaschutz betreiben.

Davon ist zurzeit nicht auszugehen.

Ernüchtert fliegen Sie zurück. Kein grauenerregendes Ding aus einer anderen Welt treibt am Pol sein Unwesen. Die Bedrohung ist von dieser Welt. Sie entspringt mangelndem politischem Willen, Kurzsichtigkeit und Ignoranz. Pompöse Krisengipfel, auf denen Lippenbekenntnisse als Durchbrüche verkauft werden, überzuckern kollektives Versagen. Natürlich ist es schön, so viele Länder versammelt zu sehen. Aber was nützt das, wenn die beschlossenen Maßnahmen unzureichend sind und dann noch unterflogen werden?

2020: Das alles lässt Ihnen keine Ruhe. Sie reisen durch die
Welt und dem Klimawandel hinterher. Als Ihr Flieger am
1. Februar im australischen Canberra niedergeht, ist die Lan-
dung wegen mangelnder Sicht kaum möglich. Im Westen
scheint eine unheimlich glutrote Sonne durch Rauchwände,
über der Stadt ist der Himmel endzeitlich gelb. Landesweit
wüten Buschfeuer, doch am schlimmsten ist die Ostküste betroffen, Queensland, New South Wales, Victoria. Sie fragen
sich, ob es so eine gute Idee war herzukommen. Ihre Augen brennen. Sie kriegen kaum Luft, und es ist unerträglich
heiß. Eine Beauftragte des Katastrophenschutzes, nennen
wir sie Georgina, holt Sie mit ihrem Einsatzfahrzeug ab und
bringt Sie zur Universität, wo Sie ein paar Leute interviewen
wollen.

GEORGINA: Sorry, wir müssen einen Umweg nehmen. Au-
tofahren ist gerade extrem gefährlich. Wann haben Sie Ihren
ersten Termin?
SIE: Kein Stress. Wie nah sind die Feuer?
GEORGINA: Zu nah. Das Orroral-Valley-Feuer steht unmittel-
bar vor den südlichen Vororten.
SIE: Sie geben Ihren Feuern Namen?
GEORGINA: Irgendwie müssen wir sie ja auseinanderhalten.
Alleine in New South Wales haben wir 60 Brände. Wollen Sie
'ne Cola?
SIE: Haben Sie eine kalte?
GEORGINA *(grinst)*: Ist Ihnen etwa heiß?
SIE: Guter Witz.
GEORGINA *(reicht Ihnen eine Dose aus der Kühlbox)*: Wir
hatten's schon heißer. Anfang Januar. 44 Grad. Wissen Sie,
Canberra ist vielleicht nicht der spannendste Ort des Univer-
sums, aber jetzt können wir uns einen neuen Rekord auf die

Fahne schreiben. Schlechtester Luftqualitätsindex aller Groß-
städte weltweit!

SIE: Als direkte Folge der Brände?

GEORGINA: Ja.

SIE: Und was erwarten Sie für die nächsten Tage?

GEORGINA *(lacht)*: Sie wollen eine Prognose? Ich kann Ihnen
aus der Hand lesen, Mann. Das ist verlässlicher.

Warum eigentlich? Der weitere Verlauf sollte doch halbwegs
prognostizierbar sein, Australien wird ja schließlich nicht
erstmalig von Bränden heimgesucht. Das kennt man hier, vor
allem in den heißen Monaten. Teile der Busch- und Grasland-
schaften und des Regenwaldes fangen Feuer, mal gibt es mehr,
mal weniger Opfer und Sachschäden zu beklagen. Die Feuer
haben durchaus regulierende und fördernde Funktionen, die
Aborigines betreiben sie zur Rodung und setzen sie gezielt zur
Jagd ein. Man sollte einschätzen können, was passiert und was
zu tun ist, oder?

GEORGINA: Vergessen Sie's. Das hier hat mit den Bränden der
Vergangenheit nichts zu tun. In diesen Dimensionen ist gar
nichts mehr vorhersagbar. Die Feuer dehnen sich unkontrol-
liert aus, landesweit sind bereits an die 12 Millionen Hektar
verbrannt, allein im Umfeld von Canberra 35.000.

SIE: 35.000? *(rechnen nach)* Fast die Fläche von Köln.

GEORGINA: Der Wind macht's nicht besser. Ist Ihnen aufgefallen, wie windig es ist?

SIE: Ja. Unnatürlich windig.

GEORGINA: Die Feuer verursachen ihn. Sie beeinflussen das
verdammte Wetter.

Das tun sie tatsächlich. Durch die Hitze werden Luftmassen in höhere Schichten gerissen und mit ihnen Asche, Ruß und Wasserdampf. In der Atmosphäre kondensiert der Dampf dann zu Gewitterwolken. Die Meteorologen haben sogar einen Namen für dieses Phänomen: PyroCb, ausgeschrieben Pyrocumulonimbus. Die meisten nennen diese Wolken schlicht Flammagenitus. Der Effekt ist allgemein bekannt, das Ausmaß allerdings, in dem die Brände gerade ihr eigenes Wetter erzeugen, beispiellos. Erst vor wenigen Tagen hat sich bei Melbourne so ein Feuerwolkenungetüm zusammengeballt, bis zu 16 Kilometer hoch stand es über der Gegend.

Das Perfide an Flammagenitus, erklärt Georgina, während Sie ins Stadtinnere fahren, wo es wegen des allgegenwärtigen Rauchs und der dystopischen Lichtstimmung aussieht wie am Set von ›Blade Runner‹, sind die Rückkopplungseffekte. Die Wolke saugt aus allen Richtungen Luft in sich hinein, wodurch schnelle und starke Winde entstehen, die ihrerseits die Flammen anfachen und weiter ins Umland tragen. Und das ist längst nicht alles. Ebenso fatal sind die Blitze, die aus der Wolke über Distanzen von 100 Kilometern und mehr in Gegenden einschlagen, wo eben noch alles sicher schien. Im Nu brennt es auch dort. Diese Brandherde lassen sich beim besten Willen nicht prognostizieren, wer kann schon die Wege von Blitzen vorhersagen? Paradoxerweise verschlimmert es die Sache, wenn sich in der Wolke Regen bildet, der die Flammen nicht löscht, sondern infolge der Hitze auf halbem Weg verdunstet, die Luft herabkühlt und Böen erzeugt. Und wieder breiten sich die Feuer auf erratischen Wegen aus, was schon etliche Feuerwehrleute das Leben gekostet hat. Tatsächlich schnellt die Todeszahl in die Höhe. 33 Menschen sind bislang gestorben, Hunderte werden noch an den Folgen sterben, über eine Milliarde Tiere sind in den Flammen umgekommen.

SIE *(fassungslos)*: Und was tut die Regierung dagegen?

GEORGINA: ScoMo? Ich kann Ihnen sagen, *wofür* er was tut. Für die Kohlelobby tut er eine Menge.

SIE: Ich hatte auf ein Interview mit ihm gehofft.

GEORGINA: Mit ScoMo? Viel Glück. Versuchen Sie's. Wenn er nicht gerade Urlaub macht.

Australiens Premierminister Scott Morrison, Spitzname ScoMo, wurde im Sommer 2018 mit nicht unmaßgeblicher Hilfe der australischen Kohlelobby ins Amt gehievt (Australien ist mit 45 Milliarden Dollar Jahresumsatz der zweitgrößte Kohleexporteur der Welt). Steigbügelhalter war außerdem Rupert Murdochs erzkonservative Mediengruppe *News Corp.*, die während der Buschfeuerkatastrophe gezielt Falschmeldungen über deren Ursachen verbreitete, Klimaforscher diffamierte und jeglichen Bezug zum menschengemachten Klimawandel leugnete. Morrison selbst spricht nicht gerne über den Klimawandel, und wenn, dann klingt das so:

»Es ist nicht meine Aufgabe, Menschen in Übersee zu beeindrucken. Wir werden in Australien tun, wovon wir denken, es ist richtig für Australien. Und es gibt keinen glaubhaften Beweis für einen Zusammenhang zwischen der Klimakrise und den Buschfeuern.«

Womöglich sah er auch keinen glaubhaften Beweis für den Zusammenhang zwischen seinem Amt und der damit verbundenen Verantwortung, als er sich im Dezember 2019, während das Land an allen Ecken und Enden brannte, frohgemut in den Urlaub verabschiedete und lustige Familienfotos aus Hawaii die Runde machten. Erst unter massivem Druck gestand Morrison Fehler ein und grummelte etwas in der Art, vielleicht sei der Klimawandel ja doch irgendwie mitverantwortlich.

56

Aber ist er das wirklich?

Georgina setzt Sie an der Australian National University ab, wo Sie Ihren ersten Interview-Termin mit Nerilie Abram, Professorin für Klimawissenschaften, haben. Abram und weitere 250 Wissenschaftler wollen demnächst eine Erklärung abgeben, in der sie Morrisons Regierung aufrufen, die Treibhausgasemissionen dringend zu reduzieren. Bevor Sie reingehen, lassen Sie den Blick noch einmal über die Skyline bis ins Hinterland schweifen. Doch statt Hinterland sind da nur glutrote, kilometerhohe Rauchwände.

Ein bisschen sieht es aus wie in der Hölle.

ABRAM: In vielerlei Hinsicht ist unsere Erklärung ein Akt der Verzweiflung. Wissenschaftler warnen politische Entscheidungsträger seit Jahrzehnten, dass der Klimawandel Australiens Brandgefahr verschlimmern werde. Alle diese Warnungen wurden bisher in den Wind geschlagen.

SIE: Aber was genau haben die Brände mit dem Klimawandel zu tun?

ABRAM: Ernsthaft?

SIE: Ich meine, die globale Erwärmung zündet ja nicht unmittelbar den Busch an.

ABRAM: Aber sie fungiert als Brandbeschleuniger. Waldbrände brauchen vier Voraussetzungen: Brennmaterial, Trockenheit, Wetterbedingungen, die eine schnelle Ausbreitung begünstigen – und eine Zündung.

SIE: Das war immer schon so. Was ist neu?

ABRAM: Neu ist, dass die Feuer wegen der Auswirkungen des Klimawandels auf Trockenheit und Wetter größer und häufiger werden.

Heißt, je mehr die Erderwärmung Vegetation und Böden austrocknet, desto schneller entstehen solch verheerende Brände, die sprunghaft um sich greifen. Lang anhaltende Dürren und rekordverdächtige Temperaturen haben ein zwar dramatisches, aber vertrautes Phänomen in ein unkalkulierbares Inferno verwandelt. An Bord eines Löschflugzeugs überfliegen Sie das Brandgebiet um Canberra und überzeugen sich mit eigenen Augen von den Ausmaßen.

SIE: Wie viele Feuerwehrleute sind da unten im Einsatz?
PILOT: Tausende.
SIE: Und wie laufen die Löscharbeiten?
PILOT: Eigentlich kann man von Löscharbeiten kaum sprechen. Wir versuchen die Feuer einzudämmen, so gut es eben geht. Nicht mal das gelingt. Die meisten sind außer Kontrolle, zerstören die ländlichen Townships, vernichten komplette Ökosysteme. Ich meine, die Brände waren immer schon ein natürlicher Bestandteil des australischen Wetterzyklus, aber das heißere Klima kippt das Gleichgewicht. Da unten ist alles trocken wie Zunder! Ein Funke genügt, und die nächste Feuerwalze rast los.

Wenig später telefonieren Sie mit der NASA-Klimaforscherin Kate Marvel. Sie erklärt Ihnen, dass sich Australien seit Beginn der Aufzeichnungen um mehr als 1 Grad erwärmt hat. Die Bestätigung erhalten Sie vom australischen Bureau of Meteorology: 1,52 Grad liege die Jahresdurchschnittstemperatur in Down Under schon über den Messdaten aus der zweiten Hälfte des 20. Jahrhunderts. Einem Artikel in der *New York Times* entnehmen Sie, 2019 seien in Australien sämtliche Rekorde gebrochen worden, was Höchsttemperatur und Trockenheit betreffe: »Ein sich änderndes Klima hat zu einem

Temperaturanstieg im Indischen und Südlichen Ozean geführt, wodurch wiederum das Wetter in Australien in diesem Sommer trockener und heißer wurde.« Im ›Sydney Morning Herald‹ steht zu lesen, die Brände könnten den Klimawandel noch anheizen – während der vergangenen Monate hätten sie »bis zu zwei Drittel der jährlichen CO_2-Emissionen des ganzen Landes ausgespuckt«.

Auf Ihrem Rückflug nach Deutschland machen Sie Zwischenstation in England und treffen als letzten Interviewpartner Prof. Ed Hawkins von der University of Reading. Was der zu alldem beizutragen hat, klingt in seiner Drastik fast banal.

HAWKINS: Ach, wissen Sie, solche Feuer werden bald nichts Besonderes mehr sein.

SIE: Wann ist bald?

HAWKINS: Sehr bald. In einer 2,5 bis 3 Grad wärmeren Welt. Mitte des Jahrhunderts, fürchte ich. Das wäre dann die neue Normalität.

SIE *(entsetzt)*: Aber wie soll man solche Brände unter Kontrolle bringen?

HAWKINS: Fragen Sie mich was Leichteres.

Neue Normalität. Wieder einer dieser Begriffe, die sich wie Kletten ins Gesellschaftsgeschehen heften. Ein bisschen viel neue Normalität für Ihren Geschmack: Leben mit Brandkatastrophen, steigendem Meeresspiegel, Dürren, Pandemien – gerade erst gewöhnt sich die Welt an die neue Normalität mit COVID-19, woran bitte sollen wir uns noch gewöhnen? Ginge eventuell auch etwas weniger neue Normalität? Durchaus, aber dafür müssten Politik und Wirtschaft tun, was erforderlich ist.

Warum tun sie es dann nicht?

59

Denn keiner kann sagen, er hätte von nichts gewusst.

Beispiel Exxon. Beispiel Australien: 2007 ließ die dortige Labour Party den Wirtschaftsprofessor Ross Garnaut eine Studie über die zu erwartenden Auswirkungen des Klimawandels erstellen. 2010, als Labour die Wahlen gewann, wurde sie aktualisiert. Der Bericht empfahl einschneidende Maßnahmen zur Reduzierung von Treibhausgasen und warnte bei Unterlassung vor extrem zerstörerischen Folgen für die Landwirtschaft und natürliche Biotope wie das Great Barrier Reef. Erwartungsgemäß wurde der Report heftig kritisiert – der Wirtschaft ging er zu weit, Klimaaktivisten nicht weit genug. Bemerkenswert ist allerdings, was bereits in der Erstfassung stand:

»Die Feuer-Saison wird früher beginnen, später enden und intensiver verlaufen. Dieser Effekt wird sich mit der Zeit verstärken und sollte um das Jahr 2020 direkt zu beobachten sein.«

Wie sagt Jeff Goldblum so schön in ›Jurassic Park‹?

»Ich hasse es, immer recht zu behalten!«

Als der spätere Premierminister Malcolm Turnbull von der Liberal Party 2018 nicht zuletzt wegen seiner ambitionierten Klimapolitik zurücktreten musste (ein von ihm vorgelegter Gesetzesentwurf hätte Australien verpflichtet, seinen CO_2-Ausstoß bis 2030 um 25 Prozent zu senken, was die Kohlelobby als Kriegserklärung auffasste), nahm die neue Regierung unter Scott Morrison als Erstes den Garnaut-Report aus dem Netz.

Wer lange genug googelt, findet ihn trotzdem.

Morrison betont übrigens, zu den Verpflichtungen von Paris zu stehen. Danach will Australien seine Emissionen bis 2030 um 695 Mega-Tonnen CO_2 verringern. ScoMo hat auch einen Plan, wie das gehen soll. Ihm ist nämlich aufgefallen, dass sein Land wegen einer früheren Verpflichtung schon mal 367 Mega-Tonnen eingespart hat. Die sieht er als Guthaben und bringt sie in Abzug. Simsalabim, muss sein Land nur noch 328 Mega-Tonnen weniger schaffen.

Als Sie zurück nach Deutschland fliegen, wird Ihnen klar, wie wichtig es ist, die Vergangenheit zu analysieren. Man könnte ja auch zu dem Schluss gelangen, sich mit einem wie Morrison zu beschäftigen, sei pure Zeitverschwendung – die Geschichte wird über seinesgleichen hinweggehen. Soll man nicht lieber nach vorne schauen? Absolut, aber Australiens Beispiel schärft dafür den Blick.

Die Arktis brennt.

Fast unbemerkt von der Weltöffentlichkeit wüten in Sibirien die schlimmsten Feuer seit Beginn der Aufzeichnungen. Zig Millionen Hektar Nadelwald und Torfboden fackeln ab. Am Polarkreis werden mehr als 30 Grad gemessen. Die Permafrostböden beginnen zu tauen, über 15.000 Jahre eingelagertes CO_2 und Methan entweichen in die Atmosphäre und treiben die Temperaturen weiter in die Höhe. Der Juni bricht sämtliche Hitzerekorde. Persischer Golf, 10 Grad wärmer als üblich. Damaskus 46 Grad, Bagdad 52 Grad, und es hört nicht auf zu brennen. Der Regenwald jetzt in hellen Flammen. Die Amazonasregion ein Glutofen. Im Juli fressen sich alleine siebentausend Feuer durch Brasiliens grüne Lunge. Lebensraum geht verloren, für Mensch und Tier. Ihr Freund, der Physiker, lässt Sie wissen, die Ausdehnung des arktischen Meereises sei weiter zurückgegangen denn je. Dürren, Hitze, Hochwasser und Stürme würden die Medien beherrschen, beanspruchte nicht ein öffentlichkeitssüchtiges Virus alle Sendezeit für sich. Immerhin bremst es unseren Way of Life ab. Es wird weniger produziert, gefahren und geflogen, und die Treibhausgasemissionen gehen leicht zurück. Entwarnung? Keineswegs, aber es zeigt: Wir können Einfluss nehmen.

Wenn wir nur wollen.

Sie verschlägt es im Spätsommer nach Kalifornien. *If you're going to San Francisco*, sang Scott McKenzie 1967, *make sure to wear same flowers in your hair.* Jetzt scheint es eher geraten, eine Atemschutzmaske zu tragen. Bei Tag und Nacht ist der Himmel leuchtend orange. Die ganze Welt ist orange. Auch der Präsident ist orange. Sie sind dabei, als Trump am 14. September auf dem McClellan Airport bei Sacramento Gouverneur Gavin Newsom und dessen Minister für Natürliche Ressourcen, Wade Crowfoot, trifft, um die Gründe für die Waldbrände zu diskutieren, deren Heftigkeit in diesem Jahr ohne Beispiel ist. Der orange Mann meint, ausschließlich Kaliforniens verfehlte Forstwirtschaft sei dafür verantwortlich. Newsom kontert, der Großteil der betroffenen Waldflächen obliege gar nicht seiner, sondern vielmehr bundesstaatlicher Kontrolle, womit er den Ball zum Präsidenten zurückspielt. Vor allem aber, fügt Crowfoot hinzu, stehe außer Zweifel, dass dieses Inferno durch den Klimawandel stark begünstigt werde.

CROWFOOT: Ich kann nur davor warnen, Mr. President, das Problem ausschließlich auf die Forstwirtschaft zu schieben. Es ist immens wichtig, dass wir jetzt wissenschaftlichen Erkenntnissen vertrauen.
TRUMP: Es wird kälter werden. Schauen Sie einfach zu.
CROWFOOT *(mit verzweifeltem Lachen)*: Ich wünschte, die Wissenschaft wäre Ihrer Meinung.
TRUMP: Ich denke nicht, dass die Wissenschaft es weiß.

Wenn das kein Cliffhanger ist.

ENDE DER ERSTEN STAFFEL

Bei Netflix würde man jetzt beratschlagen, ob weitere Staffeln in Auftrag gegeben werden. Wie bewertet das Publikum Staffel eins im Nachhinein? Mag es die Protagonisten? Die Antagonisten? Es ist wichtig, dass auch die Bösen überzeugen. Die Geschichte darf gerne fantastisch sein, muss aber glaubwürdig bleiben und die Menschen berühren.

Aber das Monster, moniert einer. Das Monster bekommt man nie zu Gesicht! Das ist nicht gut.

Wieso?, sagt ein anderer. Man sieht es doch die ganze Zeit. Nur, was es *macht*.

Na, aber es macht doch eine Menge! Und in Staffel zwei kann es noch mehr machen. Zum Beispiel –

Sie reden.

Am Ende wird beschlossen, die Serie als Zukunftsvision fortzusetzen. Rührend, wo wir doch ohnehin keine Wahl haben. Diese Thriller-Serie schreibt sich selber fort. Und alle sind wieder mit dabei, Sie, ich – niemand wurde gefragt, wozu auch? Zugleich sind wir mehr als nur Akteure, nämlich Drehbuchautoren. Was in den kommenden Staffeln passieren wird, liegt (noch) in unserer Hand. Um das Richtige zu tun, müssen wir jedoch alle Szenarien genauestens kennen. Und wir dürfen Szenarien nicht mit Prognosen verwechseln! Hier ein paar Beispiele für Prognosen:

»Das Auto wird der Pferdekutsche wieder weichen. Eine Maschine kann mich nie so lieben wie ein Tier.«

Journalist, 1910

»Alles, was erfunden werden kann, wurde schon erfunden.«

Charles H. Duell, Leiter des US-Patentamtes, 1899

»Niemand will Schauspieler reden hören.«

H. M. Warner, Mitbegründer von Warner Brothers, 1927

»Es gibt keinen Grund, warum jemand zu Hause einen Computer besitzen sollte.«

Ken Olsen, Digital Equipment Corp., 1977

»Dass eine Frau Premierminister wird, werde ich nicht mehr erleben.«

Maggie Thatcher, Oktober 1969

Eine Prognose ist somit eine (oft eitlere denn treffsichere) Vorhersage, dass es so und nicht anders kommen wird. Ein Szenario hingegen ist eine Möglichkeit, wie es kommen *könnte*, basierend auf bestehenden und angenommenen Randbedingungen. Zu jedem Worst Case gibt es einen Best Case, dazwischen siedeln weitere Szenarien, ohne dass jemand zu wissen beansprucht, welcher Fall schlussendlich eintritt. Auf welches Szenario wir reagieren, hängt von dessen Wahrscheinlichkeit ab, und manchmal sind gleich mehrere Szenarien wahrscheinlich.

1. **Beispiel**
   Szenario A: Wir erreichen das 2-Grad-Ziel.
   Szenario B: Wir verfehlen es.
2. **Beispiel**
   Szenario A: Es gibt 2022 einen Durchbruch in der Entwicklung von Speichermedien, wodurch eine globale Vollversorgung durch alternative Energien bis 2030 mühelos hergestellt werden kann.
   Szenario B: Es gibt keinen solchen Durchbruch.
   Szenario C: Es gibt einen kleinen Durchbruch.

Um das 2-Grad-Ziel zu erreichen, wissen wir, was zu tun ist. Wir müssen es nur tun. Ob der technologische Fortschritt die allselig machende Innovation schon morgen gebiert oder sie noch hundert Jahre schuldig bleibt, ist weniger klar. Man nimmt sich nicht vor, das Penicillin zu erfinden oder Amerika zu entdecken. Es passiert. In welches Szenario investiert man also Ressourcen? Nun, jeder informierte, verantwortungsvoll denkende Zeitgenosse wird zustimmen, dass wir alles Erdenkliche unternehmen müssen, um wenigstens das 2-Grad-Ziel zu erreichen (wenn 1,5 Grad schon illusorisch sind). Müssen wir aber nicht zugleich auch alles Erdenkliche unternehmen, um vorbereitet zu sein, wenn wir es verfehlen? Kann man nur auf Sieg setzen und für den Fall der Niederlage keinen Plan haben?

Konsequenterweise sollten wir auf alle Szenarien vorbereitet sein, denen eine seriöse Wahrscheinlichkeit zugrunde liegt (weswegen die Bundesregierung wahrscheinlich keinen detaillierten Masterplan für eine außerirdische Invasion vorliegen hat, aber einen hätte haben sollen für den Fall einer Pandemie). Denn Randbedingungen können sich unversehens ändern. Um uns in die Lage zu versetzen, effizient zu handeln, hat der Weltklimarat IPCC bereits vor fünfzehn Jahren damit begonnen, für alle möglichen Entwicklungen Szenarien zu errechnen. Wo landen wir, wenn wir dies tun, jenes lassen? Diese Szenarien tragen den Familiennamen RCP, abgekürzt für *representative concentration pathway*, plus eine Nummer, welche die Treibhauswirkung der jeweils ausgestoßenen Emissionsmenge beschreibt, ausgedrückt in Watt pro Quadratmeter. Im Best Case Szenario RCP2.6 erreichen wir unsere Ziele und retten die Welt, weil alle Player vorbildlichen Klimaschutz betreiben und bereits emittiertes CO_2 wieder aus der Atmosphäre entfernt haben (mehr dazu in Teil 7). Dann gibt es schlechtere Szenarien, RCP4.5, RCP6, in denen wir weniger glänzen, und RCP8.5, den Worst Case: Versagen auf der ganzen Linie. Alle machen weiter wie bisher und betreiben Umweltkosmetik. Die meiste Zeit wurde RCP8.5 als wenig wahrscheinlich und sogar alarmistisch eingestuft, nach dem Motto, iss deinen Teller leer, sonst kommt der schwarze Mann.

Inzwischen herrscht Konsens, dass der schwarze Mann unterwegs ist.

RCP8.5 beschreibt laut Weltklimarat die aktuelle Treibhausgasentwicklung (Januar 2021) am treffendsten. Selbst wenn die in Paris beschlossenen Maßnahmen ab sofort weltweit eingehalten würden, bliebe RCP8.5 das wahrscheinlichste Szenario (weil nach Paris nicht passierte, was hätte passieren müssen), und nur durch gewaltige gemeinsame Anstrengungen wäre es zu vermeiden.

Aber genau das ist doch eine der viel gescholtenen Prognosen!, höre ich Sie sagen.

Es ist eine Prognose, stimmt. Gegen Prognosen ist auch grundsätzlich nichts einzuwenden, solange sie Ausdruck seriöser Szenarien sind. Die Prognose hat dem Szenario zu folgen, nie umgekehrt, und bedingt dessen genaue Kenntnis. Exakt daran aber hapert es bisweilen. Beispiel: »Frauen werden nie das Wahlrecht haben.« Viel zu absolut. Korrekt hätte es lauten müssen: »In einem Szenario, in dem die meisten Männer weiterhin mit ihrem Gemächt denken, werden Frauen nie das Wahlrecht haben.«

Genug davon.

Sie haben zu tun. Die Dreharbeiten beginnen – Staffel zwei, Staffel drei –, Sie müssen ans Set. Ich erlaube mir, Sie direkt in den Worst Case zu schmeißen. In der Fiction macht der am meisten Spaß, wer will schon Hannibal Lecter als Veganer sehen? Armageddon, der Asteroid fliegt vorbei, Bruce Willis sitzt dumm rum, Gassi gehen mit dem Alien –

Dann doch lieber RCP8.5!

STAFFEL ZWEI   2021–29: 1,5 °C

Es eskaliert weiter.

Die entscheidenden Jahre werden zerredet, im Geflecht aus Politik und Wirtschaft findet Klimaschutz zu wenig Raum. Deutschland verliert seinen letzten Rest Technologieführerschaft, trotz einer Vielzahl kluger Köpfe, doch die Konzerne setzen nicht auf Disruption, die Regierung traut sich keine radikale CO_2-Bepreisung, versagt Umwelt-Start-ups das nötige Venture Capital und überlässt Kaliforniern und Chinesen das Feld. Der Populismus, zwischenzeitlich totgesagt, lebt wieder auf. Donald Trump wurde mehrfach geklont, sodass seine Wiederwahl bis 2200 gewährleistet ist. Sie sind dem bösen Tun auf die Schliche gekommen und werden in einer unterirdischen Forschungsanlage Zeuge, wie alle Klone fehlerfrei sagen: »Es wird kühler werden.« Nur knapp entkommen Sie.

Weniger lustig ist, dass viele Inselstaaten im Pazifik und im Indischen Ozean ernsthaft in ihrer Existenz bedroht sind. Drei Viertel aller Korallenriffe gehen verloren und damit die Lebensgrundlage Tausender Tierarten und Millionen Menschen. Bemühungen, den CO_2-Ausstoß drastisch zu senken, greifen ins Leere, er steigt im Gegenteil weiter an. Obwohl technologisch und physikalisch machbar, rückt die Energiewende in weite Ferne. Die Schlüsselindustrien – Kohle, Öl, Gas, Mobilität, Landwirtschaft – verweigern sich konsequentem Handeln, die Gesellschaft scheut den radikalen Systemwechsel. Fridays for Future hat sich nach kurzem Post-Corona-Comeback in Differenzen aufgerieben und den Sprung zur Weltvolksbewegung verpasst, ist entmutigt und desillusioniert. Mittlerweile liegt die Prognose für 2050 bei 2,5 Grad. Mit einem Meeresspiegelanstieg um einen Meter wird um das Jahr 2090 gerechnet. Das Artensterben beschleunigt sich, die borealen Wälder (griechisch: Boréas, »Das Nördliche«) werden in einem Tempo abgeholzt, dass Aufforstungsprogramme die Verluste nicht ausgleichen können.

STAFFEL DREI   2030–39: 2 °C

Der westantarktische Schelf schmilzt schneller als erwartet. In Grönland werden gleich mehrere Kipppunkte überschritten. Manche Küstenregionen sind jetzt eisfrei, auf dem Schild bilden sich Schmelzseen. Wie eh und je produziert die Menschheit zu viel CO_2, wenngleich ein Gesinnungswandel zu erkennen ist. Viele Staaten mühen sich, das Versäumte nachzuholen, doch die einmal in Gang gesetzten Entwicklungen lassen sich nicht so einfach stoppen. 2033 scheitern in Australien sämtliche Versuche, der Brände Herr zu werden. Canberra wird evakuiert, Teile der Hauptstadt brennen lichterloh, mehrere Vororte Sydneys gehen in Flammen auf, es gibt Hunderte Tote.

Im Norden taut es derweil weiter. Experten rechnen jetzt mit einem Anstieg des Meeresspiegels um anderthalb Meter zum Ende des Jahrhunderts, auch weil zunehmend Eisflächen verloren gehen, die einst Sonnenlicht reflektiert und der Erwärmung entgegengewirkt haben; an ihrer statt speichert das dunklere Wasser die Sonnenwärme, was wiederum den Schmelzprozess beschleunigt. 99 Prozent aller Korallenriffe sind tot, am Äquator herrscht ein Klima wie vor drei Millionen Jahren.

STAFFEL VIER   2040–54: 3 °C

Gletscher verschwinden, Flüsse versiegen. Ein Meter Meeresspiegelanstieg wird vor 2070 erwartet. Wo es trocken war, wird es noch trockener, Wüsten dehnen sich aus, Bangladesch und die Sahelzone liegen verlassen da. Besonders in den ärmsten Ländern finden die Menschen keine Lebensgrundlage mehr und machen sich in ihrer Not auf den Weg. 2050 registriert das UNHCR 200 Millionen Klimaflüchtlinge, eine dramatische Verschiebung der Weltbevölkerung, die unaufhaltsam Richtung Norden drängt.

Sie, inzwischen recht betagt, haben sich auf die Ozeanografie verlegt. Vor Grönland untersuchen Sie den Einfluss des Klimawandels auf die thermohaline Zirkulation, das globale Förderband der Meeresströmungen. Dabei machen Sie eine gespenstische Entdeckung. Der Zufluss von Süßwasser, das zuvor im Polareis gebunden war, verdünnt das salzige Wasser in einer Weise, dass die Zirkulation zu erliegen droht. Der Golfstrom könnte versiegen! Mithilfe einer hoch entwickelten künstlichen Intelligenz erstellen Sie immer neue Szenarien, die zunehmend chaotische und gegenläufige Entwicklungen zeigen. Ausgerechnet die Erwärmung des Nordpolarkreises könnte dazu führen, dass der Wärmetransport in den Norden abreißt. Eisiger Dauerregen wäre die Folge, während die Mitte der Welt im Glutofen vergeht. Der Zusammenbruch würde weitere Kippelemente destabilisieren. Dauer-El-Niño im Ostpazifik, der Amazonas-Regenwald verschwindet, was, wie Sie erkennen müssen, längst eingesetzt hat. Die Antarktis wird von badewasserwarmen Fluten umspült, der Meeresspiegel steigt rapide.

Sie fliegen nach Peru, um Ihre El-Niño-Hypothese zu überprüfen. Organisieren eine Tauchexpedition. Vor Lima gehen Sie persönlich runter und sehen einen der allerletzten weißen Haie, von denen es schon hieß, sie seien ausgestorben – ein wunderschönes, riesiges Tier.

Leider sieht der Hai auch Sie.

STAFFEL FÜNF   2055–70: 3–4°C

Nachdem Sie den Serientod gestorben sind, hat Ihre Rolle jemand Jüngeres übernommen. Ich hoffe auf Ihr Verständnis. Ohnehin hätten Sie wegen künstlerischer Differenzen aussteigen wollen. Das Drehbuch ist eine Zumutung. Kaskaden von Rückkopplungen bringen die Welt ins Taumeln. Eine weitere Bedrohung treibt die künstliche Intelligenz in den Quantenwahnsinn. Jetzt nämlich tauen sie auf, die polaren Permafrostböden, arktischen und antarktischen Tundren, Gebiete ewiger Gefrornis in Sibirien, Kanada und Alaska, zusammen über ein Fünftel aller Landmassen. Anderthalbtausend Gigatonnen sicher eingelagert geglaubter Kohlenstoff und gewaltige Mengen Methan beginnen zu entweichen. Selbst ein sofortiger Stopp aller Emissionen könnte dieses Kippelement nicht in den vorherigen Zustand zurückversetzen.

Mittlerweile wäre es technologisch möglich, die Energiegewinnung und Mobilität vollständig auf erneuerbare Energien umzustellen, doch der Ausbau der Infrastrukturen stockt. Die Schäden der Erderwärmung gehen in die zig Billionen, soziale Spannungen und Hungersnöte lassen kaum noch Raum, Innovationen in die Tat umzusetzen.

Die Meere übersäuern. Minütlich stirbt eine Art aus. Wurde bislang vornehmlich Oberflächenwasser erhitzt, dringt die Wärme nun in tiefere Schichten vor und destabilisiert große Einlagerungen gefrorenen Methans, das ebenfalls in die Atmosphäre gelangt. Von linearen Entwicklungen kann längst keine Rede mehr sein. Ihr Nachfolger hat die Schnauze voll und will aussteigen.

Pech gehabt. Aus dieser Serie steigt keiner aus.

STAFFEL SECHS   2071–99: 4–5 °C

Das Amazonas-Gebiet wird Savanne, Nordafrika und der iberische Süden versteppen. In Italien, Spanien, Frankreich, selbst in Deutschland herrschen mehrmonatige Dürren. Ruhrgebiet und Nordrhein-Westfalen rufen den Trinkwassernotstand aus. Teile der USA werden als unbewohnbar aufgegeben, an der Ostküste kann und will wegen der mörderischen Hitze niemand mehr leben, in Berlin übersteigt die sommerliche Durchschnittstemperatur 45 Grad. Das Risiko für Ältere, den Hitzetod zu sterben, verzwanzigfacht sich.

Dennoch geht es den Menschen dort vergleichsweise gut. Woanders führen Wasserknappheit und Missernten zu humanitären Katastrophen unvorstellbaren Ausmaßes. Zwei Milliarden Menschen leiden Durst und Hunger. Ernteausfälle treiben die Lebensmittelpreise in die Höhe. Wen Unterernährung und Hitzestress nicht dahinraffen, der stirbt an Infektionen. Epidemien sind an der Tagesordnung, alte Bekannte und neue Seuchen entvölkern komplette Landstriche. Wer kann, flieht in den überfüllten Norden, dessen Aufnahmefähigkeit endgültig an seine Grenzen stößt. Zunehmend wird der Kampf um Ressourcen jetzt mit Waffengewalt geführt, vielerorts bricht die öffentliche Ordnung zusammen, Bürgerkriege zerstören die letzten Reste von Infrastruktur.

Was den einen an Wasser fehlt, haben andere zu viel. Während manche Flüsse, darunter Rhein und Donau, unter die Grenze der Schiffbarkeit absinken, treten andere dauerhaft über die Ufer. Metropolen wie Shanghai, Mumbai und Hamburg sind bis in die Innenstädte Überflutungen ausgesetzt. Hightech-Schutzwälle wie *The Big U* rund um Manhattan bieten einigen Schutz, anderswo brechen die Deiche schneller, als man sie bauen kann. Der Durst erreicht nun auch die sogenannte Erste Welt, denn das Vordringen der Meere versalzt das Grundwasser.

Unterdessen ist der Meeresspiegel auf über einen Meter angestiegen. Monsterzyklone rasen über die Archipele Südostasiens hinweg und überspülen ganze Inselreiche. Erstmals wird ein Rückgang des Weltbevölkerungswachstums verzeichnet, doch neuneinhalb Milliarden bleiben neuneinhalb Milliarden. Die größte Migration der Menschheitsgeschichte ist in vollem Gange. Der Kollaps droht, die Kosten der Katastrophe sind kaum mehr zu beziffern, was aber keine Rolle spielt. Zu bezahlen sind sie ohnehin nicht mehr. Die Hitze schwächt zudem die Produktivität, draußen zu arbeiten, ist unterhalb 40° nördlicher Breite praktisch unmöglich geworden. Alleine in den USA fällt das BIP um 30 Prozent.

Mit umso größerer Vehemenz wird geforscht, wo immer es möglich ist. Die Beherrschung des Quantencomputers und fabulöse Fortschritte im Machine Learning (ungeachtet der Krise eilt die Entwicklung künstlicher Intelligenz von Meilenstein zu Meilenstein, da sich die Maschinen längst aus eigener Kraft verbessern) führen zu hochpräzisen Voraussagen, nur leider zu keinem Best Case – also jedenfalls zu nichts, was man klaren Verstandes als Best Case bezeichnen könnte. Dafür folgt jedem Worst Case ein Even Worse Case. Ihr Nachfolger, ein Chaos-Mathematiker, schlägt im Krisenstab bei einem präapokalyptischen Hoch-die-Tassen vor, man könne ja Atombomben in Vulkane werfen. Da müsste doch ordentlich Ruß in die Stratosphäre gelangen. Okay, nuklearer Winter. Ein paar Jährchen Frankenstein-Effekt. Dafür würde es ganz flott kühler werden.

Zu seinem Entsetzen wird der Vorschlag aufgegriffen.

Stopp! Das war ein Witz!

Nur lacht hier keiner mehr. In ihrer Verzweiflung verfallen die Staaten auf die aberwitzigsten Ideen. Geo-Engineering (dazu später mehr) hat Hochkonjunktur. Den Planeten umbauen, und diesmal richtig. Das Stühlerücken kommt ein bisschen spät, und ob es wirklich so eine gute Idee ist, die Erdkruste zu kitzeln oder kühlende Aerosole in die Luft zu schießen, sei dahingestellt. Wüsten mit reflektierender Folie auszukleiden, klingt da schon besser, würde allerdings die Kleinigkeit eines zweistelligen Billionenbetrags kosten, apropos reflektierende Flächen –

Im Sommer ist die Arktis jetzt eisfrei.

STAFFEL SIEBEN   2100–?: 6–?°C

Die Weltbevölkerung sinkt. Sinkt schnell weiter. Ökonomischer und ökologischer Zusammenbruch. Kriege. Hunger. Durst. Ende der Zivilisation. Fast alle Arten sterben aus, darunter auch jene, die es in ihrem bemerkenswert kurzen Gastspiel von 300.000 Jahren geschafft hat, den ganzen Planeten vor die Wand zu fahren.

Nein, nein!, meldet sich der Planet zu Wort. Dagegen will ich mich verwahren! Mich kann man nicht zerstören. Mir doch egal, ob mich Sauerstoff, Methan oder Schwefeldampf umhüllen und wer alles auf mir rumtrampelt. Artenvielfalt? Immer schon ein Kommen und Gehen. Außerdem kriegen die eh nichts mit. Also nicht in einer Weise, dass es sie intellektuell beschäftigen würde. Und die genug Hirn hatten, um zu denken, haben es nicht benutzt und sind Geschichte. So wie es immer war. Wer stirbt, der stirbt. Wenn's knallt, dann knallt's. Wie vor 66 Millionen Jahren, und dann kommt jemand Neues, besser Angepasstes.

Alarmismus?

Wissenschaft.

In unserem Thriller-Szenario habe ich geschildert, was der Weltklimarat IPCC für den Fall voraussagt, dass wir so weitermachen wie bisher: halbherziger Aktivismus, unzureichende Green Deals, insuffiziente Klimapakete. Aber muss es so weit kommen? Noch können wir RCP8.5 gegen ein erquicklicheres Szenario eintauschen. Langfristig vielleicht sogar gegen die glitzernden Visionen der Utopisten. Ein Jahrzehnt, den Kurs zu ändern, bleibt uns, dann wird es eng. Im nächsten Teil befassen wir uns ausführlicher mit Kipppunkten und Kippelementen, bevor wir uns anschließend den Verursachern und Bekämpfern der Klimakrise zuwenden und unsere Möglichkeiten ausloten, RCP8.5 zu verhindern. Einiges haben wir vermasselt. Aber sehr viel mehr können wir richtig machen.

Wir haben die Welt hypothetisch untergehen lassen.

Jetzt erfinden wir sie neu.

TEIL 4

URSACHE

WIRKUNG

Also, wie war das noch? Wenn's hier taut, steigt dort der Meeresspiegel, sterben drüben die Bäume, gibt's hüben Überschwemmungen – oder umgekehrt? Ganz schön kompliziert. Zumal nichts geschieht, ohne das große Ganze zu beeinflussen. Hier alle wesentlichen Kippelemente im Überblick:

GLOBALE EISMASSEN

Der Westantarktische Eisschild schmilzt ab

Die westantarktischen Eismassen liegen überwiegend auf und unter dem Meer. Damit sind sie der fortschreitenden Erwärmung des Wassers unmittelbar ausgesetzt, was ihre Schmelzrate erhöht. Inzwischen droht der Westantarktische Eisschild instabil zu werden und zu zerbrechen. Ein Totalverlust wäre dann nicht zu vermeiden. Mit hoher Wahrscheinlichkeit sind Kipppunkte überschritten, drei bis dreieinhalb Meter Meeresspiegelanstieg (in den nächsten zwei-, dreihundert Jahren) vorprogrammiert.

Teile des Ostantarktischen Eisschilds schmelzen ab

In der Ostantarktis liegen die größten gefrorenen Süßwasserreserven der Welt, Teile davon unterhalb des Meeresspiegels. Ähnlich wie in der Westantarktis drohen Rückkopplungseffekte, die einen Totalverlust zur Folge hätten. Noch sind hier keine Kipppunkte überschritten. Bei 2 bis 3 Grad globaler Erwärmung könnte es jedoch dazu kommen. Weitere drei bis vier Meter Meeresspiegelanstieg wären die Folge.

Der Grönländische Eisschild schmilzt ab

Während der Sommermonate verliert der grönländische Eispanzer durch Tauwetter schneller an Höhe, als im Winter Schnee nachfällt. Infolgedessen verflacht er, die ins Meer mündenden Gletscher schmelzen, das Eis sackt in tiefere und wärmere Luftschichten, was wiederum den Abtauprozess beschleunigt. Ob Kipppunkte schon überschritten wurden, ist umstritten. Bei einem Temperaturzuwachs von 2 bis 3 Grad wäre der Totalverlust langfristig nicht zu vermeiden, der Meeresspiegel stiege dann um weitere sieben Meter.

Das arktische Meereis schmilzt ab

Seit den Siebzigern hat sich die atmosphärische Temperatur in der Arktis um durchschnittlich 2 Grad erhöht. Das auf dem Wasser schwimmende Meereis ist in den Sommermonaten um 40 Prozent zurückgegangen. Teile der Eisdecke werden dünner und brüchiger, was den Abschmelzprozess beschleunigt. Derzeit erwärmt sich das Nordpolargebiet etwa doppelt so schnell wie die übrige Erde, Kipppunkte gelten als überschritten.

Die Himalaja-Gletscher schmelzen ab

Das berühmte Gebirgsmassiv erstreckt sich vom indischen Süden bis zum tibetischen Hochland im Norden und umfasst mehrere Achttausender. Hier lagern nach den Polen die größten Eis- und Schneemengen der Erde, weshalb der Himalaja (samt angrenzendem Hindukusch) auch Dritter Pol oder Wasserturm Asiens genannt wird: Seine Gletscher speisen große asiatische Flüsse und versorgen annähernd zwei Milliarden Menschen mit Trinkwasser. Seit den Siebzigern ist ein Viertel der Eismassen verloren gegangen. Am Mount Everest wurden zuletzt 1,5 Grad Temperaturanstieg gemessen, jährlich schrumpfen die Gletscher um einen Höhenmeter. Untersuchungen des IPCC legen nahe, dass der Verlust nicht nur die umliegende Bevölkerung gefährdet, sondern fallende Wasserstände, Hitzewellen und Dürren, Überschwemmungen und Trinkwasserknappheit auch in Europa begünstigen wird. Kipppunkte sind teilweise überschritten. Selbst wenn es gelänge, die durchschnittliche Erderwärmung bei 1,5 Grad zu begrenzen, würden im Himalaja über 2 Grad erreicht und ein Drittel des Eises ginge bis 2100 verloren.

Die Albedo-Rückkopplung nimmt ab

Albedo (lateinisch albus für »weiß«) ist die Maßeinheit für das Rückstrahlvermögen einer Fläche, die nicht aus sich selbst heraus leuchtet, sondern einfallendes Licht zurückwirft. Je heller eine Fläche, desto mehr Wärme reflektiert sie. Weiß hat die höchste Rückstrahlkraft, Eisflächen sind somit in mehrfacher Hinsicht die perfekten Kühlelemente. Dunkle Flächen hingegen (wie die Meerwasseroberfläche) speichern Wärme. Der völlige Rückgang des arktischen Meereises im Sommer hätte zur Folge, dass anstelle sehr heller sehr dunkle Flächen treten, was maßgeblich zur Erderwärmung beitragen würde.

MEERE UND OZEANE

Die atlantische thermohaline Zirkulation wird
abgeschwächt

Meeresströmungen gleichen einem verschlungenen, mehrstöckigen, in sich geschlossenen Förderband. Wären Sie ein Wasserpartikel, würden Sie im Verlauf eines Jahrtausends einmal rund um den Erdball reisen, bis Sie wieder dort ankommen, wo Sie gestartet sind. Auf Ihrer Reise wird das Wasser mal wärmer, mal kühlt es sich ab. Dieses globale Strömungssystem nennt man thermohaline Zirkulation. Im Atlantik gelangt tropisches warmes Oberflächenwasser in den Norden: der Golfstrom. Dank seiner erfreut sich Europa warmer Sommer und milder Winter, wachsen in Südengland und Irland Palmen. Gen Norden kühlt sich die Strömung ab, durch Verdunstung geht Wärme verloren, der Salzgehalt steigt (Wasser verdunstet, Salz nicht), wodurch das Wasser dichter und schwerer wird. Vor Grönland und Labrador ist es schließlich so schwer, dass es abstürzt, in sogenannten Sinkschloten, drei Kilometer tief ins grönländische Becken, und als kalte Bodenströmung seinen Rückweg nach Süden antritt. Die verblüffende Erkenntnis: Der Golfstrom fließt nicht, er wird *gezogen* – die abstürzenden Wassermassen wirken wie Gummibänder. Diesen Prozess nennt man Nordatlantische Pumpe. Solange die Pumpe arbeitet, profitiert der Norden von südlicher Wärme, was aber, wenn sie ins Stocken geriete? Ein Grund könnte sein, dass der Salzgehalt sinkt und das Wasser leichter wird – und genau das geschieht. Das abtauende Nordpolareis verdünnt das schwere, salzhaltige Nordmeerwasser mit Süßwasser, bis es zu leicht wird, um abzustürzen. Kein Sogeffekt mehr, der Golfstrom versiegt, Europa kühlt ab, vor der Nordküste

80

der USA steigt der Meeresspiegel. Die gute Nachricht: Kipppunkte scheinen noch nicht überschritten. Die weniger gute: Während der vergangenen 70 Jahre hat sich der Golfstrom bereits um 15 Prozent abgeschwächt. Kipppunkt voraus.

Verstärkung des El-Niño-Phänomens

Das ozeanische Zirkulationssystem wechselwirkt mit dem atmosphärischen. El Niño, »das Christkind«, ein zyklisch auftretendes Wetterphänomen, schwächt die Passatwinde ab, die vor Südamerika kaltes Tiefenwasser an die Oberfläche und warmes Oberflächenwasser nach Südostasien treiben. Kommt der Passat zu lange zum Erliegen, kehrt sich die Strömung um, und vor Südamerika wird es wärmer. Der Klimawandel könnte zu häufigeren El Niños führen, mit gravierenden Folgen: Dürren in Südostasien und Australien, Extremniederschläge an Amerikas Westküste, Störungen des Monsuns in Westindien und Südafrika.

Destabilisierung der ozeanischen Methanvorkommen

In Hunderten Metern Tiefe durchsetzen Methanhydrate, eine Art Eiscreme, die submarinen Kontinentalhänge. Molekulares Methangas wird in winzigen Wassereiskäfigen auf den 164sten Teil seines Volumens komprimiert. Das Gas entsteht beim Zersetzungsprozess organischer Überreste, die aus den oberen Wasserschichten herabsinken. Um die (übel riechende) Eiscreme stabil zu halten, bedarf es eines spezifischen Verhältnisses von Druck und Umgebungstemperatur. Nimmt der Wasserdruck ab und/oder die Temperatur zu, zerfallen die Eiskäfige, das Gas bläht sich explosionsartig auf. Der Hang zerreißt, es kommt zu unterseeischen Rutschungen, das Methan gelangt in die Atmosphäre. Klingt nach Katastrophenfilm, ist aber schon geschehen. Vor achttausend Jahren rauschten Teile des norwegischen Kontinentalhangs in die Tiefsee, bekannt als Storegga-Rutschung. Bis zu zwanzig Meter hohe Tsunamiwellen verwüsteten die umliegenden Küsten und überspülten Doggerland, eine blühende Steinzeitkultur zwischen England und Deutschland. Noch sind kritische Kipppunkte wohl nicht überschritten. Gelegentlich kommt es zu lokalen Blow-outs, ohne Dominoeffekt. Würden sich tiefere Wasserschichten dauerhaft erwärmen, wäre ein Storegga-Déjà-vu jedoch nicht ausgeschlossen.

Versauerung der Meere

Während atmosphärisches CO_2 Treibhauswirkung entfaltet, bildet es in Verbindung mit Meerwasser Kohlensäure. Das Wasser wird nicht im eigentlichen Sinne sauer, verliert aber seine basischen Eigenschaften. Das wiederum beeinträchtigt die Skelettbildung von Muscheln, Korallen, Schnecken, Schwämmen und anderen Lebewesen, die am Beginn der ozeanischen Nahrungskette stehen. Etliche Spezies bis hin zum Menschen sehen sich dadurch existenziellen Bedrohungen ausgesetzt. Zwar können die Meere ungeheure Mengen Kohlendioxid speichern (über ein Drittel des anthropogen emittierten CO_2 ist im Meerwasser gebunden). Unter anderem dient es Algen als Nahrung. Sterben diese, sinkt es zusammen mit ihnen auf den Meeresgrund. Auch für diesen Prozess gibt es einen Begriff: Marine Biologische Kohlenstoffpumpe. Wird die Pumpe allerdings überstrapaziert, kommt es zur Übersäuerung, was ihre Funktion – einhergehend mit Erwärmung und Sauerstoffarmut – nachhaltig einschränkt. Hier sind Kipppunkte eindeutig überschritten. Laut IPCC vollzieht sich die Versauerung schneller als je zuvor in den vergangenen 65 Millionen Jahren. Bis 2100 rechnen Forscher mit einer Verdopplung des Säuregehalts, irreversiblen Verlusten an Biodiversität und Schädigung etlicher Nahrungsketten.

Die Korallenriffe sterben ab

Was wir schnorchelnd und tauchend bestaunen, ist das Werk Milliarden winziger Korallenpolypen. In ihnen siedeln symbiotisch Algen. Ein hochsensibles System, das durch Erwärmung und Versauerung katastrophal geschädigt wird. Die Polypen stoßen ihre Algen ab und sterben, was zu den berüchtigten Korallenbleichen führt. Die meisten der tropischen Riffe sind so gut wie tot und werden sich lange nicht erholen – die Regenerationszeit beträgt mehrere Tausend Jahre. Kipppunkte sind vielerorts überschritten, Totalverluste aller tropischen Riffe kaum noch aufzuhalten. Als Folge brechen Nahrungsgründe für Mensch und Tier und ebenso Teile des Tourismus in den betroffenen Ländern zusammen.

ATMOSPHÄRE UND WINDE

Störung des indischen Sommermonsuns

90 Prozent der Regenfälle Indiens verdanken sich dem Sommermonsun, der feuchte Ozeanluft ins Landesinnere trägt. Dabei steigen warme Luftmassen auf und ziehen neue Feuchtluft vom Meer heran. Der Klimawandel könnte diese bislang verlässliche Dynamik aus dem Gleichgewicht bringen, einhergehend mit großräumigen Überflutungen und Dürren im Wechsel.

Verlagerung des westafrikanischen Monsuns

Ähnlich könnte eine Verlagerung des westafrikanischen Monsuns abwechselnd extrem regenreiche und trockene Wetterlagen erzeugen, vom Golf von Guinea bis in die Sahelzone. Überflutungen und Dürren wären die Folgen, während die Sahara ergrünt. Letzteres klingt erst mal nett, brächte aber den Transport nährstoffreichen Wüstenstaubs zu den Korallenriffen der Karibik und in die Regenwälder des Amazonas zum Erliegen.

Der Jetstream verlangsamt sich

Wie erwähnt, verläuft in sieben bis zwölf Kilometern Höhe ein Starkwindband, das sich in Schlangenlinien um die Nordhalbkugel windet, arktische Luft von südlichen Luftmassen trennt und beide nach Osten verschiebt, mit dem Ergebnis ausgeglichener Großwetterlagen und rasch wechselnder Hoch- und Tiefdruckgebiete. Verlangsamt sich die Dynamik des Jetstreams, treten Hoch- und Tiefdruckgebiete gewissermaßen auf der Stelle. Es käme zu lang anhaltenden Kälte- und Hitzewellen, Überflutungen und Dürren.

Die Stratocumuluswolken lösen sich auf

20 Prozent der subtropischen Tiefseegebiete sind bedeckt von Schichten niedriger Haufenwolken, Stratokumuli genannt. Sie reflektieren Sonnenlicht, das andernfalls vom Meerwasser gespeichert würde, und tragen so wesentlich zur Kühlung der Erdoberfläche bei. Bei stark erhöhtem atmosphärischem CO_2 würden die Stratokumuli zerfallen, keine geschlossene Decke mehr bilden und ihren kühlenden Effekt verlieren. Das alleine

würde die Erde bis zur Mitte des 22. Jahrhunderts um weitere 8 bis 10 Grad erwärmen.

WÄLDER

Der tropische Regenwald verschwindet

Der Amazonas-Regenwald ist eine der größten Verdunstungszonen der Welt und versorgt das Amazonas-Becken mit ergiebigen Regenfällen. Bäume, Farne, Gräser und andere Pflanzen speichern gewaltige Mengen CO_2 und bieten Lebensraum für indigene Völker und Tausende Arten. Erderwärmung, Brände und fortschreitende Abholzung werden den Regenwald jedoch mittelfristig in einen saisonalen Trockenwald verwandeln und langfristig zum Verschwinden bringen. Das bis dahin in der Vegetation gespeicherte CO_2 wird frei, mit fundamentalen Auswirkungen auf das Erdklima. Der massive Verlust an Biodiversität schließt eine Regeneration des Regenwaldes so gut wie aus.

Dezimierung der borealen Wälder

Etwa ein Drittel der globalen Waldbestände liegt auf der Nordhalbkugel. Es sind Nadelwälder, rauem Klima angepasst. Schädlinge, Stürme, Brände und Wassermangel in direkter Folge des Klimawandels bedrohen ihre Existenz, zudem schreitet die Abholzung rapide voran. Ein Verlust dieser wichtigen CO_2-Speicher triebe die Durchschnittstemperatur weiter in die Höhe, durch die Umwandlung von Wald in Busch- und Grasland verlören etliche Arten ihre Existenzgrundlage.

LANDFLÄCHEN

Nordamerikas Südwesten versteppt

Dort gehen bereits seit Jahren die Niederschläge zurück. Störungen der atmosphärischen und ozeanischen Strömungsmuster, bedingt durch den Klimawandel, könnten den Rückgang noch verstärken. Kipppunkte sind nicht hinreichend erforscht, permanente Trockenheit, etwa in Kalifornien, könnte die Folge sein.

Die Permafrostböden tauen auf

Im arktischen Gürtel, hauptsächlich Sibirien und Nordamerika, sind riesige Bodenflächen seit Jahrtausenden dauerhaft gefroren. Zusammen machen diese sogenannten Permafrostböden zwischen 20 und 25 Prozent aller irdischen Landflächen aus. Bis in drei Meter Tiefe binden sie tausend Milliarden Tonnen CO_2 und Methan, in den darunterliegenden Schichten weitere Hunderte Milliarden Tonnen, gebildet aus tierischen und pflanzlichen Überresten. Derzeit erwärmen sich die Permafrost-Regionen zweieinhalbmal schneller gegenüber dem globalen Mittel. Die oberen Schichten tauen, mit fatalen Rückkopplungseffekten: Mikroorganismen zersetzen die eingelagerten organischen Überreste, erzeugen Wärme, destabilisieren die Böden und tragen so weiter zum Auftauen bei. Es kommt zu Bodenabbrüchen und Rutschungen, welche die tieferen Schichten freilegen. Nach und nach steigen so erhebliche Mengen Treibhausgase in die Luft, vor allem das entweichende Methan kurbelt den Treibhauseffekt an. Kipppunkte sind teilweise überschritten.

WEITERE AUSWIRKUNGEN DES KLIMAWANDELS

Viren und Bakterien

Schmelzen die Gletscher, gelangt, was darin eingeschlossen war, in die Atmosphäre – und zwar nicht nur Treibhausgase, sondern auch uralte, oft unbekannte Mikroben. 2016 legten steigende Temperaturen in Sibirien einen jahrzehntealten Hirschkadaver frei, der mit Milzbrandsporen infiziert war. Solche Sporen können immens lange im Eis überleben. Über 2.000 Rentiere und ein Kind starben. 2020 entnahmen Forscher Gletscherproben im Hochland von Tibet und entdeckten diverse unbekannte Virengruppen. Der Biologin Chantal Abergel und ihrem Team gelang es, ein 30.000 Jahre altes Virus aus dem Permafrost zu isolieren und wiederzubeleben. Zwar sind die meisten Viren für Bakterien gefährlicher als für Menschen, doch je rapider das Eis schmilzt, je rascher die gefrorenen Böden tauen, desto größer das Risiko, dass auch wir an unbekannten Erregern erkranken.

Epidemien und Pandemien

Die Geschichte von Corona – damals noch eine Epidemie – beginnt wahrscheinlich auf einem Tiermarkt im chinesischen Wuhan. Dort kommt es zu einer Zoonose. So nennt man virale Übertragungen von Tier auf Mensch und umgekehrt. Der Rest ist bekannt. Wie aber kam es zur Pandemie, und was hat der Klimawandel damit zu tun? Ganz einfach. Viren haben ein Zuhause, *home sweet home*, wie Sie und ich. Sie leben in bestimmten Teilen der Welt in ihren jeweiligen Ökosystemen. Dort leben auch Mensch und Tier, deren Immunabwehr über Generationen Zeit hatte, sich an die kleinen Biester zu gewöh-

nen. Was aber tun wir? Zerstören und durchmischen Ökosysteme. Da finden sich dann, wie in Wuhan, lebende Tiere aus
unterschiedlichen Teilen der Welt dicht an dicht, die einander
in der Natur nie begegnet wären und dort, wo sie feilgebo-
ten werden, nicht heimisch sind. Alle bringen Viren mit. Man
kann sagen, Viren sind das reiselustigste Völkchen der Welt,
machen unentwegt neue Bekanntschaften mit Spezies, deren
Immunsystem nicht auf sie eingestellt ist, übertragen sich von
Tier zu Tier, mutieren und springen auf Menschen über, den
Rest besorgen interkontinentale Verkehrsmittel. Es muss kein
Straßenmarkt in China sein, von dem all das ausgeht. Vielerorts liebt man Exotisches und holt sich Alien-Viren ins Land.
Was gar nicht in deren Sinne ist. Könnten sie denken, würden sie sagen, stopp! – wir wollen niemanden töten! Wir sind
doch nicht bescheuert und killen den Wirt, der uns ernährt.
Diese neuen Typen klappen immer gleich zusammen. Wir
wollen zurück nach Hause!

Zu spät.

Mal kommen die Viren zu uns, mal wir zu ihnen. Wenn
jahrtausendealte Biotope wie der Amazonas-Regenwald abgeholzt und Feuchtgebiete entwässert werden, geschieht das
zum Beispiel, um Menschen und Rinder dort anzusiedeln.
Die sind auf die lokalen Erreger nicht vorbereitet, werden
krank und sterben. Was Züchter nicht daran hindert, Fleisch
auszuführen, und wieder gehen Viren auf Reisen. Gut, sagen
die Schlauen, Schluss mit Exotik, mir kommt kein Flughund
ins Haus. Ich züchte in meiner Heimat, was hier heimisch ist.
Schweine zum Beispiel. Weil der Deutsche gern Schwein isst,
geschieht dies in großem Stil. Es kommt zu Zucht- und Mast-
situationen übelster Art. Eng gedrängt, kaum Tageslicht, kein
natürliches Futter, sind die Tiere anfällig für Seuchen. Wird
eines krank, erkranken alle. Nicht von ungefähr verfüttert die

Fleischindustrie mehr Antibiotika an Tiere, als Menschen zu sich nehmen.

Kurz, wir importieren Viren, spazieren zu Viren, kreieren Viren. Seit Menschen Handel treiben, wird Exotisches im heimischen Raum angesiedelt. Immer aufs Neue ein Experiment, das durchaus gelingen kann. Im 16. Jahrhundert kam die Kartoffel von Südamerika nach Mitteleuropa, was uns keine ökologische Krise eintrug, sondern Fritten. Diverse vertraute Spezies unserer hiesigen Biosphäre sind tatsächlich Einwanderer. Allerdings ist es ein Unterschied, mal eine Art zu verpflanzen (was auch schiefgehen kann und Australien die Kaninchenplage bescherte) oder globale Rahmenbedingungen zu manipulieren. Dann grassieren Seuchen, kurbelt die Umweltzerstörung den Klimawandel an, der seinerseits neue Epidemien auslöst. Beispielsweise führt die Verschiebung von Klimazonen dazu, dass Zecken Borreliose und Hirnhautentzündung nach Deutschland tragen. Zunehmend gelangen Tiere, Pflanzen und Erreger in Gegenden, in denen sie nichts verloren haben. Aus Epidemien werden Pandemien, die Menschen, Tiere, ganze Wälder dezimieren – parasitische Pilze töten Eichen und befallen Nutzpflanzen, Moskitos dringen in hohe Berglagen vor und infizieren Vögel. Komplette Ökosysteme werden geschädigt, und das begünstigt ein fatales –

Artensterben

Denn Klimawandel und Artensterben gelten als Zwillingskrisen: Zunahme der globalen Durchschnittstemperatur gleich Abnahme der globalen Biodiversität gleich Zunahme der globalen Durchschnittstemperatur. Wie kann das sein?

Zunächst einmal ändern steigende Temperaturen und

Wetterextreme die Lebensumstände vieler Arten schneller, als sie sich anpassen können. Schon bei einer Erwärmung von 2 Grad wird Schätzungen des Weltklimarats zufolge ein Viertel aller Arten in den Meeren und Regenwäldern unwiederbringlich verloren gehen, darunter etliche Pflanzen, was das Aussterben von Tieren beschleunigt. Mit deren Wegfall verkümmern die großen Biotope und verlieren ihre Fähigkeit, CO_2 zu speichern. Die Folge sind steigende Temperaturen, und leider gibt es ein zusätzliches Problem: So bedrohlich die Klimakrise ist, lässt sie sich mittels Technologie doch in den Griff bekommen. Gegen das Artensterben aber gibt es keine vergleichbaren Lösungen. Die Ursachen sind zu unterschiedlich, und anders als mit erneuerbaren Energien lässt sich mit Artenschutz kein Geld verdienen. Die Motivation ist erwartungsgemäß dürftig. Am Ende hilft, was wir schon lange wissen: Schluss mit Überfischung, Überjagung, Überrodung, stärkere Zusammenarbeit von Arten- und Klimaschützern. Wie immer ist keine Zeit zu verlieren. Ein an Arten verarmter Planet wäre ein verdammt ungemütlicher Ort. Vielleicht zu ungemütlich für uns. Letztlich sind auch wir nur eine Art.

TEIL 5

DIE GUTEN – UND DIE BÖSEN?

DIE VERURSACHER

Sind die Verursacher des anthropogenen Klimawandels die Bösen? Wenn ja, sind wir auch böse. Sie und ich. Und alle, die dazu beitragen, dass Menschen überhaupt einen ökologischen Fußabdruck hinterlassen. Wir sind Akteure in einem Thriller, aber ein Thriller, in dem ausnahmslos alle böse sind – ich sag's Ihnen, da bin ich raus. Ich habe selber ein paar ziemlich üble Typen erfunden. Aber durch und durch böse war kaum einer, und die Guten hatten ihre Schattenseiten. Es mag banal klingen, aber die Welt ist nicht schwarz-weiß. Na ja – manchmal schon.

Bevor wir also über die Verursacher der Klimakrise sprechen, sei etwas vorangestellt: Es gibt nicht *die* Politiker. Nicht *die* Industriellen. Nicht *die* CEOs, *die* Arbeitnehmer, *die* Alten. Es gibt Branchen und Lobbys, aber die Menschen, die dort arbeiten, sind so unterschiedlich, wie wir alle unterschiedlich sind. Im Bundestag, im US-Senat und Repräsentantenhaus, in den UN, in der Großen Halle des Volkes, im Kokkai, EU-Parlament, House of Lords und House of Commons, in der Knesset und in Vorstandsetagen begegnen wir sämtlichen Ausprägungen des menschlichen Charakters: Engagierten und Ignoranten, Aufgeschlossenen und Vernagelten, Profiteuren und Altruisten, Bemerkenswerten und Verachtenswerten, alle verstrickt ins Geflecht aus Politik, Wirtschaft, Zivil- und Privatgesellschaft.

Im Frühjahr 2020 habe ich Politiker noch einmal anders kennengelernt. Da war Ratlosigkeit. Aber auch Entschlossenheit. Fehler wurden gemacht und vieles richtig. Wir erlebten parteienübergreifenden Konsens, Empathie und Gestaltungskraft. Erblickten uns selbst in aller Facettierung.

Die Mehrheit zog an einem Strang, Skeptiker stritten über den rechten Weg, Verzweifelte demonstrierten, weil sie fürchteten, in ihrer prekären Lage übersehen zu werden, einige liefen falschen Flaggen hinterher. Da waren die Party-Spreader, da pöbelte die überinszenierte Schar der Dauerempörten und Totalverweigerer, die »Wir sind das Volk!« schreiend dem Volk die Solidarität aufkündigte, Hauptsache dagegen, egal gegen was. Selbst bei denen fanden sich welche, die für ein Gespräch nicht verloren waren. Wir sahen die *Natural Born Assholes*, die keine Ansprache lohnen, sahen Unternehmen leiden, Konzerne in die Knie gehen, bemüht, Existenzen zu sichern. Wir erkannten, wer wir letztlich sind: Individuen mit Einzelschicksalen. Vielleicht hat gerade Social Distancing dazu beigetragen, dass wir uns wieder mehr als Menschen denn als Institutionen wahrnehmen. Das wäre gut! In Krisen muss man miteinander reden, statt einander zu dämonisieren. In der Klimakrise, der größten, allemal. Wenn es im Folgenden um *die* Autoindustrie, *die* Ölkonzerne, *die* Politik, *die* Gesellschaft geht, werde ich Einzelbeispiele herausheben, mehr aber Entwicklungen und Tendenzen beschreiben und manchmal vielleicht zu pauschal sein. Vorab, sorry dafür. Ich bemühe mich um Differenziertheit ebenso sehr wie um Klarheit.

So. Wer bläst die ganzen Treibhausgase in die Luft?

TREIBHAUSGASEMISSIONEN NACH SEKTOREN

Unter Sektoren verstehen wir Teilstücke, wie bei einem Kuchen. Beim Kuchen sind die Stücke gleich groß, damit sich Opa hinterher nicht beschwert, seines wäre zu klein ausgefallen. Auf der IPCC-Skala für globale Treibhausgasemissionen von 2010 sind sie unterschiedlich groß. Ihre Größe schwankt, ist aber im Mittel der letzten Jahre konstant geblieben.

Elektrizität und Wärme	25 %
Land- und Forstwirtschaft, Landnutzung	24 %
Industrie (Zement alleine 8 %)	21 %
Transport/Verkehr (Auto alleine 9 %)	14 %
Bau und Gebäude	6,4 %
Sonstige Energieformen	9,6 %

KOHLE

Als ich klein war, kam in Köln der Klüttenmann mit seinem Laster voller Briketts (im Kölschen sind Briketts Klütten). Wir Kinder fanden das aufregend. Wie die Dinger über die Rutsche in den Keller polterten. Der Lärm. Die Staubwolke. Der Klüttenmann selbst, schwarz wie der Teufel! Hinterher war ich ein Fall für die Dusche, und meine Mutter konnte zusehen, wie sie den Feinstaub aus meinen Klamotten bekam.

Heute gibt es Fotovoltaik, Windräder, Bioenergie, Geothermie, Wasserkraft. Würde man den Ausbau beschleunigen, könnte der Klüttenmann zu Hause bleiben. Müsste er auch, um die Pariser Klimaziele zu erreichen. Aber er sträubt sich. Hat immer noch zu tun, auch wenn viele ihn nicht mehr mögen. Ganz lassen wollen sie aber auch nicht von ihm. Na ja – in ein paar Jahren. Jahrzehnten. Dabei geht die Bedeutung der Kohlekraft weltweit zurück. 2019/20 wurden die Kapazitäten deutlich runtergefahren. Die unter anderem von Greenpeace initiierte Studie ›Global Energy Monitor‹ erkennt eine signifikante Verlangsamung und Reduzierung des Kohlestrombedarfs zugunsten der Erneuerbaren. Klimaproteste setzen

Kraftwerksbetreiber, Politiker und Investoren unter Druck. Die meisten Länder sind sich einig auszusteigen. Solar- und Windkraft kommen in die schwarzen Zahlen, Kohle ist teurer als Rohöl geworden, der CO_2-Preis (dazu später mehr) treibt sie weiter in die Unrentabilität. Nicht einmal Trump konnte verhindern, dass mehr Kohlekraftwerke in den USA vom Netz gingen als in jedem anderen Land.

Nur reicht das alles nicht. 2019 emittierte die Menschheit 36,4 Milliarden Tonnen Kohlendioxid aus der Verbrennung fossiler Ressourcen (bis 2050 werden 43,1 erwartet). Der Ausstieg erfolgt nicht schnell genug, um die Pariser Klimaziele zu erreichen. Selbst 2 Grad wären nur zu schaffen, wenn der Kohlestromverbrauch bis 2030 auf ein Fünftel des heutigen sänke. Stattdessen sind neue Kraftwerke im Bau, die Hälfte in China, weltweit werden weitere projektiert. Während die Emissionen 2019 in den USA, Japan und der EU sanken, nahmen sie anderswo drastisch zu. Die Datenbank Global Coal Exit List erfasst sämtliche Unternehmen, die weltweit in der Kohlewertschöpfungskette tätig sind. Die Hälfte befindet sich im Expansionsmodus: Kraftwerke, Minen, Infrastrukturen. Nur 25 von 935 gelisteten Firmen geben ein Ausstiegsdatum an. Anders gesagt, die Branche weigert sich beharrlich, der Klimarealität ins Auge zu sehen, aber einiges lässt hoffen. Zahlreiche Banken und Versicherer wollen nicht länger in Kohle investieren. Indien und Bangladesch stoppen den Bau geplanter Anlagen, auf den Philippinen wurde ein Moratorium für neue Kraftwerke erlassen, in Deutschland hat Vattenfall verkündet, sein Prestigekraftwerk Moorburg stillzulegen. Dennoch kommt Deutschlands Ausstieg zu spät. »Sie wollen bis 2038 Kohle verbrennen?«, wundert sich Greta. »Das ist bizarr.«

ÖL UND GAS

Stellen Sie sich die Erde als Sparbuch vor. Nehmen wir an, die Natur sei eine fürsorgliche Mama. Über Millionen Jahre hat sie liebevoll für uns eingezahlt. Wann immer ein Bäumchen umfiel, hat sie es für uns zurückgelegt, im Moor vertorfen und unter geothermischem Druck verkohlen lassen, hat aus abgestorbenen Algen und Kleinstlebewesen Öl und Gas gemacht, und als wir von den Bäumen stiegen, hat sie gesagt: So, Kinder, all das habe ich mir seit dem Oberkarbon vom Munde abgespart, geht sorgsam damit um und teilt's euch ein.

Na, das haben wir ja prima hingekriegt. Binnen weniger Hundert Jahre die Dividenden mehrerer Erdzeitalter verprasst. Die Vergangenheit verheizt, als gäbe es kein Morgen. In Windeseile über Jahrmillionen sicher eingelagertes CO_2 und Methan in die Atmosphäre geblasen. Und das soll ohne Folgen bleiben? Die Zukunft verprassen wir gleich mit. Sparbuch geplündert, Umwelt versaut. *Have fun, kids.* Wie bescheuert kann man sein? Zurück auf die Bäume, möchte man rufen, aber die haut der Bolsonaro gerade ab. Und leider gibt es keine fürsorgliche Mutter Natur. Das Gedankenspielchen zeigt uns, warum wir den fossilen Raubbau sofort stoppen müssen. Was wir da veranstalten, ist das Gegenteil natürlicher Prozesse. Es ist suizidaler Turbowandel. Erdöl macht 34 Prozent, Erdgas 20 Prozent aller fossilen Emissionen aus. Jeder Tag, den wir das Zeug verfeuern, ist einer zu viel. Wie wir inzwischen wissen, haben Öl- und Gaskonzerne das bereits Mitte des letzten Jahrhunderts erkannt – und die Welt seitdem hinters Licht geführt. Was sind die Absichten der Multis, mehr als ein halbes Jahrzehnt nach Paris? Welche Pläne haben sie für unsere Zukunft?

Europäische Ölkonzerne bekunden, die Wende vollziehen zu wollen, und investieren in Windparks, Fotovoltaik und Batterieproduzenten. Shell, größter Tankstellenbetreiber der Welt, peilt die Marktführerschaft in Ökostrom an, seitens BP heißt es: »Wir sehen die Möglichkeiten in der Kraft von Sonne, Wind und Erdgas als perfektem Partner erneuerbarer Energien.« Corona dient hier als Motivator. 2020 wird als eines der schwärzesten Jahre in die Geschichte der Ölbranche eingehen, ohne Aussicht, je zu alter Form zurückzufinden. BP-Chef Bernhard Looney sieht darin aber auch die Chance zum Umschwung. Bis 2030 soll die Öl- und Gasförderung um 40 Prozent zurückgefahren und das Investment in kohlenstoffarme Energien verzehnfacht werden. Der spanische Konzern Repsol will bis 2050 klimaneutral werden, CO_2 in großem Stil abscheiden, nutzen und speichern, Bäume pflanzen, den Anteil von Biokraftstoffen erhöhen und einen internen Emissionshandel betreiben. Italiens Eni verspricht, die Emissionen bis 2050 um 80 Prozent zu senken.

Viele dieser Strategien halten kritischen Blicken erst mal stand, genauer betrachtet geben die Multis jedoch kein so überzeugendes Bild ab. In BPs Strategiepapier etwa fehlt der Unternehmensanteil am russischen Rosneft-Konzern. 2019 steckten die weltgrößten Ölkonzerne gerade mal 0,8 Prozent ihrer Investitionen in erneuerbare Energien, Biokraftstoffe und CCS (CO_2-Abscheidung und -Speicherung). Die restlichen 99,2 Prozent flossen in Erschließung und Ausbeutung weiterer Öl- und Gasfelder. Derzeit liegt der Anteil grüner Energien bei knapp 3 Prozent. Zwar wird eine Milliarde Dollar ausgegeben, um die Pariser Klimaziele offiziell zu unterstützen, zugleich fließen 200 Millionen Dollar jährlich in dubiose Kanäle, um sie zu hintertreiben (mehr im Kapitel ›Die organisierten Truppen‹). So konnte BP eine im Bundesstaat

Washington geplante CO_2-Steuer aushebeln, und in Brüssel wird unermüdlich gegen den Umstieg auf E-Mobilität lobbyiert. Die Ziele mögen ambitioniert sein, sie können nicht darüber hinwegtäuschen, dass die Ölbranche noch viel zu lange auf Gewinne aus fossilen Brennstoffen setzt.

Anders als europäische Multis lassen US-Konzerne keinerlei Klimaziele erkennen. ExxonMobil argumentiert, die Öffentlichkeit wolle nicht, dass sich Ölfirmen in Wind- und Solarenergie engagieren. Lieber setze man auf Biokraftstoffe aus Algen. Schöne Idee, gerade gut für 0,2 Prozent der Exxoneigenen Raffineriekapazität, während der Konzern seine Ölproduktion bis 2030 um 50 Prozent zu steigern gedenkt. Bei arabischen, chinesischen und russischen Staatskonzernen sind gar keine Ambitionen erkennbar.

Doch die januskÖpfige Politik beginnt sich zu rächen. Weltweit sind Bestrebungen im Gange, Ölkonzerne für die Folgen ihres Tuns haftbar zu machen. Amerikanische Juristen strengen milliardenschwere Prozesse an, insbesondere gegen ExxonMobil und Trumps ehemaligen Außenminister (und vormaligen Exxon-Chef) Rex Tillerson, der die Öffentlichkeit jahrelang dahingehend belog, es gäbe keine evaluierten Modelle zum Klimawandel. Wisse ein Unternehmen, so der Vorwurf, dass der Klimawandel den Firmenwert beeinflusse, und man verschweige dies seinen Investoren, sei das Aktionärsbetrug. Nicht nur Aktionäre klagen. RWE, Europas treibhausgasintensivster Energiekonzern, sah sich vor Gericht gebracht durch einen peruanischen Bergführer, dessen Haus vom Schmelzwasser tauender Gletscher überschwemmt zu werden drohte. Er musste einen Damm bauen, Kostenpunkt 20.000 Euro. RWE forderte Beweise, die Heimstatt ursächlich gefährdet zu haben, schließlich betreibe man sein Geschäft am ganz anderen Ende der Welt. Die Richter befanden in zweiter Instanz, der Konzern trage eine Mitverantwortung und müsse zahlen. So etwas hat Signalwirkung. Inselstaaten und Gemeinden von den Anden bis zum Himalaja laufen sich warm für Prozesse, Umweltverbände reichen Klagen im Dutzend ein, Shell, Exxon, Chevron und andere sabotierten den globalen Klimaschutz. Es kann teuer werden für die Multis. Ähnlich wie die Kohleindustrie finden sie zudem immer weniger Investoren. Ölanleihen riechen nach *stranded assets*, Geldanlagen ohne Dividende. Fieberhaft überlegen vor allem US-Konzerne, wie sich der globale Ölverbrauch angesichts E-Mobilität und grünen Wasserstoffs hochhalten ließe – und erblicken ihr Heil ausgerechnet in der Plastikproduktion. Was nur eine Antwort verdient: Schluss mit fossilen Subventionen, Schluss mit Förderlizenzen.

Joe Biden scheint der Mann, um diese Antwort zu geben. Der neue US-Präsident macht keinen Hehl aus seiner Abneigung gegen die Ölmultis. Sein New Green Deal sieht vor, bis 2030 2 Billionen Dollar in erneuerbare Energien zu investieren und E-Mobilität massiv auszubauen, wodurch der Ölbedarf weiter sänke. Analysten erklären, Erneuerbare böten stabilere Renditen, zudem könnte die zu erwartende härtere Klimagesetzgebung den Wert neu geplanter Ölprojekte bis 2025 halbieren. Schon um ihre Anleger zu schützen, bleibt der Ölbranche also keine Wahl, als den ökologischen Wandel zu vollziehen. Bleibt die Hoffnung auf Einsicht.

AUTOMOBIL UND VERKEHR

Laut einer Greenpeace-Studie von 2018 gehen 9 Prozent des globalen CO_2-Ausstoßes aufs Konto der Autoindustrie (Fertigung plus Emissionen im Verkehr). Spitzenreiter Volkswagen emittiere jährlich so viel CO_2 wie ganz Australien, gefolgt von Renault-Nissan, Toyota, General Motors und Hyundai-Kia. Fakt ist, während die Treibhausgasemissionen nach Paris in anderen Sektoren sanken, stiegen sie im Verkehr weiterhin dramatisch an. Das in aller Kürze, damit Sie wissen, wovon wir reden, wenn wir den geplanten Systemumbau mit allen seinen Wegen, Umwegen und Irrwegen unter die Lupe nehmen.

Trotzig haben deutsche Autobauer in den letzten Jahren am Verbrenner festgehalten. Elon Musk wurde als Traumtänzer belächelt. Von 1985 bis 2003, während meiner Zeit als Werber, arbeitete ich für mehrere Automobilkonzerne, darunter Toyota, Mercedes-Benz und Volkswagen. Unser Aufgabenbereich umfasste Kreation, Kommunikation und Unternehmensstrategie. Wir erhielten Einblicke in die Herzkammer der Entwicklungsabteilungen und durften alles fahren. Ich gestehe, um die Flitzer haben wir uns regelrecht gekloppt. Ende der Achtziger stand ein Toyota MR2 vor meinem Haus, ein leuchtend gelber Transformer, der mich morgens um drei schnurrend zu sich rief. Dann kachelten wir über gähnend leere Autobahnen, mein Bumblebee und ich, und bei 300 km/h schoss mir das Adrenalin nur so aus den Ohren. Ich kenne den Rausch. Es macht einen Höllenspaß, alles andere wäre gelogen. Wir fuhren Erlkönige auf Wolfsburger Teststrecken, droschen Unimogs Steilhänge hinauf, und man zeigte uns, was man Tolles bauen könnte, wenn man es nur bauen wollte. Deutsche waren in den Neunzigern auf einem Wissensstand, der es ihnen ermöglicht hätte, emissionsfreie Fahrzeuge zur Serienreife zu entwickeln. Die Konzepte lagen in den Schubladen – unter Verschluss. Warum? Relativ einfach: die Verflechtung der Auto- mit der Ölindustrie, ihr gemeinschaftlicher Einfluss auf die Politik, ihr Unwille, Geld für den Systemumbau in die Hand zu nehmen – lieber die fossile Kuh zu Tode melken, bis kein Öl mehr da ist!

Damals kannte ich die Branche gut. Nach allem, was ich sehe, hat sie sich nicht groß verändert, immerhin aber reagiert sie auf Druck. Weiterhin versucht man den Verbrenner künstlich zu beatmen, doch die nächste Milchkuh ist ausgemacht: E-Mobilität, garantiert gewissensrein. Plötzlich finden alle Elon Musk toll. Ein E-Boom setzt ein, dass einem die Haare zu Berge stehen (wie in den Karikaturen, wenn jemand den Finger in die Steckdose hält). Daimler investiert zehn Milliarden in den Ausbau seiner Elektroflotte, Porsche will die Hälfte seiner Modelle elektrifizieren, Audi, BMW, Opel, Renault, sie alle haben E-Modelle im Programm. VW bietet gleich mehrere an und schwärmt, bis 2028 weltweit 22 Millionen E-Autos verkaufen zu wollen. Klingt super. Ist es auch, bis man den Marktforschungsanalysen entnimmt, nach welchem Kriterium E-Autos hauptsächlich gekauft werden: Reichweite.

Ist das ein Problem? Urteilen Sie selbst.

Elektromobilität

E-Autos fahren mit Batterien. Lange Strecken schafft man nur mit großen und schweren Batterien in entsprechend großen und schweren Autos. Die Batterie ist das Herzstück der gesamten E-Mobilität, wiegt bis zu mehreren Hundert Kilos und bedarf einer Reihe exotischer Rohstoffe, allen voran Lithium. Zwei Drittel davon lagern in Salzseen im kargen Hochgebirge der Anden im Dreiländereck Chile-Bolivien-Argentinien (der Rest verteilt sich auf Australien, USA, China, Deutschland und Tschechien). Hier, in der Provinz Jujuy, lebt das indigene Volk der Kolla, deren Existenz durch den Abbau in Mitleidenschaft gezogen wird. Lithium ist im Salzwasser fein verteilt, das aus den Seen hochgepumpt und in riesige Becken geleitet wird, wo es verdunstet. Das Lithium wird vom Salz getrennt, es bleibt Lithiumkarbonat, ein Pulver, weißes Gold genannt – und tatsächlich, in den Anden herrscht Goldgräberstimmung.

Der Haken: Durch den Abpumpprozess fließt süßes Grundwasser von den Bodenrändern zur Mitte des Sees, mischt sich mit Salzwasser und wird ungenießbar. Die spärliche Lebensgrundlage der Kolla, vergeudet im Nu. Ohne Wasser aber kein Anbau, keine Lama- und Ziegen-Zucht. Überdies werden Chemikalien als giftiger Staub ins Land getragen, und wie Goldgräber so sind, räumen sie ungern hinter sich auf. Überall liegt Müll herum. Das schädigt die zweite Lebensgrundlage der Kolla, den Tourismus. Inzwischen haben sich Gemeinden zusammengeschlossen, um gegen den Raubbau zu klagen. Nicht, dass sie die Lithium-Förderung grundsätzlich ablehnen, sie soll nur verträglich mit ihren Interessen geschehen. Doch das Land gehört der Regierung, und die verteilt munter Konzessionen. So droht die einzigartige Salzseelandschaft der Anden zerstört zu werden. Pech, könnte man sagen, einer muss dran glauben. Anders als bei 2 Grad mehr wird die Welt nicht unter dem Verschwinden der Kolla leiden, und auf Salzseen kann man notfalls verzichten.

Dem steht zweierlei entgegen. Erstens, keine Wertschöpfungskette verdient es, umweltfreundlich genannt zu werden, wenn nicht alle ihre Glieder es sind. Zweitens, Lithium ist endlich, die Situation nicht anders als bei Kohle, Öl und Gas. Irgendwann ist alles weg. Der Traum der Autobranche, Mobilität zu elektrifizieren, kann dann schnell zum Albtraum werden. Noch gibt es viel Lithium, doch der Bedarf an Batteriezellen multipliziert sich. Wer achtet auf die Einhaltung der Umweltstandards in den Abbaugebieten? Wir, sagen die Autobauer, pflegen aber kaum direkte Beziehungen zu den Lithium-Produzenten vor Ort. Zwischengeschaltet sind Zulieferer, die man zwar bitten kann, ein Auge auf die Produzenten zu haben. Ökologischer Abbau ist indes nur gewährleistet, wenn sich VW, Daimler, BMW und andere selbst aktiv darum bemühen, statt die Verantwortung zu delegieren.

Wie klimafreundlich sind nun E-Antriebe? Die Herstellung der Batterien ist es schon mal nicht. Weil Deutschland die Entwicklung verschlafen hat, kommen Batterien größtenteils aus Fernost, wo ihre Produktion, oft mit Kohlestrom, eine Menge CO_2 freisetzt. VW strebt an, künftig selbst Batterien herzustellen, umweltfreundlich, wie Tesla es tut. Dort arbeitet man mit grünem Strom aus eigenen Solarparks. Die Ausnahme. Legt man gängige Produktionswege zugrunde, hinterlassen beide, E-Auto und Benziner, zu Beginn kolossale ökologische Fußabdrücke. Zwar verbessert sich die Ökobilanz des E-Autos im Gebrauch, dennoch muss selbst ein strombetriebener Kleinwagen erst 70.000 Kilometer abklappern, bevor er klimafreundlich wird. Das Problem: kleine Autos, kleine Batterien. Damit kommt man nicht weit, und Reichweite gilt als Kaufkriterium. Ein Audi e-tron schafft ohne Aufladen immerhin mehr als 400, ein BMW iX 650, ein Mercedes EQS gar 700 Kilometer. Klimafreundlich sind auch sie – ab 166.000 gefahrenen Kilometern! Anders sieht es aus, wenn bei der Produktion von Batterie und Auto und zum Aufladen sauberer Ökostrom verwendet wird. Dann sind Sie mit Ihrem Kleinwagen nach 30.000, mit der Großraumlimousine nach 60.000 Kilometern im Klimaplus.

Und woher kommt all der grüne Strom?

Wenn E-Mobilität rasch klimatauglich werden soll, müssen

wir die Vollversorgung durch erneuerbare Energien *vorzie-*
hen. Selbst dann ist die Bilanz noch nicht sauber. In E-Autos
finden neben Lithium seltene Erden Verwendung, deren Förderung mit massiver Landschaftszerstörung einhergeht. Noch
verursacht die E-Auto-Produktion doppelt so hohe Umwelt-
belastungen wie die von Benzinern. Kein Argument für Benziner! Schlicht Fakt. Manche Konzerne versuchen, den Malus
durch Teilnahme an Wiederaufforstungsprogrammen auszugleichen. VW etwa engagiert sich im Schutz des Borneo-
Regenwaldes. Da freut sich der Orang-Utan. Weil der Affe
schlau ist, beginnt er zu rechnen: Hundert Bäume binden eine
Tonne CO_2. Im Schnitt setzt die Produktion eines Autos zwölf
Tonnen frei. Pro Auto müsste VW also zwölfhundert Bäume
pflanzen. Doch sooft er auch zählt, er kann sie nicht finden.
VW merkt dazu an, man investiere ja nicht eigentlich in Aufforstung, sondern in den Erhalt des Waldes. Ach so, denkt
der Affe, während er zusieht, wie Bulldozer eine Fläche groß
wie 36 Fußballfelder plattmachen. Jeden Tag. Aber wir wollen nicht kleinlich sein. Der Weg ist richtig, nur etwas größere
Schritte wären angezeigt.

Letztlich kann man die Ökobilanz von E-Autos durch Bat-
terien-Recycling verbessern. Auch Lithium lässt sich recyceln,
was ungleich billiger ist, als es zu fördern. Dafür allerdings
müsste die EU ihr Recycling-Gesetz auffrischen. Überhaupt
muss die Politik bessere Rahmenbedingungen schaffen, damit E-Mobilität Sinn ergibt. Bis 2030, hat der Bund beschlossen, werde es eine Million Ladesäulen in Deutschland geben.
Klingt viel, ist es nicht. Findet auch die Autoindustrie. Laut
EU-Klimavorgaben muss der CO_2-Ausstoß pro gefahrenem
Kilometer bis 2030 um 50 Prozent sinken. Das, so die Autobauer, funktioniere nur, wenn im selben Zeitraum 60 Prozent mehr E-Autos verkauft würden. Warum aber sollten

Menschen E-Autos kaufen, wenn mancherorts Ladepunkte seltener wären als Wolpertinger? Ball im Feld der Energiewirtschaft. Falsch, kontert die. Ladesäulen seien vorhanden. Unrentabel, weil verwaist. Die Autoindustrie möge freundlichst E-Autos auf den Markt bringen, bei denen das Preis-Leistungs-Verhältnis stimmt, dann ließe sich da vielleicht mal einer blicken. Ball im Feld der Autobauer.

Rettet E-Mobilität nun das Klima? Klares Jein. SUVs mit Superreichweite sicher nicht. Taxis und Busse, die lange und viel fahren, gelangen schnell ins Klimaplus. Privatwagen ja, wenn sie klein sind. Damit kommt man nicht weit, stimmt. Käme man aber, wenn mehr Ladesäulen da wären. Berlin, bitte regeln! Ball im Feld der Politik. Eins noch: Studien zufolge fährt der Durchschnittsdeutsche am Tag nicht mehr als 40 Kilometer. So viel zu Reichweite. Fazit: E-Mobilität ist interessant, aber nicht die allseligmachende Lösung. Was gibt's noch im Angebot? Synthetische Kraftstoffe. Brauchbar, aber teuer. War da nicht was mit Wasser? Das andere ganz große Ding –

Wasserstoff

Abkürzung H, häufigstes Element im Universum. Kommt auf der Erde fast ausschließlich in gebundener Form vor, hauptsächlich in H_2O. Um reinen Wasserstoff zu gewinnen, spaltet man Wasser auf, traditionell durch ein kostengünstiges, Dampfreformierung genanntes Verfahren. Wasserstoff braucht man für industrielle Prozesse, etwa in der Kühltechnik, Metallverarbeitung und Düngemittelproduktion. Außerdem hat man festgestellt, dass es sich ganz prima als Fahrzeugtreibstoff eignet – keine klimaschädlichen Abgase werden mehr in die Luft geblasen, übrig bleibt klares

H_2O. Leider hat die Dampfreformierung den entscheidenden Nachteil, dass Erdgas zum Einsatz gelangt und große Mengen CO_2 freigesetzt werden, womit Wasserstoff als Benzinalternative wegfiele – gäbe es nicht ein alternatives Herstellungsverfahren, die Elektrolyse. Dabei wird Wasser durch Zuführung von Strom gespalten, der sauber, also durch Wind oder Sonne erzeugt sein muss. So erhält man grünen Wasserstoff – grün, weil er jetzt klimaverträglich und damit verkehrstauglich ist. Das entsprechende Fahrzeug wird mit einer Brennstoffzelle ausgestattet, die den Wasserstoff unter Zuführung von Sauerstoff in elektrische Energie umwandelt. Die wird in einen Elektromotor geschickt, fertig. Klingt nach dem Heiligen Gral, hat aber leider auch einen Haken: Elektrolyse ist teuer. Unrentabel teuer.

Viele Autokonzerne lehnen die Idee wasserstoffbasierter Mobilität darum ab. BMW hat Konzepte in Planung, die VW-Chef Herbert Diess schlicht unsinnig findet, auch Audi votiert dagegen. Man möchte einstimmen, andererseits – wo steht geschrieben, dass die Herstellungsverfahren ausgereizt sind? Jahrelang haben deutsche Autobauer die Entwicklung emissionsarmer Pkw-Flotten verschlafen und es stattdessen vorgezogen, Autofahrer zu betrügen. Was technisch geht und was nicht geht, ist aus solchem Munde mit Vorsicht zu genießen. Stimmt, grüner Wasserstoff ist teuer. Aber so ziemlich jede Technologie der letzten 150 Jahre begann teuer und wurde sukzessive billiger. Es drängt sich der Eindruck auf, man scheue die Wasserstoffforschung auch darum, weil die bildschöne, pflegeleichte, gewinnträchtige neue E-Milchkuh schnelleres Geld verheißt.

Honi soit qui mal y pense.

Was können Wasserstoffautos überhaupt? Sie kommen ähnlich weit wie Benziner, 500 bis 700 Kilometer, und lassen sich ebenso schnell betanken. Noch gibt es Probleme mit dem Betankungsdruck (der konstant 700 bar zu betragen hat, zwischendurch aber abfällt, sodass man doch Wartezeiten in Kauf nehmen muss), die aber zu lösen wären. Dumm nur, dass Ihre Chancen, am Nanga Parbat dem Yeti zu begegnen, größer sind, als in Europa eine Wasserstofftankstelle zu finden. Von den paar Hundert weltweit stehen achtzig in Deutschland. Die meisten anderen in Kalifornien. Dort verkaufen sich Wasserstoffautos recht gut, Toyota und Hyundai bieten welche an, Honda, Mercedes und BMW arbeiten an Modellen. Forscher am Leibniz-Institut in Rostock haben jüngst einen Durchbruch darin erzielt, Methanol in Wasserstoff rückzuwandeln, womit der Einsatz in Brennstoffzellen weit wirtschaftlicher würde. Geht doch.

Fest steht, ohne grünen Wasserstoff kommt die Energiewende nicht auf Touren. Thyssen-Krupp plant, bis 2050 seine gesamte Produktion umzustellen und ausschließlich grünen Stahl zu produzieren. Fände dieser Anwendung im Autobau, hätte man weltweit neue Absatzmärkte sicher. Spät hat die Bundesregierung nun endlich eine Wasserstoffstrategie beschlossen. Jahrelang wollte man da nicht ran, jetzt wird gleich die Weltmarktführerschaft heraufbeschworen. Warum nicht? Der Mensch wächst an seinen Zielen. Noch sind wasserstoffbetriebene Privatwagen kein Massenmarkt. Den Schwerlastverkehr – Busse, Bahnen, Schiffe und Flugzeuge – komplett mit Wasserstoff zu betreiben, wäre hingegen hochgradig sinnvoll. Elektrolyse könnte man in unmittelbarer Nähe von Windparks durchführen, die oft Stromüberschüsse produzieren, allerdings liegt der Ausbau der Erneuerbaren im Argen – lieber diskutiert man in Deutschland über Mindestabstände für Windräder. Immerhin sind bis 2040 zehn Gigawatt Elektrolyse-Kapazitäten geplant. So ist das im Land der zögerlichen Innovatoren. Wir stehen uns im Weg. Und manchmal treten wir einsichtig zur Seite.

LAND- UND FORSTWIRTSCHAFT

Die Kuh macht Muh, und das macht sie weltweit zu oft. Zu viele Tiere, zu viel billiges Fleisch. Fast die Hälfte aller Treibhausgasemissionen aus der Nahrungsmittelherstellung entfällt auf die Fleischproduktion, explizit Rind und Schwein, etwa ein Fünftel auf die Milchwirtschaft. Geflügel, Eier, Fisch und Meeresfrüchte teilen sich ein Siebtel, gefolgt von Zucker, Süßstoffen, Fetten und Ölen. Hingegen setzen Gemüse, Früchte und Getreide zusammen gerade mal 11,5 Prozent aller nahrungsmittelbedingten Treibhausgase frei.

In keinem anderen Sektor ist es so wichtig, Treibhausgase und bloßes CO_2 auseinanderzuhalten. Denn in der Landwirtschaft gelangen vor allem Methan und Lachgas in die Atmosphäre. Methan hat einen 25-mal, Lachgas einen bis zu 300-mal höheren Treibhauseffekt als CO_2. Methan wird insbesondere bei der Milch- und Fleischproduktion erzeugt, durch Verdauungsprozesse von Wiederkäuern, Mist und Gülle: der typisch herzhafte Landgeruch, mit Blick auf die Auswüchse der Massentierhaltung nur ohne Bauernromantik. Lachgas wiederum steigt bei der Ausbringung von Stickstoffdünger auf und halbiert sich sofort bei natürlicher Düngung und nachhaltiger Humuswirtschaft, wie sie der ökologische Landbau betreibt.

Klein Fritz fragt schon mal gern, wohin mit den vielen Kühen, wenn wir künftig weniger Fleisch essen. Er hat nämlich gelesen, Menschen und säugende Nutztiere ergäben zusammen 96 Prozent der Gesamtbiomasse aller Säuger (Menschen 36 Prozent,

Nutztiere 60 Prozent), und nur 4 Prozent seien wilde Säugetiere. Die Antwort lautet: Die ganzen Kühe gäb's dann nicht mehr. Als wir noch ritten und Kutsche fuhren, bevölkerten 4,2 Millionen Pferde Deutschland. Heute sind es 400.000. Hier berühren wir einen wichtigen Punkt. Nicht nur verändern die Unmassen lebender Fleischressourcen das Klima, sie verdrängen auch andere Arten. Etwa ein Viertel aller CO_2-Emissionen (jetzt sind wir wieder beim CO_2) entsteht aus der Umwandlung von Wald und biologischer Vielfalt in monokulturelles Acker- und Weideland, durch Verfeuerung und Trockenlegen von Mooren. Millionen Bäume werden gerodet, natürliche Biotope zerstört. Mit den pflanzlichen CO_2-Speichern verschwinden unwiederbringlich etliche Spezies.

Weltweit betrieben, würde eine ökologische und nachhaltige Agrarwirtschaft die Treibhausgasemissionen enorm senken. Dem steht entgegen, dass die Industrie- und Schwellenländer größtenteils konventionellen Landbau subventionieren. Und damit die ganze klimaschädliche Kette von Anbau und Produktion über die Handelsstrukturen bis hin zur Bestätigung des Verbrauchers in seinen Gewohnheiten. Während ökologischer Landbau Ertragsmaximierung bei sparsamem Einsatz von Ressourcen anstrebt, kennt konventionelle Subventionierung nur ein fragwürdiges Mantra: Mehr Energieaufwand gleich mehr Ertrag. So begünstigt die Land- und Forstwirtschaft den Klimawandel, unter dem sie selber zu leiden hat. Anbauphasen verschieben sich. Mit der Erwärmung verschwinden nützliche Insekten, schädliche wandern ein. Dürren, Starkregen, Hagel und Stürme vernichten Ernten, Feldfrüchte vertrocknen, Vieh erkrankt und stirbt. Die neue Bauernregel lautet: Kräht der Hahn auf dem Mist, ändert sich das Wetter, und nichts bleibt, wie es ist.

SIE UND ICH

Was? Wir beide? In einem Atemzug genannt mit Kohle-, Erdöl- und Autokonzernen? Ja, was machen wir denn Schlimmes?

Nichts Schlimmes. Dennoch sind wir Teil des Problems. Wenn niemand die Autos kaufen, den Strom verbrauchen, heizen, essen und trinken würde, hätten die Industrien nichts zu emittieren. All dies geschieht, um uns das Leben zu ermöglichen, das wir leben wollen. So richtig es ist, die weltgrößten Emittenten in die Kritik zu nehmen, vergisst man doch schnell, dass sie nur unseretwegen existieren. Der größte Treibhausgasemittent sind wir.

Müssen wir uns darum schuldig fühlen? Ich erzähle Ihnen was aus dem Nähkästchen der Erdgeschichte. Kleine Abwechslung von den ganzen Zahlen. Vor zweieinhalb Milliarden Jahren war das Leben nicht so vielgestaltig wie heute. Vornehmlich Einzeller, erste Versuche der Evolution, Zellen zu verketten. Aber es wimmelte schon von Lebensformen. Ungezählte Arten Mikroorganismen bevölkerten die Meere. Das Land lag öde da, zu unwirtlich, als dass dort etwas hätte grünen, krabbeln und flattern wollen. Lurchis legendärer Landgang, dem Sie und ich unser Dasein verdanken, wird noch auf sich warten lassen. An einem Donnerstag nun (ein Donnerstag, der viele Millionen Jahre dauerte) erfanden die Vorläufer der Cyanobakterien aus lauter Langeweile etwas Phänomenales. Sie nutzten Sonnenenergie, um Wasser in seine Bestandteile aufzuspalten, konnten so lebenswichtige organische Moleküle herstellen und setzten als Abfallstoff gewaltige Mengen Sauerstoff frei.

Das war unser Glück. Ohne Sauerstoff keine biologische Höherentwicklung. Allerdings vertrugen etliche Spezies den plötzlich freigesetzten Sauerstoff nicht. Pures Gift für sie, und es hörte nicht auf. Infolge der ungebremsten Kontaminierung verabschiedeten sich fast alle anaeroben (nicht auf Sauerstoff angewiesenen) Lebensformen gleich wieder aus der Weltgeschichte. Anders als wir pflegten Cyanobakterien keine Klimagipfel abzuhalten und trugen sich nicht mit Schuldgefühlen, weshalb sie den Planeten weiter munter nach ihren Bedürfnissen umgestalteten. Wir sind somit nicht die erste Spezies, die einen vernichtend großen ökologischen Fußabdruck hinterlässt. Aber wir sind die erste Spezies, die darüber nachdenken kann: was wir unserer Umwelt antun. Was wir uns selber antun.

Das Dilemma: der Nutzen, den wir aus unserem Vorgehen ziehen, ist zugleich unser Fluch. Den Planeten umzugestalten, kann unser Ende in sich tragen; ihn nicht umzugestalten, allerdings auch. Jede Lebensform verändert die Ökosphäre durch ihr bloßes Dasein, umso stärker, je zahlreicher sie auftritt. Das ist in Ordnung. Wir haben ebenso ein Existenzrecht wie Amöben, Sardellen, Wiedehopfe, Flusspferde und der gar nicht so böse Wolf. Wir fressen einander, stoffwechseln, scheiden aus, emittieren. Die Abschaffung der Menschheit, von der Ökoromantiker meinen, sie brächte die Natur wieder ins Gleichgewicht, würde nichts ändern. Die Natur war nie im Gleichgewicht. Wie sollte dieses Gleichgewicht ausgesehen haben? In welchem Erdzeitalter lag es? Die Geschichte unseres Planeten ist die Geschichte des Einander-Verdrängens. Es geht nicht darum, zu verschwinden, um niemanden zu stören. Wir werden die Welt auch weiterhin verändern, Arten werden unseretwegen aussterben, irgendwann werden wir selber aussterben, vielleicht, weil Bakterien im Meer etwas freisetzen, das wir nicht vertragen. That's life. Wir müssen verstehen, dass wir die Welt nicht zerstören können.

Wir können nur *unsere* Welt zerstören.

Und daran sind wir zurzeit alle irgendwie beteiligt.

Schuldig im Sinne der Anklage? Dann wäre jeder angeklagt.

Mit kontraproduktivem Effekt. Vielleicht haben Sie mal von kognitiver Dissonanz gehört. Davon reden Psychologen, wenn man fortgesetzt an den eigenen Ansprüchen scheitert. Die berühmten guten Vorsätze. Weniger Fleisch, weniger Schokolade, Alkohol reduzieren, zehn Kilo abnehmen, dreimal die Woche joggen, nicht mehr fliegen, Auto stehen lassen, Fahrrad kaufen, weniger in Handy und Glotze starren. Der Januar geht ins Land, die Laufschuhe vereinsamen, Schokolade mampfend und Wein trinkend findet man sich in der fünften Staffel von ›Suits‹, gestern Bratwurst, heute Steak, morgen Hähnchenbrust, Flugreise gebucht. Verachtenswert fühlt man sich. Die coolen jungen Aktivisten, was müssen die von einem denken? Mist, ich bin ja selber erst zwanzig! Alle Welt scheint einen anzustarren, und der innere Richter ist sowieso der strengste, also fängt man an, sich die Dinge schönzureden. So dick bin ich gar nicht. Werden die Franzosen nicht so alt, weil sie jeden Tag Rotwein trinken? Zu den Malediven kann ich schlecht paddeln. Und ist das wirklich erwiesen mit dem menschengemachten Klimawandel? Nicht, dass ich ein Leugner wäre –

Ist man nicht, man kämpft um seine Selbstachtung. Die Kluft zwischen Anspruch und Wirklichkeit belastet uns. Nichts ist schlimmer für die seelische (und körperliche) Gesundheit, als sich ständig defizitär zu fühlen. Dissonanzreduktion nennt man das, wenn der gequälte Geist sich die Welt passend träumt. Darum sollten wir von Schuld nur sprechen bei böswilliger Versündigung und darüber hinaus die Klimadiskussion vom Ballast der Schuld befreien. Wer sich immerzu unter Anklage sieht, bei jeder Scheibe Wurst, jeder Autofahrt, der wird kein fröhlicher Klimaretter. Wir brauchen keine neue Inquisition, sondern ein stärkeres Empfinden von persönlicher Verantwortlichkeit und Gestaltungskraft. Zugleich darf die Klimaschutzdiskussion nicht entpolitisiert werden. Denn wir ermächtigen Menschen, unsere Interessen auf höherer Ebene wahrzunehmen. Diese Menschen haben mehr Handlungshoheit als wir, entsprechend größer ist ihre Verantwortung.

Manchmal muss man sie daran erinnern.

2018 wurden sie daran erinnert. Die Art, wie das geschah, war nicht von Pappe! Auch wenn es mit Pappe begann.

DIE AKTIVISTEN

Stellen Sie sich folgende fiktive Situation vor: Januar 2019, UN-Konferenz, worüber auch immer: Donald Trump, damals noch Präsident der USA, Sarah Palin, Ex-Gouverneurin von Alaska, der AfD-Ehrenvorsitzende Alexander Gauland und Brasiliens amtierender Präsident Jair Bolsonaro laufen sich über den Weg, Rauchpause an der frischen Luft, man kommt ins Gespräch.

TRUMP: Arschkalt heute.

BOLSONARO: Ja, könnte noch schneien.

PALIN: Das ist gar nichts, ihr Weicheier. Ich war letzte Woche zur Jagd in Anchorage. Da war's so kalt, dass mir der Finger am Abzug festgefroren ist.

BOLSONARO: Was hast du denn gejagt?

GAULAND *(lacht)*: Eisbären?

PALIN: Mann, diese Klischees! Als hätte ich was gegen Eisbären.

TRUMP: Hast du nicht?

BOLSONARO: Ich sag's euch ganz offen, ich kann die Viecher nicht leiden.

PALIN: Welche Viecher kannst du denn leiden?

BOLSONARO: Steaks. Die sind nett. Alle anderen gucken so vorwurfsvoll.

PALIN: Eisbären stehen unter Stress, Jair. Wie würdest du dich fühlen, wenn ständig alle Welt auf dich starrt? Der Rummel um die globale Erwärmung setzt ihnen zu. Ich hab sie erst mal von der Liste der bedrohten Tierarten nehmen lassen, das verschafft ihnen Ruhe.

GAULAND *(schnatternd)*: Globale Erwärmung? Es ist minus 10 Grad! Ernsthaft?

BOLSONARO: Quatsch. Es wird nur wärmer, weil ich im Regenwald rumfackele.

GAULAND: Warum eigentlich?

BOLSONARO: Ackerflächen, Weideflächen, Holzhandel, Bauland! Brasilien hat legitime Wirtschaftsinteressen, klar? Da fackel ich nicht lange.

GAULAND *(verwirrt)*: Äh – fackelst du jetzt oder nicht?

PALIN: Also, wir fracken. Es ist doch so: Gott hat uns die Erde geschenkt. Warum hat er wohl all das schöne Öl und Gas darin versteckt? Damit wir's *finden*! Also holen wir's raus, und wenn die Erde leer ist, schenkt er uns eine neue.

GAULAND *(skeptisch)*: In Deutschland glauben wir ja, dass es warm ist wegen der Sonne.

BOLSONARO *(hebt eine Braue)*: Ach was.

GAULAND: Ja, darum wollen wir alle Klimaschutzmaßnahmen stoppen. Weil, wir brauchen die Sonne ja. Ich meine, wenn sie stärker scheint, wird es wärmer, das leugnen wir gar nicht. Das ist halt der Klimawandel, aber wir –

TRUMP: Klimawandel ist eine Erfindung der Chinesen.

GAULAND: – können ja schlecht Schutzmaßnahmen gegen die Sonne befürworten, weil –

PALIN *(interessiert)*: Warum haben die Chinesen den eigentlich erfunden?

115

TRUMP *(raunt)*: Gefährliche Leute. Böse Leute.

GAULAND: – dann würde es ja kalt. Versteht ihr?

TRUMP: Absolut! Kein Präsident seit Abraham Lincoln hat mehr gegen den Klimawandel getan als ich.

BOLSONARO: Moment. Eben hast du noch gesagt, den hätten die Chinesen –

TRUMP *(wütend)*: Ich weiß, was ich gesagt habe. Kein Präsident seit Abraham Lincoln hat mehr gegen die Chinesen getan als ich. Xi Jinping ist mein Freund.

PALIN: Waren wir nicht gerade noch beim Klimawandel?

TRUMP: Der verlogene Jair lenkt ab.

BOLSONARO *(gekränkt)*: Warum sagst du, ich sei verlogen?

TRUMP: Einfach so.

PALIN: Klimawandel ist Fake, Leute!

TRUMP: Genau! Kein Präsident seit Gott hat mehr gegen Abraham Lincoln – äh –

GAULAND *(verwundert, zu sich)*: Wie komplex die Dinge doch sind. Ich hätte mich nie auf Weltpolitik einlassen sollen.

BOLSONARO: Egal. Eines jedenfalls ist sicher –

ALLE *(im Chor)*: Bei der Scheißkälte kann es gar keinen Klimawandel geben!!!

Zufällig kommen Sie des Wegs, und weil Sie sich auskennen, mischen Sie sich ein.

SIE: Doch. Unter Experten herrscht Konsens, dass es ihn gibt.

ALLE *(fassungslos)*: Echt jetzt?

SIE: Jawohl! Und wenn ihr nicht endlich handelt, zerstört ihr unsere schöne Erde.

Ein Moment dramatischen Schweigens. Sarah Palins Augen werden feucht, auch Donald Trump kämpft mit den Tränen.

Bolsonaro und Gauland schauen einander beschämt an. Dann fallen sich die vier schluchzend um den Hals und rufen unisono:

ALLE: Oh, wie schrecklich haben wir uns geirrt! Ab sofort wollen wir alles anders machen! Raus aus der Kohle. Kein Tröpflein Öl soll noch gefördert werden. Windräder, Solarparks, herbei! E-Autos, Wasserstoff, Brennstoffzelle!

Können Sie sich die Szene vorstellen? Spontane Einsicht, wundersame Läuterung, Klimarevolution von oben? Eine schwedische Schülerin konnte es nicht, als sie am 20. August 2018 mit einem Pappschild vor den Reichstag in Stockholm marschierte. Auf der Pappe stand SKOLSTREJK FÖR KLIMATET, Schulstreik fürs Klima. Eigentlich muss man die Geschichte gar nicht mehr erzählen, sie ist längst eingegangen ins Bigger-than-life-Narrativ unserer schurkenreichen, nach Lichtgestalten hungernden Zeit. Drei Wochen lang, bis zu den Parlamentswahlen, bezog Greta Thunberg täglich mit ihrem Schild Posten, dann beschränkte sie sich auf die Freitage. Mittlerweile wurde nicht mehr nur in Schweden über sie berichtet. Dieses eigenartige Mädchen, das entschlossen schien, notfalls im Alleingang die Welt zu retten, irritierte und begeisterte Menschen rund um den Globus und avancierte in atemberaubender Geschwindigkeit zum Idol einer Jugend, die sich schon lange verraten fühlte. Drei Monate später streikten in Skandinavien, Frankreich, Belgien und Australien mehr als zehntausend Schüler, Anfang Dezember waren es doppelt so viele, weltweit richteten sie eine unmissverständliche Botschaft an die Politik:

Hört auf, uns die Zukunft zu klauen!

Tut endlich, wofür ihr da seid!

117

Fridays for Future waren geboren, und in fast allem unterschieden sie sich von früheren Umweltbewegungen. Ihre Protagonisten waren Schulpflichtige. Sie folgten einer 15-Jährigen, die niemandem folgte als sich selbst. Kein Erwachsener gab den Ton vor. Um die Durchsetzung des Pariser Klimaabkommens anzumahnen, boykottierten FFF den Schulunterricht und forderten Tatkraft ein. Wie ein Popstar reiste Greta von Klimastreik zu Klimastreik, von Gipfel zu Gipfel, die Bühnen wurden größer, die Gesprächspartner prominenter und Fragen laut, ob da eine komplette Generation einer Volksheiligen hinterherlaufe, die von ominösen Kräften für ganz andere Zwecke instrumentalisiert werde.

Aber was genau war eigentlich passiert?

Im vorangegangenen Teil haben wir uns einen Überblick über die Kippelemente unseres Planeten verschafft. Ein Kippelement fehlte, ohne dessen Dynamik die Geschichte der Menschheit einen völlig anderen Verlauf genommen hätte.

Mit dem beschäftigen wir uns jetzt.

VON CHAOS UND ORDNUNG

Erinnern Sie sich an die Chaostheorie? Die war mal sehr in Mode, weil Michael Crichton sie zur Grundlage seines phänomenalen Thrillers ›Jurassic Park‹ erhoben hatte. Darin predigt der Chaosmathematiker Ian Malcolm gegen Hybris und Profitgier an, nachdem es Wissenschaftlern gelungen ist, aus prähistorischem, in Bernstein konserviertem Erbgut Saurier nachzuzüchten. Malcolm warnt, man könne das Verhalten komplexer, sich chaotisch verzweigender Systeme nicht vorhersagen, weshalb es eine ziemliche Schwachsinnsidee sei, die alten Trampeltiere zurück ins Leben zu holen. Die erwei-

118

sen sich tatsächlich als unkontrollierbar und überaus hungrig. Am Ende landen diverse Genetiker und Geschäftsleute in Echsenmägen, und Tiere, die vor 66 Millionen Jahren ausgestorben sind, halten Einzug in den Olymp der Popkultur.

Nicht nur in ›Jurassic Park‹ zeigt die Chaostheorie, was passiert, wenn ein System an den Rand seiner Stabilität gelangt. Es ist eine mathematische Theorie mit philosophischen Implikationen. Sie beschreibt, wie linear erscheinende Systeme, also Systeme berechenbarer Ordnung, urplötzlich ins Nichtlineare kippen und zusammenbrechen können und wie aus Chaos neue Ordnung entsteht. Kernaussage der Chaostheorie ist, dass der Zeitpunkt des Zusammenbruchs nicht vorhersagbar ist, wie sehr Sie sich auch mühen. Andererseits wissen wir, dass nichts ohne Grund geschieht. Etwas muss die Dynamik des Systems schon seit Längerem gestört haben, das den schnellen und vollständigen Zusammenbruch herbeigeführt hat, nur haben wir es nicht erkannt. Hier kommen sogenannte Attraktoren und seltsame Attraktoren ins Spiel. Ein Attraktor ist eine Art Ruhepunkt, auf den sich ein System immer wieder einpendelt. Damit wird das System verlässlich. Beispiel: Tochter Lina geht ins Kino, geht auf eine Party, geht mit der Freundin shoppen, ist aber – was immer sie tut – Abend für Abend um elf zu Hause. Elf ist der Attraktor, besser gesagt, Mama und Papa sind die Attraktoren, deren Autorität das dynamische System Tochter im Berechenbaren hält. Völlig unerwartet jedoch kommt Lina eines Abends nicht nach Hause und auch am folgenden Tag nicht. Unerklärlich. Gab es Anzeichen? Mama und Papa sind ratlos. Das hat sie noch nie getan! Unordnung, Chaos. Doch es gab schon länger einen verdeckten, seltsamen Attraktor. Der heißt Fritz, hat ein Auto und die für Lina unwiderstehliche Idee entwickelt, mal eben zum Frühstück nach Paris zu fahren.

Teenager sind Beispiele mit hohem Chaospotenzial. Weltreiche auch. Der Zusammenbruch der Sowjetunion war, was Zeitpunkt und Geschwindigkeit betraf, nicht vorhersehbar. Zu lange hatte die UdSSR für ein Patt im globalen Kräfteverhältnis gesorgt. Viele wünschten den Zusammenbruch zwar herbei, viele aber auch nicht. Immerhin war der Kalte Krieg ein vorzügliches Geschäftsmodell, das Menschen beider Lager ihr politisches Überleben sicherte. Man wusste, es lag manches im Argen. Die Sang- und Klanglosigkeit jedoch, mit der dieser kolossale kommunistische Weltblock binnen Wochen einfach aufhörte zu existieren, strafte alle Analysten Lügen. Aber natürlich geschah es nicht rein zufällig. Es gab Gründe, sich aufschaukelnde Rückkopplungen. Die Erosion des Systems hatte schon viel früher begonnen.

Auch Kippelemente sind Beispiele für chaotisches Verhalten. Wenn Sie partout nicht glauben können, dass so ein Riesending wie der grönländische Eispanzer nach Jahrtausenden stabilen Daseins plötzlich wegschmelzen könnte, nur weil wir ein bisschen zu viel Auto fahren und die Brasilianer einen Pyromanen zum Präsidenten gewählt haben, seien Sie versichert: Alles im Universum folgt den Gesetzen der Chaostheorie. Zustände lang anhaltender Ordnung brechen urplötzlich und unvorhersagbar zusammen. Sie können sich den grönländischen Eisschild spaßeshalber wie einen Stapel Konservendosen vorstellen. Nehmen Sie ruhig viele. Wir räumen einen Parkplatz dafür frei. Zehntausend Dosen. An allen möglichen Stellen können Sie jetzt Dosen rausziehen (wobei eine Dose einem, sagen wir mal, Hundertstel Grad Temperaturzuwachs entspricht), ohne dass der Stapel instabil wird. Dann greifen Sie eine Dose zu viel – und er kracht in sich zusammen.

Diese Dose ist der entscheidende Kipppunkt. Politiker sagen dann gerne, das Undenkbare sei eingetreten. Was ausdrückt, dass sie entweder schlecht informiert waren oder ihnen bekannte Risiken ignoriert haben. Als ein Tsunami 2011 im Atomkraftwerk Fukushima eine Kernschmelze verursachte, war alle Welt von den Socken, dabei sprachen sämtliche Randbedingungen dafür, dass so etwas passieren könnte. Wenn sich der Grönländische Schild über lange Zeit erwärmt, haben Berechnungen längst ergeben, dass beim Überschreiten des kritischen Kipppunkts ein rascher und irreversibler Zusammenbruch erfolgen wird. Der Kollaps des Sowjetreichs, das plötzliche Ende der DDR – beides kündigte sich an. Die Chaostheorie sagt keineswegs, dass man seltsamen Attraktoren nicht auf die Spur kommen kann. Sie sagt, dass die stete Aufsummierung von für sich betrachtet kleinen Stressfaktoren ein System zum Explodieren bringt, wenn eine Winzigkeit Stress zu viel hinzukommt. Da verhalten sich Gesellschaften nicht anders als physikalische Systeme.

Das Kippelement, das uns noch fehlt, ist die Gesellschaft. Kippt diese unversehens, nennt man das gemeinhin eine Revolution.

Fridays for Future sind der Beginn der Revolution.

DIE SELBSTORGANISATION DER SCHWÄRME

Angela Merkel, eine naturwissenschaftlich gebildete Frau, erklärte im Februar 2019, sie könne keinen Anlass dafür erkennen, »dass plötzlich alle deutschen Kinder, nach Jahren ohne sozusagen jeden äußeren Einfluss, auf die Idee kommen, dass man diesen Protest machen muss«. Sie hatte wohl zu viel um die Ohren, als dass man ihr die Aussage hätte verübeln können, zumal sie schnell andere Töne anschlug. Dennoch hätte die Kanzlerin erkennen müssen, dass diese Kinder durchaus

Einflüssen ausgesetzt gewesen waren, einem jahrelangen Stresstest nämlich, bevor ihre Jeanne d'Arc sie dazu ermutigte, auf die Straße zu gehen. Die gewohnte Ordnung – Kinder und Teenager sind unpolitisch – war unvermittelt in sich zusammengebrochen, ein kritischer Kipppunkt überschritten worden. Man hätte bemerken können, wie sich alles auf diesen Punkt zubewegte und aufschaukelte. Das System Jugend war eben nicht nur von den Attraktoren Schule und Party bestimmt. Es war ein hochkomplexes Element. Und es kippte.

Aber wie konnte dann alles so schnell gehen?

Eben noch ein einzelnes Mädchen, plötzlich eine Weltbewegung in den Straßen.

Oft wird propagiert, im Zeitalter von Social Media bedürfe es keiner Leitfiguren mehr, da Bewegungen sich selbst organisieren. In gewisser Hinsicht trifft das zu. In anderer nicht. Das Internet hat die Organisationsformen von Revolutionen verändert, nicht aber das Wesen der Revolution. Anführer waren und sind unerlässlich, und eine stärkere Leitfigur als Greta Thunberg kann man sich schwerlich vorstellen. Dennoch sind die Möglichkeiten, über Nacht eine Bewegung aus dem Boden zu stampfen, die leibhaftig durch Städte zieht, mit nichts aus früherer Zeit vergleichbar. Schon, weil die Verabredung zum Protest global und dezentral erfolgt. Wahrscheinlich wären Fridays for Future auch ohne Internet entstanden (es gab auch eine Anti-AKW- und eine Friedensbewegung ganz ohne Social Media), aber das Umsichgreifende und Rückkoppelnde über Ländergrenzen hinweg in derart kurzer Zeit wäre kaum möglich gewesen. FFF und das Internet bilden eine Allianz, die keiner ständigen Handlungsanweisungen durch ihr Idol bedarf. Vielmehr ist die Klimabewegung einem Schwarm vergleichbar, der sich selbst die Richtung weist. Das ist ihre Stärke. Damit zerschlägt sich die geheime Hoffnung vieler Erwachsener, Greta und die freche Kinderschar seien von anderen Erwachsenen ferngesteuert (was manchen weniger bedrohlich scheint, als drehte die Jugend die Autoritätskette aus eigener Kraft um). Offenbar können Erwachsene nicht anders denken, als dass immer eine Lobby, ein Konzern, eine Partei dahinterstecken muss, eine Verabredung zum Bescheißen. Das ist ihre Schwäche. Die Schwäche des Systems ist die Stärke der Revolution.

Revolution. Großes Wort. Können Fridays for Future wirklich die Welt verändern?

EIN PAAR WORTE ÜBER REVOLUTIONEN

Machen wir uns nichts vor. Auch weiterhin werden sich präsidiale Umweltzerstörer nicht in die Arme sinken und wie Kohlköpfe ergrünen. Unsere Anfangsszene mit Bolsonaro und Co. ist reine Fantasy. Und nicht mal das. Selbst in ›Game of Thrones‹ musste es die Royalisten erst dahinraffen, bevor die parlamentarische Demokratie wie eine Sturzgeburt über Westeros kommen konnte. Ein paar überlebende Vasallen beschlossen, dass es fortan – na gut, dann eben keinen König mehr gibt. Von den Machthabern zuvor, allen voran Satansbraten Daenerys, wäre ein solcher Systemwechsel nicht zu erwarten gewesen.

Dennoch gibt es historische Beispiele für Revolutionen von oben. In kölscher Selbstbezüglichkeit kann ich nicht anders, als auf Erzbischof Konrad von Hochstaden zu verweisen, der sich im 13. Jahrhundert zur Entmachtung des Kölner Patriziats mit den Handwerkern verbündete. Die Revolte war vom Herrscher initiiert, wäre aber gescheitert, hätte Konrad sich nicht auf unterprivilegierte Teile der Stadtbevölkerung stützen können, deren Leidensdruck ausreichte, dem smarten Kleriker auf den Leim zu gehen. Auch Mao Zedongs Kulturrevolution 1966–68 war eine Revolution von oben. Mao, Sohn wohlhabender Bauern, gehörte zur Führungsriege der Kommunistischen Partei. Man kann bezweifeln, ob Revolutionen immer von ganz unten, also von sozial schwachen, wenig gebildeten Klassen ausgehen müssen. Oftmals waren es Intellektuelle, Vertreter der Oberschicht, die sie ausriefen. Doch keiner Revolution war Erfolg beschieden ohne das Unten, den breiten Rückhalt. Schafft man es nicht, diesen Teil der Gesellschaft hinter sich zu bringen, versandet die Revolution. Ihre Kräfte wirken zwar weiter, doch oft im Untergrund, in der Illegalität.

Der Aufruf kam von Greta. Rückhalt war augenblicklich da. Aus der Jugend, aber wird das reichen? FFF stehen am Scheideweg. Noch dient das Idol als Fixpunkt. Wie groß ist die Gefahr, dass die Geschichte der Klimajugend mit Gretas Geschichte auserzählt sein wird? Selbst, wenn sie als Galionsfigur erhalten bliebe, müssen sich FFF von ihr emanzipieren. Ihre Apotheose schadet mittelfristig mehr, als dass sie nützt. Weltweit etablieren sich neue Leitfiguren, in Deutschland Carla Reemtsma und Luisa Neubauer, kompetent und talkshowsicher. Wie groß ist ihre Strahlkraft? Entfachen sie den Greta-Zauber (oder Greta-Hass, das eine nicht ohne das andere), dessentwegen sich so viele Menschen überhaupt für FFF interessieren? Braucht es den Zauber überhaupt noch? Fest steht, die Klimarevolution muss von der breiten Mitte getragen werden, und die haben Fridays for Future noch nicht auf ihrer Seite. Diese Mitte aber entscheidet alles. Ich nenne sie spaßeshalber die Swing States. Sie gilt es zu gewinnen, und die Zeichen stehen nicht schlecht. Donald Trump hat seine Siebensachen gepackt, Joe Biden und Kamala Harris machen

Klimaschutz zur Chefsache und brandmarken Länder wie Brasilien als »Weltklima-Banditen«. Es könnte sich was tun. Dafür aber braucht es Druck. Doch die Gesellschaft zögert. Längst nicht alle Kipppunkte sind überschritten, um das Bollwerk der Klima-Banditen zum Einsturz zu bringen, wie also stehen die Chancen für eine Klimarevolution?

ZWEI SZENARIEN

The Good News: Die Klimabewegung wird ebenso wenig wieder von der Bildfläche verschwinden wie die Grünen aus der Politik. Ich habe Chaostheorie und Attraktoren ins Spiel gebracht, um Kippdynamiken zu veranschaulichen, aber auch, um zu zeigen, dass FFF nicht aus einer spontanen Laune heraus entstanden sind oder weil ein schwedisches Mädchen einen schlechten Tag hatte. Die Entwicklung hatte sich über lange Zeit aufgeschaukelt. Was so tief wurzelt, verschwindet nicht einfach. Wäre nicht Greta der Kragen geplatzt, dann jemand anderes. Sie war der Katalysator, damit sich die angestaute Wut junger Menschen entladen konnte. Auf den Klimagipfeln wurde ihr applaudiert, viele wollten ein Selfie mit dem Star aus Schweden, politisch geliefert wurde wenig. Was nun?

Szenario A – Jung gegen Alt

FFF begreifen sich als reine Jugendbewegung. Schulpflichtige und Studierende bleiben überwiegend unter sich, Ältere fühlen sich in der Bewegung nicht willkommen und ziehen sich zurück. Der Kampf für die Klimarettung geht im Clash der Generationen verloren.

Szenario B – Alle zusammen

FFF gewinnen Zulauf aus allen Alters- und Bevölkerungsschichten rund um die Welt. Frontenbildung ist passé. Gemeinsamkeiten prägen die Agenda. Die Bewegung grenzt niemanden aus, gewinnt an Zulauf und Einfluss.

Man könnte fragen, sind wir nicht längst bei B? Wir ziehen doch alle an einem Strang, danke, verstanden! – Schön wär's. De facto werden unausrottbare Alt-Jung-Klischees aufgewärmt, wird platt generalisiert (alte weiße Männer, ahnungslose Kinder) und wertvolle Zeit mit Grabenkämpfen vertrödelt.

Halten wir darum Folgendes fest: Unbestritten ist es das Verdienst von Schülern und Studenten, den Klimaschutz zurück auf die Agenda gebracht zu haben. Greta Thunberg hat der Weltgemeinschaft den Spiegel vorgehalten (und tut es weiterhin), das Versagen der Eliten angeprangert und mit einer Klarheit und Kompromisslosigkeit, wie die Politik sie vermissen lässt, Taten eingefordert. Vergleichbares hätten Erwachsene nicht auf die Beine gestellt. Fridays for Future rüttelten die Welt wach – und dann kam Corona. Klimaschutz? Sorry, andere Probleme. Menschen, wissen wir, sind nicht multikatastrophenfähig. Auf einer Podiumsdiskussion beklagte Carla Reemtsma, es sei offenbar kein Problem, politischen Willen zu mobilisieren und Geld in Hülle und Fülle auszugeben, wenn es der Bevölkerung an den Kragen gehe, wohl aber, wenn es gelte, einer weniger akuten, ungleich größeren Gefahr entgegenzuwirken. Anders gesagt, wo Leben und Gesundheit aller unmittelbar bedroht sind, wird gehandelt, wo die Perspektiven der Jugend auf dem Spiel stehen, nicht.

Um keine Irritationen aufkommen zu lassen, soll eines unmissverständlich gesagt sein: Niemals, unter keinen Umstän-

den, dürfen wir Katastrophen und Leid gegeneinander aus-
spielen. Solange ein Mensch lebt, ist sein Leben zu schützen.
Gleiches gilt für seine Existenzgrundlagen. Es steht außerhalb
jeder Debatte, dass alles Erdenkliche gegen ein tödliches Virus unternommen werden muss, ganz gleich, welche Alters-
gruppe betroffen ist und was es kostet. Allerdings zielte Carla
Reemtsmas Kommentar nicht darauf ab, das anzuzweifeln.
Sie beklagte (vollkommen zu Recht) die Inkonsequenz, mit
der gleichermaßen Dringliches je nach Interessenlage mal beschleunigt, mal verschleppt wird. Würde man die Klimakrise
unter gleichem Hochdruck angehen wie COVID-19, wären
wir bedeutend weiter.

Nun, das Virus hat sich nicht verzogen, lässt aber wieder Raum für anderes, etwa ein machtvolles Comeback der
Klimabewegung, nur – wie machtvoll ist sie noch? War's das
mit FFF? Oder ist im Herzen längst jeder Zweite ein Aktivist?
Die Wahrheit dürfte eher so aussehen:

- Politisch interessierte Kinder und Jugendliche, die sich
aktiv für gesellschaftliche Veränderungen einsetzen, sind
weltweit in der Minderheit. Gleiches gilt für Erwachsene.
- Viele Erwachsene interessieren sich nicht für ihre Umwelt
und das Gemeinwohl, handeln egoistisch und sind unzureichend informiert. Gleiches gilt für viele Jugendliche.
- Die meisten Menschen leben einfach ihr Leben, anstän-
dig, fleißig, hilfsbereit, wollen das Richtige tun, wissen aber
nicht so recht, was das Richtige ist, wem sie vertrauen und
woran sie sich orientieren können. Diese Menschen nenne
ich die Swing States.

IT'S THE SWING STATES, STUPID!

It's the economy, stupid!, war Bill Clintons Wahlkampfslogan, mit dem er 1992 die US-Präsidentschaftswahlen gewann. Fokussierung auf die eine Sache, in seinem Fall die Wirtschaft. Geschickt und überaus erfolgreich. Die eine Sache, auf welche die Klimabewegung sich jetzt fokussieren sollte, ist, zur Weltbewegung zu werden, in der unabhängig von Alter, Nationalität, sozialer Stellung, Ethnie und Glaube jeder sein Zuhause findet. Es geht darum, die Swing States zu gewinnen, den breiten Rückhalt der Gesellschaft.

FFF mühen sich, niemanden auszugrenzen und dennoch fest im Standpunkt zu bleiben. Als Joe Kaeser Luisa Neubauer im Januar 2020 einen Sitz im Aufsichtsgremium für Umweltfragen bei Siemens Energy anbot, entschied sie klug, die Offerte auszuschlagen – schließlich ist der beste Weg, seinen Gegner zu schwächen, ihn zum Teil seines Systems zu machen. Doch vielleicht könnte die Tür ein Stück weiter offen stehen bei FFF, der Ton (mitunter) weniger lehrmeisterlich ausfallen und die Einladung, sich einzureihen, umso herzlicher. Die Gesellschaft muss sich ihrerseits fragen, ob sie diese wichtige Bewegung, von deren Engagement letztlich alle profitieren, in ausreichender Weise unterstützt. Stagnieren FFF unterhalb einer kritischen Größe, werden sie nicht den Sog entwickeln, den es zur Revolution braucht. Die Fronten zwischen Alt und Jung würden dann eher zementiert. Die Bewegung bliebe zu schwach, um das große Kippelement Gesellschaft in wünschenswerter Weise zu beeinflussen. Sie würde deswegen nicht verschwinden, das kann sie gar nicht mehr, aber weniger ausrichten. Das Medieninteresse ließe nach. Das dürfte die Aktivistinnen und Aktivisten verbittern. Wie wir gesehen haben, wurzelt die Wut über das Versagen der Eliten sehr tief. Kipppunkte wurden überschritten. Unumkehrbar. Wer glaubt, FFF erledigten sich von selber, liegt falsch. Die Wut bliebe und würde sich weiter aufstauen, zusätzlich geschürt durch das Gefühl der Ohnmacht. Ohne gesamtgesellschaftliche Basis könnten sich FFF dann in eine Richtung entwickeln, die niemand gefallen kann. Eine geschwächte Bewegung ist Einfallstor für Brandstifter und Manipulatoren. FFF sind radikal und müssen es sein! Wir brauchen den radikalen Paradigmenwechsel, aber es gibt eine helle und eine dunkle Seite. Was sagt eigentlich Yoda dazu?

»Den jungen Leuten helfen du musst! Ein Klimaaktivist werden du musst!«

Danke, Meister. Gewinnen FFF nämlich die Swing States, setzt der Sog ein. Dann wird Klimabewusstsein ganz von allein Common Sense. Es wird Befriedigung verschaffen, Dinge aktiv zu verbessern, und schwerer sein, zu argumentieren, warum man nichts zum Klimaschutz beiträgt. Die Zusammenarbeit der Aktivistinnen und Aktivisten mit Forschung, Wirtschaft und Politik wird Früchte tragen, der Druck auf die Unwilligen erhöht werden. Junge Leute werden Schlüsselpositionen in Zukunftsbranchen besetzen, Erfolge werden ihr Selbstbewusstsein festigen. Je mehr Menschen aktiv werden, desto größer die Chance, die Pariser Klimaziele doch noch zu erreichen. Und *dass* sie aktiv werden – dafür stehen die Chancen gar nicht schlecht.

WIE AUS MEHR IMMER MEHR WERDEN

Ich erzähle Ihnen dazu eine Geschichte.

Vor einigen Jahren führte der Physiker und Wissenschaftsmoderator Ranga Yogeshwar ein Experiment zum menschlichen Schwarmverhalten durch. Ranga lud mich ein, ihm zu assistieren, und ich sagte begeistert zu (wie Sie vielleicht wissen, habe ich ein Faible für Schwärme). Zweihundert Menschen waren in einer Halle versammelt, in deren Mitte ein Kreis gemalt war, groß genug, alle zu fassen, sodass jeder reichlich Raum um sich hatte. Entlang des Kreises waren im Uhrzeigersinn Tafeln mit den Ziffern 1 bis 12 aufgestellt. Wir baten die Probanden nun, ziel- und absichtslos im Kreisinneren umherzuwandern, dabei das gesamte Terrain auszuschöpfen und immer gut eine Armlänge Abstand (im Ernst!) zu den Nebenleuten zu wahren. Das ergab ein hübsch homogenes Bild. Wie Moleküle in lauwarmem Kaffee verteilten sich die Menschen im Kreis und trudelten durcheinander.

Zuvor jedoch hatten wir einigen Teilnehmern eine spezielle, geheime Anweisung gegeben. Etwa ein Zehntel erhielt sie, keiner wusste, dass sie außer ihm noch jemand bekommen hatte. Die Anweisung lautete, nach etwa zwei Minuten des Umherwanderns langsam zur Ziffer 12 zu gehen und davor zu verbleiben. Genau so geschah es. Bald bildete sich vor der 12 eine kleine Menschenmenge. Keine weitere Minute, und andere folgten nach. Fünf Minuten später, und alle zweihundert Probanden knubbelten sich vor der 12, ohne dass jemand sie dorthin gerufen hätte. Wir erkannten: Wenn ein ausreichend hoher Prozentsatz einer Gesellschaft sein Verhalten ändert, hat alleine das schon Auswirkungen auf das Gesamtverhalten, obwohl keine Aufforderung zum Mitmachen oder gar Missionierung ergangen ist. Anstatt den Versuch aufzuklären, wiederholten wir ihn mit einer anderen Zahl. Nur fünf Prozent erhielten die Anweisung. Diesmal gab es keinen Masseneffekt. Fünf Prozent reichten offenbar nicht aus, um eine kollektive Verhaltensänderung in Gang zu setzen.

Die Probanden in Rangas Kreis lassen sich als zeitloses Ab-

130

bild der Gesellschaft sehen. Das Experiment hätte vor dreihundert Jahren wohl ebenso funktioniert. Zugleich taugt es als Schablone sozialer Medien, wo einfach eine kritische Grenze an Likes überschritten sein muss, um einen gewaltigen Sog zu entwickeln. Vor allem zeigt es, dass man nicht jeden Bewohner des Planeten einzeln vom nachhaltigen Lebensmodell überzeugen muss. Hat eine Bewegung eine gewisse Größe überschritten, nimmt sie keine Außenseiterposition mehr ein, sondern entwickelt Relevanz und Einfluss genug, dass andere über kurz oder lang folgen, bis sich diejenigen in der Außenseiterrolle finden, die *nicht* folgen.

Man kann einwenden, der ganze Klimaaktivismus laufe auf Sektiererei hinaus. FFF als Erweckungsbewegung, heilige Greta! Nichts hinterfragen zu dürfen (wenn, nur in Gendersprache), veganisiert in Reih und Glied marschieren. Die Angst ist unbegründet. Nicht Hirnabschaltung ist gefragt, sondern Verantwortungsübernahme. Wer würde, wenn ein Schiff leckschlägt, das Wasserschippen verweigern, bloß um nicht Teil einer Bewegung zu werden? FFF sind keine Kirche und keine Partei, Greta Thunberg ist keine Marienerscheinung. Man kann sie als Person ablehnen (oder darüber nachdenken, ob etwas Richtiges weniger richtig ist, wenn es ein Teenager sagt), überhaupt die Idee einer organisierten Bewegung, eines Labels. Im Resultat ist es wursch. Wie man es nennt, spielt keine Rolle. Gesellschaftliche Weiterentwicklung braucht die Kraft des Kollektivs, gebildet aus über den Tellerrand blickenden, selbstbestimmten Menschen, die sich moralisch und ideologisch nichts verordnen lassen. Gretas Kommentar auf einer Großkundgebung, als beseelte Fans ihr zuraunten: »Sie sind für dich hier«, lautete denn auch: »Nein, sie sind für sich hier.« Klimaschutz ist keine Ideologie, sondern Pragmatismus. Jeder bleibt sein eigener Anführer. Und ja, man darf fragen, wo eigentlich das Problem ist, wenn die Menschheit ausstirbt. Und nichts tun. Dann aber auch nicht erwarten, dass andere was für einen tun.

ZWISCHENBILANZ

Als Christian Lindner twitterte, die Kids sollten das Feld den Profis überlassen, folgte postwendend die Antwort. Stefan Rahmstorf, Klimaforscher, Ozeanograf und einer der Leitautoren des IPCC, twitterte zurück: »Die Klima-Profis sind klar aufseiten der Schüler! Die Schüler gehen auf die Straße, weil die Politiker trotz schöner Worte die Klimaziele verfehlen. Greta Thunberg versteht mehr vom knappen Emissionsbudget und den Kipppunkten des Klimas als Herr Lindner.« Derselben Meinung waren Hans Joachim Schellnhuber, langjähriger Direktor des PIK (Potsdam-Institut für Klimafolgenforschung), PIK-Chefökonom Ottmar Edenhofer und der Klimaforscher Mojib Latif. Annähernd 27.000 Wissenschaftler, darunter zwei Nobelpreisträger, schlossen sich spontan zu den Scientists for Future zusammen, um FFF zu unterstützen. Während andere schockiert von der Frechheit, wegen Klima Mathe zu schwänzen, das Abendland enden sahen, bescheinigten die Profis der Jugend mehr Durchblick als dem politischen Establishment, da konnten die Führer der Welt noch so federnd die Gangway rauf- und runterlaufen. Im Übrigen hatten die Schüler nie behauptet, Klimaexperten zu sein. Sie prangerten an, dass Politiker nicht zuhören. Salomonische Weisheit erlangt, wer den Wissenden lauscht und darauf seine Entscheidungen gründet. Was aber sollen Profis machen, wenn Regierende ihren Rat in den Wind schlagen, weil er ihnen nicht in den Kram passt? Wissenschaft verfügt über keine Exekutivgewalt. FFF waren angetreten, um der Politik in die tauben Ohren zu schreien: *Hört* auf eure Profis!

Inzwischen genießen die Aktivistinnen und Aktivisten mehr Respekt. »Greta und Fridays for Future haben die Politik und Öffentlichkeit aufgeweckt«, sagt Stefan Rahmstorf. »Die Debatte in Deutschland hat sich verändert, viele nehmen das Thema jetzt ernst.« Das stimmt. Dennoch macht sich aufseiten von FFF Enttäuschung breit. Gretas Zwischenfazit: »Wir haben viel bewegt und die Öffentlichkeit sensibilisiert. Aber wir wollen richtige Taten sehen. Und richtige Taten gibt es nicht. Also haben wir von einem anderen Standpunkt aus nichts erreicht.«

Angela Merkel hat ihre Haltung früh korrigiert und Greta Thunberg im August 2020 zusammen mit Luisa Neubauer zum Gespräch gebeten. Da saßen drei intelligente Frauen unterschiedlichen Alters beisammen und waren sich ratlos einig. Alles muss sich ändern. Aber wie?

Beginnen wir mit dem, was sich geändert *hat*. In einer alternativen Wirklichkeit ohne FFF gäbe es womöglich keinen Kohleausstieg bis 2038, kein Klimapaket und Klimaschutzgesetz, keinen CO_2-Emissionshandel, vielleicht nicht mal den Green Deal der EU-Kommission. Auch die Grünen haben FFF viel zu verdanken. Die Bewegung *hat* etwas erreicht, nur wurde das Erreichte dann so aufgeweicht, dass die Klimaziele doch wieder in weite Ferne rückten. Nach ihrem Treffen hatte Greta entsprechend wenig Epochemachendes zu verkünden: »Ganz offensichtlich braucht Angela Merkel die Unterstützung der Bevölkerung, sie braucht politischen Druck, sonst wird sie keine unbequemen Entscheidungen treffen.«

Was unter Druck möglich ist, zeigt die Coronapandemie. Virologen, Epidemiologen und Immunmediziner liefen zur Hochform auf. In Rekordzeit Impfstoffe zu entwickeln, waren

Sternstunden des Machbaren. Es erwies sich, dass Deutschland immer noch das Hogwarts des Fortschritts sein kann, wenn es nur will. Wie erzeugt man ähnlichen Druck in der Klimakrise? Erster Schritt: Man geht wählen. Eine Gesellschaft mit Bewusstsein für Nachhaltigkeit bringt andere politische Kräfte an die Macht. Politiker, die nicht zeitgemäß handeln, müssen lernen, dass ihnen die Wähler weglaufen. Zweiter Schritt: Wer beginnt, Klimaschutz aktiv in sein Leben zu integrieren, ist automatisch ein Aktivist und stärkt die Bewegung. Ganz ohne Parolen und Heldenverehrung.

Vielleicht sollten wir etwas mehr Dankbarkeit zeigen, dass Kinder und Jugendliche sich politisch engagieren. Wo war die Power der Jungen in den Achtzigern, Neunzigern, Nullerjahren? Plötzlich sind sie da. Argumentieren eloquent und kenntnisreich. Lassen hoch bezahlte Entscheider alt aussehen. Wer noch glaubt, da werde lustig blaugemacht, hat nichts kapiert. Klar, solche gibt es auch. Die meisten aber setzen ihre Lehrjahre, ihr Studium aufs Spiel, um gegen Ignoranz und Trägheit anzugehen. Albert Einstein hat gesagt: »Mehr als die Vergangenheit interessiert mich die Zukunft, denn in ihr gedenke ich zu leben.« Junge Leute finden die Zukunft oft beängstigender als die Vergangenheit, denn in ihr *müssen* sie leben – schlimmstenfalls in RCP8.5. Also opfern sie für ihre Zukunft ihre Zukunft. Erwachsene, die FFF unterstützen, haben meist Jobs, ein Auskommen, eine Familie. Die jungen Menschen, die da protestieren, haben vielfach nicht mal einen Abschluss. Sie leben in der größten Ungewissheit.

DIE POLITIK

Hat die Politik im Klimaschutz versagt? Ja. Wird sie weiterhin versagen? Ja und nein. Sie lernt dazu und bewegt sich in die richtige Richtung. Schnell genug? Geht so. Könnte sie schneller? Definitiv. Besteht Hoffnung? Unbedingt. Zunehmend setzen sich Politiker für Klimaschutz ein, nicht nur bei den Grünen. Oft jedoch scheinen sie dabei einiges misszuverstehen. Erinnern wir uns der Spontaneinschätzung Christian Lindners zu Fridays for Future, Tweet vom 10. März 2019:

> »Ich finde politisches Engagement von Schülerinnen und Schülern toll. Von Kindern und Jugendlichen kann man aber nicht erwarten, dass sie bereits alle globalen Zusammenhänge, das technisch Sinnvolle und das ökonomisch Machbare sehen. Das ist eine Sache für Profis.« Um nachzulegen: »Es macht mich fassungslos, dass Schulschwänzen von manchen Politikern heiliggesprochen wird.«

Wir wollen nicht auf Christian Lindner herumhacken. Er bekam seine Tweets um die Ohren gehauen und gab zu, sich unglücklich ausgedrückt zu haben. Ganz gewiss ist er kein Klimaleugner, vielmehr der Überzeugung, es werde doch alles nur Mögliche gegen den anthropogenen Klimawandel getan. Damit steht er im Einklang mit Angela Merkels Rechtfertigung des Klimapakets vom Herbst 2019, als sie sagte: »Politik ist das, was möglich ist.« Diese stets affirmative, sich gleichwohl nie wirklich bekennende Haltung zum Klimaschutz ist exemplarisch für das politische Establishment. Man kann es Fahren auf Sicht nennen, muss dann aber hinzufügen, dass die Geschwindigkeit blickdichtem Nebel angepasst ist. Lindner, nicht feige, stellte sich Diskussionen an Schulen und traf Aussagen, die es verdienen, nachträglich analysiert zu werden.

> »Wir haben eine Schulpflicht, an der es nichts zu rütteln gibt. Da ist ein gutes Anliegen keine Entschuldigung.«

Wenn man schon Regelbrüche beklagt, sollte man mit dem eklatantesten beginnen: Versprechen zu brechen. In Paris wurde höchste Dringlichkeit angemahnt! Begrenzung bei 1,5 Grad. Danach hat Deutschland es fünf Jahre lang geschafft, die Klimaziele zu verschleppen. Deren Einhaltung durch *alle* Partner ist jedoch unabdingbar, um das Worst-Case-Szenario abzuwenden. Der Weltklimarat IPCC hat darum ein Rest-Emissionsbudget von bis zu 720 Milliarden Tonnen CO_2 errechnet, um wenigstens 1,75 Grad einzuhalten. Deutschland verbleiben damit 6.700 Milliarden Tonnen, die wir uns bis 2050 einteilen müssen. Wirtschaften wir weiter wie gehabt, ist das Budget vor 2030 aufgezehrt, denn unsere Emissionen steigen, statt zu sinken. Doch selbst wenn sie kontinuierlich sänken, wäre 2038 Schicht. Noch knapper fiele unser Budget aus, peilten wir 1,5 Grad an: 4.200 Milliarden Tonnen, Schluss 2032. 2019 konstatierte der Sachverständigenrat für Umweltfragen der Bundesregierung: »Deutschland ist im Moment nicht auf dem Pfad, die Pariser Klimaziele zu erfüllen. Das liegt daran, dass wir die eigentlichen Ziele für 2020 nicht erfüllen.« Dass sie dann doch (sogar über)erfüllt wurden, verdankte sich keinem Kraftakt der Verantwortlichen, sondern coronabedingten Emissionsminderungen. Fest steht, die Regierung hat das in Paris gegebene Versprechen gebrochen. Dies vor Augen, greifen junge Leute zum Mittel des zivilen Ungehorsams – oder, um im Duktus des FDP-Chefs zu bleiben: Wir hatten eine Vereinbarung, an der es nichts zu rütteln gab. Da ist der Verweis auf das Mögliche keine Entschuldigung.

>Erwachsene dürfen ja auch nicht während der Arbeit für politische Ziele demonstrieren. Ich bin sicher, dass ihr auch am Nachmittag gehört würdet.«

Sicher, und Streikende erzielten die gleichen tariflichen Verbesserungen, wenn sie erst nach Feierabend auf die Straße gingen. Nein, FFF wären nicht gehört worden. Kein Schwein hätte sich für Greta Thunberg interessiert, wenn sie nach der Schule vor den Reichstag gezogen wäre. Nun zu dem, was man darf und nicht darf: Es gibt in Deutschland kein explizit so genanntes Recht auf Streik, doch das Streikrecht hat sich über Jahre juristisch etabliert und konkretisiert. Streikende dürfen demnach die Arbeit niederlegen, wenn sie ihre Lebensgrundlagen gefährdet sehen (Grundgesetz, Artikel 9: Wahrung und Förderung der Arbeits- und Wirtschaftsbedingungen). Die Lebensgrundlage junger Menschen *ist* akut gefährdet. 1973 wurde zwar auf der Kultusministerkonferenz festgestellt, die Schulpflicht stehe über der Demonstrationsfreiheit der Schüler. Hingegen urteilte das Verwaltungsgericht Hannover 1991, bei einer Kollision von Schulpflicht und Versammlungsfreiheit könne allgemein keinem der beiden Rechtsgüter Vorrang eingeräumt werden, man müsse den Einzelfall prüfen. Verwaltungsrechtler forderten, den staatlichen Erziehungsauftrag und das Demonstrationsrecht in einen Zukunftsbezug zu setzen, und betonten die Bedeutsamkeit des Arguments: »Wir können nicht für die Zukunft lernen, wenn wir keine haben.« Mündiges Handeln gegen blinden Regelgehorsam. Es könnte schlimmer kommen.

»Mich stören außerdem das Spiel mit der Angst und die Panik, die jetzt erzeugt wird.«

Klimaprotest ist kein Spiel. Klimaschutz zu verschleppen schon. Ein Spiel auf Zeit, mit dem Feuer, mit den Menschen. Wie Populisten berechtigte Ängste missachten und irrationale Ängste schüren, das ist ein perfides Spiel. Die Szenarien des Weltklimarats sind faktenbasiert und sehr wohl geeignet, einem Angst einzujagen. Angst ist kein guter Ratgeber, stimmt. Auch über Gretas Satz »I want you to panic« kann man geteilter Meinung sein. Als Provokation richtig, als Konzept falsch. Wenn junge Leute sich gegen die Angst stemmen und aktiv werden, ist das indes zu begrüßen.

»Das gab es in meiner Jugend auch. Da hieß es, der Wald würde sterben oder das Ozonloch würde uns umbringen. Beides haben wir durch kluges Handeln in den Griff bekommen.«

Da wurde gehandelt, stimmt. Das Montrealer Protokoll von 1987 verpflichtete die Welt zum Schutz der Ozonschicht, die sich seitdem erholt, doch der Vergleich hinkt. In der Klimakrise ist kluges Handeln zu lange ausgeblieben, obwohl ihre Folgen weit dramatischer und global sein werden. Die Waldschäden der Achtziger waren eher lokale Phänomene. Experten prognostizierten zwar ein globales Waldsterben, ebenso viele Experten aber widersprachen. Über die Gefahren der Klimakrise herrscht in seriösen Kreisen Einigkeit.

»Ich ziehe es vor, Chancen zu betonen und Mut zu machen. Ich glaube, dass der bevorstehende Technologieschub und die Digitalisierung uns auch Wohlstand bringen können.«

Absolut, und das genaue Gegenteil von »Politik ist, was möglich ist«. Digitalisierung und Klimaschutz sind Wachstumsbranchen mit fabulösen Möglichkeiten. Würden wir nur endlich aufhören, neue Technologien als Bedrohungen zu sehen! Andere sehen sie als Chance. Richtig ist: Die Rasanz, mit der sich Fortschritt entwickelt, lässt Großes erwarten. Versonnen zu *glauben*, morgen werde die Patentlösung gegen die Klimakrise aus dem Hightech-Himmel schweben, ist etwas dünn. Für technologische Durchbrüche bedarf es weniger des Glaubens als deutlich höherer Fördermittel, gerade für Start-ups. Vor allem aber – welcher *bevorstehende* Technologieschub? Wir sind mittendrin! Alle Konzepte liegen auf dem Tisch, Wind, Solar, Elektro, Biomasse, Wasserstoff, künstliche Intelligenz, wir müssen sie nur umsetzen.

»Es gibt übrigens nicht nur Angst vor dem Klima, sondern auch, den eigenen Arbeitsplatz zu verlieren –«

Arbeitsplätze sind von entscheidender Bedeutung, aber was genau sichert sie? Mit dem Aufkommen des Automobils verloren Tausende Pferdekutscher ihre Jobs. Der Außenbordmotor machte Völkerstämme von Ruderern arbeitslos. Die Idee hinter der Dampfmaschine war aus Sicht vieler Arbeiter fatal. Anders als in der cartesianischen Zeit, als man von Robotern träumte, die tausend unterschiedliche Dinge können, sollte eine Maschine jetzt eine einzige Sache können, die tausend Arbeiter ersetzte. Demzufolge hätte der technologische Fortschritt das Gros der Menschheit bis heute ins Elend fortwährender Arbeitslosigkeit stürzen müssen. Eigenartigerweise gibt es aber mehr Arbeit denn je. Wie kann das sein?

Systemwechsel vollziehen sich in drei Phasen. Phase eins: Das bestehende System gerät an seine Grenzen, am Horizont scheint die Vision eines neuen auf. Phase zwei: Das neue System wird als wünschenswert, überlegen und technologisch umsetzbar erkannt. Phase drei: Das neue System löst das alte ab. Dabei ist die Regel, dass das neue System das alte *immer* ablöst. Mit etwas Glück ist es das bessere. Im Falle des Umschwungs von fossilen auf erneuerbare Energien *ist* das neue System das bessere. Und damit potenziell das erfolgreichere.

Wir können uns nun fragen: Ist es besser, im Übergang von Phase eins zu Phase drei so lange wie möglich am Auslaufsystem festzuhalten, um bestehende Arbeitsplätze nicht zu gefährden? Oder rasch auf das neue, zukunftsträchtige System umzusatteln, darin marktführend zu werden, bestehende Arbeitsplätze zu sichern, Teile der Belegschaft nötigenfalls umzuschulen und zusätzliche Arbeitsplätze zu schaffen?

Menschen sorgen sich um ihre Existenz, gerade in Zeiten des Umbruchs. Keinesfalls darf man diese Ängste ignorieren! Oberstes Gebot ist, dass niemand auf der Strecke bleibt. Wer nicht umgeschult werden kann, den muss der Staat auffangen. Ebenso wenig aber darf man die Ängste der Menschen missbrauchen. Genau das geschieht. Veränderungsunwilligkeit wird begründet mit Arbeitsplatzerhalt. Das ist unanständig. Die Technologiewende hinauszuzögern mit der Begründung, keine Arbeitsplätze gefährden zu wollen, führt mittelfristig genau dazu: Arbeitsplätze zu gefährden, weil man den Anschluss verliert. Andere machen dann das Rennen.

»– oder das Leben unfreier führen zu müssen. Wenn wir das nicht ernst nehmen und zum Beispiel das Fleischessen rigoros verbieten, wird es eine Rebellion geben.«

Niemand, weder FFF noch die Grünen, spricht von Verboten. Es geht darum, was man tut, maßvoll zu tun. Ständig mit dem Flieger durch die Gegend jetten, falsch! Fliegen verbieten, auch falsch! Fliegen, wenn es nicht anders geht, richtig! Gleiches gilt fürs Fleischessen, Autofahren. Wer schon im Maßhalten seine Freiheit gefährdet sieht, der weiß Freiheit nicht zu schätzen.

> »Die Forderung von Fridays for Future, dass Deutschland ab 2035 keine Emissionen mehr ausstoßen soll, ist unrealistisch. Es sei denn, man nimmt z. B. eine unsichere Stromversorgung in Kauf, bei der das Licht zu flackern beginnt.«

Nullemission bis 2035 ist anspruchsvoll, aber zu erreichen durch einen raschen und kompletten Kohleausstieg. Wo Lindner recht hat: Beim derzeitigen Stand der Erneuerbaren könnten wir in eine Versorgungslücke rutschen, was uns zwänge, schmutzigen Strom zu importieren. Nicht Sinn der Sache. Wir können die Versorgungslücke jedoch schließen, wenn wir die Entwicklung und den Ausbau der Erneuerbaren beschleunigen. Heißt konkret, das Tempo zu vervierfachen. Stattdessen subventioniert der Bund fossile Energien mehr als doppelt so hoch wie Erneuerbare. Drehte man das Verhältnis um, käme Schwung in die Sache. Wir können wählen: Wollen wir die Vollversorgung durch Erneuerbare bis 2035 schaffen oder nicht? China wird es schaffen. Kalifornien, Israel auch. Wir kaufen die Spitzentechnologien dann dort ein.

> »Um die erneuerbaren Energien effektiv nutzen zu können, brauchen wir in Deutschland 6.000 Kilometer neue Stromnetze. Im vergangenen Jahr wurden aber lediglich 27 Kilometer fertiggestellt. Das ist so viel, wie eine Weinbergschnecke im Jahr zurücklegt.«

Nein, die ist schneller! Das ist so viel, wie eine zögerliche Regierung im Jahr zurücklegt. Darum, liebe Kinder, müsst ihr eure Laptops weiter mit Kohlestrom betreiben, und in euer Wasserstoffauto baut ihr ein Planschbecken! Oder glaubt ernsthaft einer an ein flächendeckendes Hydrogen-Tankstellennetz, wo wir nicht mal ein respektables für E-Mobilität auf die Reihe kriegen?

»Es wird schon extrem schwer, die Ziele des Pariser Klimaschutzabkommens für 2050 einzuhalten. 2035 ist physikalisch unmöglich. Stattdessen sollten wir umso engagierter die Pariser Ziele ansteuern.«

Das Pariser Klimaziel lautet: Begrenzung der Erderwärmung bei 1,5 Grad. Das ist nicht zwingend an 2050 gekoppelt, sondern Berechnungsmodellen unterworfen, die ständig aktualisiert werden. Derzeit mahnt der IPCC, dass wir 1,5 Grad verfehlen werden, wenn wir den Zeitpunkt der Klimaneutralität nicht deutlich vorverlegen. Schwierig, ohne Zweifel. Es für unmöglich zu halten, könnte Herrn Lindners mangelnder Kenntnis des Möglichen geschuldet sein.

»… dass es euch auch um eine massive Veränderung der Gesellschaft geht. Ich glaube, dass es anders geht. Mein Ansatz ist, dass wir die Menschen beim Klimaschutz mitnehmen müssen. Radikale Maßnahmen führen immer auch zu radikalen Ergebnissen.«

Ein Scheingegensatz. Man muss die Menschen mitnehmen, *damit* sich die Gesellschaft massiv verändert. Klimaneutralität *ist* ein radikales Ziel, das radikale Maßnahmen erfordert, mit dem radikalen Ergebnis einer für alle Erdbewohner lebenswerteren Welt.

»Ihr verlangt, dass eine Tonne CO_2 180 Euro kosten soll. Dann würde eine vierköpfige Familie etwa 8.000 Euro im Jahr zusätzlich bezahlen müssen.«

Mittelfristig nicht. Wenn wir rasch auf nachhaltige Mobilität, innovative Speichertechnologien und grüne Infrastrukturen umstellen, wird die vierköpfige Familie gemeinschaftlich einen geringeren CO_2-Abruck hinterlassen als ein einziges ihrer Mitglieder heute. Und entsprechend weniger Emissionsablass zahlen. Bis dahin müssen Steuererleichterungen eine ungerechte Lastenverteilung verhindern.

»Man kann sich nicht darauf beschränken, die Emissionen in Deutschland abzuschaffen, das sind weltweit nämlich nur 2 Prozent.«

Alle Länder müssen die Pariser Ziele einhalten. Allerdings darf man Deutschland nicht auf seinen CO_2-Ausstoß reduzieren. Als reine Emittenten liegen wir bei 2 Prozent. Als wirtschaftliches und politisches Schwergewicht hat unsere Verhalten weit größere Konsequenzen. Würden wir uns alter Innovationskraft besinnen, könnten wir Weltmarktführer in umweltfreundlichen Technologien und globales Vorbild werden und so Druck auf andere ausüben, ihre Emissionen zu senken.

»Wir müssen moderne Technologie anbieten, die wir exportieren können, um einen globalen Schadstoffanstieg zu verhindern. Was, wenn wir unsere modernen Kohlekraftwerke abschaffen, wenn weltweit Hunderte neu gebaut werden?«

Wieder so eine gewitzte Sinnverdrehung, denn er hat zwar recht, impliziert aber, dass wir unsere Kohlekraftwerke nicht abschalten sollten, wenn andere neue bauen. Im Kern jedoch stimmt, was er sagt: Schwellenländer müssen in die Lage versetzt werden, sich Klimaschutz leisten zu können, und das geht nur durch Kooperation und die Bereitstellung klimafreundlicher Technologien. Was bedingt, schneller zu sein als eine Weinbergschnecke.

Politik ist das, was möglich ist, sagt die Kanzlerin.

Wer definiert eigentlich, was möglich ist?

Bei allem Respekt, aber ob etwas alternativlos oder gar unmöglich ist, kann kaum der Einschätzung einer einzelnen Person unterworfen bleiben. Die Frage muss lauten, *warum* etwas unmöglich ist? Und ob es möglich *wird*, wenn man die Rahmenbedingungen ändert, etwa, indem man sich nicht länger von Auto- und Kohlelobby durchs Geviert treiben lässt. Wir hatten gute Jahre unter Angela Merkel. Zuletzt aber auch Jahre, in denen die bloße Behauptung schon als Tat galt. Wozu noch handeln, wenn man sich doch zum Handeln *bekannt* hat?

»Die einzige Utopie der Deutschen ist das Hinauszögern der Zukunft«, hat Bernd Ulrich in der ZEIT geschrieben. Treffender kann man es nicht formulieren. Aber drastischer: Wir sitzen alle in einem Boot. Alle Länder. Früher konnte man sich dieses Boot als eine majestätisch dahinziehende Arche vorstellen, ausgestattet mit limitierten Vorräten. Jetzt, in Zeiten ungezügelten Wachstums, rast das Boot mit dreihundert Sachen auf eine Wand zu. Es wird zerschellen, also beginnen alle zu verhandeln. Wie lässt sich das Boot verlangsamen, sodass man vor der Wand die Kurve kriegt? Es wird geredet, gestritten, gefeilscht, blockiert, erpresst, der Kompromiss im Kompromiss im Kompromiss gesucht, endlich eine Schlusserklärung unterzeichnet. Historische Einigung. Stolz verkün-

144

den alle, dass man jetzt nur noch mit zweihundert Sachen auf die Wand zurast. Das ist bescheuert. Wenn am Ende der Aufprall steht, sind Kompromisse obsolet.

KLIMAPOLITIK – WAS BISHER GESCHAH

Als Club noch Disco, Follower noch Fan und Freddie Mercury noch Farrokh Bulsara hieß, da nannte man den Treibhauseffekt Gewächshauseffekt. 1969 schrieb Patrick Moynihan, ein Berater der Regierung Nixon, bis zum Jahr 2000 könnten 25 Prozent mehr Kohlendioxid in die Atmosphäre gelangen und besagten Effekt auslösen. Es würde wärmer werden und der Meeresspiegel ansteigen. Moynihan empfahl, den weiteren Emissionsverlauf akribisch zu überwachen. Fünf Jahre später warnte Nixon persönlich, die USA müssten sich aus der Abhängigkeit von Öl und Gas lösen und die Entwicklung erneuerbarer Energien vorantreiben. Zuvor gründete er noch schnell die US-Umweltbehörde EPA. Weniger grüner Gesinnung halber (Nixon war Republikaner durch und durch), sondern weil ihm die Proteste gegen die Umweltzerstörung keine Wahl ließen. Auch Deutsche und Franzosen begannen sich für den Gewächshauseffekt zu interessieren, legten das Thema dann wieder auf Eis, doch der Geist war aus der Flasche. Es folgten:

- 1972: Weltumweltkonferenz der Vereinten Nationen in Stockholm, kurz UNCHE. 113 Staaten versprechen, in Umweltfragen künftig zu kooperieren, und rufen das UN-Umweltprogramm ins Leben, auch »Stimme der Umwelt bei den UN« genannt. Aufgabe: Daten sammeln, Treibhauseffekt beobachten, Luft- und Wasserverschmutzung

145

messen, Nachhaltigkeitsinstrumente entwickeln, alle Beteiligten an einen Tisch bringen.

- 1977: Gründung der Nord-Süd-Kommission auf Initiative des Weltbank-Präsidenten Robert McNamara, Vorsitzender Willy Brandt, Ziel: mehr Teilhabe armer Länder an einer faireren Weltwirtschaftsordnung. Nur mäßig erfolgreich. Der Westen wittert Sozialismus.
- 1987: Brundtland-Bericht der UN-Weltkommission für Umwelt und Entwicklung, betitelt ›Unsere gemeinsame Zukunft‹, in der erstmals der Begriff Nachhaltigkeit definiert wird: »Dauerhafte Entwicklung ist eine Entwicklung, die die Bedürfnisse der Gegenwart befriedigt, ohne zu riskieren, dass künftige Generationen ihre eigenen Bedürfnisse nicht befriedigen können.« Schön einfach. Die korrespondierende Agenda 21 regelt, wie Nachhaltigkeit in den Mitgliedsstaaten umgesetzt werden kann.
- 1992: UN-Konferenz über Umwelt und Entwicklung in Rio de Janeiro, Beschluss der Klimarahmenkonvention UNFCCC. Negative menschliche Einflüsse aufs Klima sollen verhindert, der Ausstoß von Treibhausgasen stabilisiert, die globale Erwärmung verlangsamt, ihre Auswirkungen gemildert werden. Fortan müssen die Mitgliedsländer regelmäßige Berichte mit Fakten und Trends zur Emissionslage beibringen, sogenannte Treibhausgasinventare. Kernstück der UNFCCC: die *gemeinsame*, aber *unterschiedliche* Verantwortlichkeit der Mitgliedsstaaten und ihre jeweiligen Fähigkeiten, Klimagerechtigkeit zu gewährleisten. Die Folgen der Erwärmung sollen nach dem Verursacherprinzip ausgeglichen werden. Jährliche Klimakonferenzen werden vereinbart.
- 1997: Das Kyoto-Protokoll legt erstmals völkerrechtlich verbindliche Grenzwerte für den Treibhausgasausstoß in

den Industrieländern fest, die ab 2005 in Kraft treten sollen. Die USA verweigern die Ratifizierung, andere lassen sich Jahre damit Zeit.

- 2007, zum Ersten: Al Gore, Ex-US-Vizepräsident, erhält zusammen mit dem IPCC den Friedensnobelpreis für sein Engagement gegen die Klimakrise. Die Nachhaltigkeitsrevolution werde sich unaufhaltsam vollziehen, sagt Gore, um 2020 unverdrossen zu konstatieren: »Hier in den USA haben sich Politiker, Bürgermeister, Wirtschaftsbosse verpflichtet, die Pariser Ziele einzuhalten. Uns kümmert nicht, was Trump twittert.«

- 2007, zum Zweiten: Laut UN-Klimabericht muss der globale Treibhausgasausstoß bis spätestens 2015 stabilisiert sein, um katastrophale Klimafolgen noch abzuwenden. Ab 2015 dürfen die Emissionen nicht weiter ansteigen.

- 2007, zum Dritten: UN-Klimakonferenz in Bali. 186 Staaten stimmen zu, bis 2009 ein verbessertes Klimaschutzabkommen auszuhandeln. Die Forderung der Wissenschaft, bis 2020 müssten die Emissionen der Industrienationen um 40 Prozent unter das Niveau von 1990 gesunken sein, schafft es in eine Fußnote.

- 2009: UN-Klimakonferenz in Kopenhagen. Kein Abkommen! Die Verhandlungen scheitern auf der ganzen Linie.

- 2010: UN-Klimakonferenz in Doha. Vereinbarung, die globale Erwärmung auf unter 2 Grad zu begrenzen. Eine Studie des PIK (Potsdam-Institut für Klimafolgenforschung) belegt, dass Klimaschutz bezahlbar und rentabel ist. Entscheidend sei, die Entwicklung erneuerbarer Energien drastisch voranzubringen.

- 2015: UN-Klimakonferenz in Paris. Endlich ein neues Klimaabkommen. Der globale Temperaturanstieg (gerechnet ab Beginn der Industrialisierung) soll deutlich unter

2 Grad gehalten und möglichst auf 1,5 Grad begrenzt werden. Die Länder erklären, wie stark sie ihre Emissionen bis 2030 zu begrenzen gedenken. Die Selbstverpflichtungen sind unverbindlich, bei Nichteinhaltung drohen keine Sanktionen, nur der Verlust des guten Rufs.

Der gute Ruf scheint kein so hohes Gut zu sein. Nach Paris steigen die Emissionen der G 20 (das sind die 19 wichtigsten Industrie- und Schwellenländer plus die EU) erst mal munter weiter. Manche geben sich ernsthaft Mühe, einige überbieten sich, der Rest schlurft dahin, Deutschland als Lahmster hinterdrein. In ihrem ›Brown to Green‹-Report 2019 befindet die Organisation Climate Transparency, Deutschland versage krachend in den Bereichen Gebäude und Mobilität. Zu wenig klimafreundliche Sanierung, wachsende Emissionen im Verkehrsbereich, zu viele Verbrenner auf den Straßen. Selbst Trumps unartige USA punkten mit mehr E-Auto-Zulassungen. Ein 130-km/h-Tempolimit könnte die Emissionen um jährlich 1,9 Millionen Tonnen senken, doch nicht mal dazu kann sich die Bundesregierung durchringen. 2020 holt Deutschland auf und gelobt, sich die säumigen Sektoren zur Brust zu nehmen. Für 2030 sind nun 55 Prozent Emissionsminderung angepeilt. Illusorisch, sagt eine Studie des Bundesumweltamts. Allenfalls lande man bei 51 Prozent. Schwarzmalerei? Vielleicht. Die Crux ist, Deutschland tut immer das Richtige, nur notorisch zu spät, von der Verkehrswende bis zum Kohleausstieg.

Was aber auch immer wir tun – wir tun es als Teil der Weltgemeinschaft. Die hat in Paris viel versprochen. Doch selbst, wenn alle Beteiligten die versprochenen (vielfach schwammigen) Maßnahmen umsetzen, liegen wir 2100 eher bei 3 Grad. Die Staaten sind darum gehalten, ihre Selbstverpflichtungen alle fünf Jahre nachzubessern. Spielraum bleibt kaum. Um das 1,5-Grad-Ziel einzuhalten, dürften wir schon ab 2025 keine Emissionen mehr ausstoßen, für 2 Grad müsste 2040 Schluss sein. Erfahrungsgemäß handelt die Welt nicht gemeinschaftlich, allein die Verweigerungshaltung der USA, wann immer Republikaner die Macht innehaben, reißt Krater in die Bilanz. Wenn aber ein Land dieser Größe nicht mitzieht – wie soll man dann seinen Leuten zu Hause Klimaschutz schmackhaft machen?

Derzeit sieht es eher so aus, dass die Staatengemeinschaft 2 Grad verfehlt, aus einem ganz simplen Grund: Den Temperaturanstieg zu stoppen, würde erfordern, astronomisch hohe Summen in erneuerbare Energien zu investieren. Einfach, weil der Bedarf astronomisch hoch sein wird in einer Welt ohne Öl, Gas und Kohle. Zwischen dem, was gebraucht wird, und dem, was investiert wird, klafft jedoch ein mittlerer Grand Canyon. Erschwerend kommt hinzu, dass sich Entwicklungs- und Schwellenländer durch Klimaschutzgesetze in ihrer Entwicklung ausgebremst sehen. Ungerecht, sagen sie. Ihr habt den ganzen schönen Kuchen alleine aufgegessen, jetzt wollt ihr uns verbieten, einen für uns zu backen? Geht uns bloß nicht mit weinerlichen Appellen an unser Gewissen auf den Sack! Wo war denn eures? Wir haben am wenigsten zu Global Warming beigetragen und müssen am meisten darunter leiden. Wir brauchen jetzt die Kohlekraftwerke, Atomkraftwerke, das Ackerland und die Weideflächen, 1,5 Grad hin oder her! Weil man dagegen schwerlich etwas sagen kann, hilft nur, grüne Technologien auf die Bedürfnisse armer Länder zuzuschneiden, sodass sie klimagefällig prosperieren können – das Mindeste an Unterstützung, das wir ihnen gewähren sollten, schließlich haben wir jahrelang auf ihre Kosten gelebt.

Während ich diese Zeilen schreibe, bricht das Jahr 2021 an. Hoffentlich benimmt es sich besser als sein lausiger Vorgänger. Schauen wir mal, wo die Welt in Sachen Klimaschutz so steht.

DER CO_2-VERBRAUCH DER LÄNDER

Die Liste der zehn größten CO_2-emittierenden Länder hat unverändert einen Spitzenreiter: China. Hier die Top Ten aus dem Jahr 2018, auf eine Stelle hinterm Komma gerundet:

China	27,5 %
USA	14,8 %
Indien	7,2 %
Russland	4,7 %
Japan	3,2 %
Deutschland	2,0 %
Iran	2,0 %
Korea	1,8 %
Saudi-Arabien	1,7 %
Indonesien	1,7 %

Und wie lebt es sich in diesen Ländern? Verjubelt der Durchschnittschinese von allen Bewohnern des Planeten das meiste CO_2? Immerhin führt China die Umweltsünder an. Doch bezogen auf Pro-Kopf-Emissionen liest sich die Liste ganz anders.

Katar	31,8 %
VAE	20,0 %
Australien	15,3 %

150

Kanada	15,2%
USA	15,0%
Saudi-Arabien	14,6%
Südkorea	11,7%
Russland	11,0%
Niederlande	8,8%
Japan	8,6%

Deutschland verfehlt die Top Ten und liegt mit 8,4 Prozent auf Platz 11, China mit 6,8 Prozent auf Platz 16. Um ein wirklich klimagerechtes Bild zu zeichnen, müsste man zudem Faktoren wie die Bevölkerungszahl mit einbeziehen. Katar hat 2,7 Millionen, China 1,4 Milliarden Einwohner. Auf dem afrikanischen Kontinent leben 1,3 Milliarden Menschen, emittieren aber (noch) wenig CO_2. Wie man's auch rechnet, es macht keinen Unterschied: Wir müssen aufhören, schädliches Zeug in die Luft zu pusten, und das schon Hineingelangte wieder rausfischen. Was wird dafür getan?

KLIMASCHUTZ IN DER WELT

Afrika

11 Prozent der Weltbevölkerung in 48 Sub-Sahara-Ländern tragen gerade mal 2 Prozent (so viel wie Deutschland) zum globalen CO_2-Ausstoß bei, sind aber am stärksten vom Klimawandel betroffen. Abholzung und Entwaldung machen den größten Teil der Emissionen aus. Mit steigendem Wirtschaftswachstum und nachgeholter Industrialisierung könnten sich die Zahlen allerdings ändern, zudem wird sich die Bevölkerung

bis 2050 voraussichtlich verdoppeln, wenn nicht verdreifachen. Die Rodung wird wohl fortschreiten, das zweitgrößte Regenwaldgebiet der Erde im Kongo-Becken bis 2050 um 40 Prozent schrumpfen, womit wertvolle CO_2-Speicherkapazitäten verloren gehen. Demgegenüber stehen Pläne, die Natur selbst gegen den Klimawandel in Stellung zu bringen. Eine »grüne Mauer« soll den Vormarsch der Sahara in die Sahelzone stoppen, ein 15 km breiter, 8.000 km langer Wald, der Afrikas Osten und Westen verbindet. Mehr als bloße Utopie, allerdings behindern Geldmangel und regionale Konflikte das Projekt.

Europäische Union

Im Dezember 2019 stellte Kommissionspräsidentin Ursula von der Leyen den European Green Deal vor, mit dem Europa bis 2050 als erster Kontinent klimaneutral sein will. Die Maßnahmen betreffen Finanzmarktregulierung und Energieversorgung, Verkehr, Handel, Industrie, Land- und Forstwirtschaft. Die Emissionsminderung wird per Klimagesetz auf 55 (möglichst 60) Prozent bis 2030 verschärft, die Mitgliedsländer müssen ihre Klimapläne entsprechend angleichen. Besonders betroffene Nationen werden bei der Umstellung auf erneuerbare Energien mit insgesamt 100 Milliarden Euro unterstützt. Stand 2021 ist es der EU (und Großbritannien) gelungen, den CO_2-Ausstoß zu senken, während er weltweit stieg. Die weiteren Aussichten: heiter bis wolkig.

Deutschland

Deutschland hatte sich verpflichtet, seine Emissionen bis 2020 um 40 Prozent zu senken. 2018 erklärte die Große Koalition dieses Ziel für nicht mehr erreichbar. FFF machte Druck, die

Regierung kreißte, gebar ein mäßig visionäres Klimapaket, und entgegen aller Prognosen bekamen wir doch noch die Kurve: 42,3 Prozent. Kein Grund, stolz zu sein. Der Lockdown und ein milder Winter haben nachgeholfen, andernfalls hätten wir's mit 37,8 Prozent vermasselt. Mit dem Sieg über Corona dürfte es zu einem sprunghaften Anstieg kommen. Immerhin wurde 2020 erstmals mehr Strom aus Windkraft als aus Kohle gewonnen, stieg der Anteil der Erneuerbaren am Energiemix auf über 46 Prozent. Das meiste steuerten Offshore-Windparks bei, zu Lande stockte der Ausbau. Ankurbeln soll ihn nun das reformierte EEG (Erneuerbare-Energien-Gesetz): 65 Prozent Ökostromanteil sind bis 2030, 70 Prozent Emissionsminderung für 2040 angepeilt, die Sündenböcke bekannt. Während die Energiewirtschaft zuletzt über 50 Millionen Tonnen CO_2 einsparte, ruinierten Gebäudeheizung und Verkehr gründlich das Bild. Im Klimaschutz-Index 2020 dümpelt Deutschland auf Platz 23, richtig toll performt hat kein Land. Platz 1 bis 3 wurden gar nicht erst vergeben. Platz 4 Schweden, 5 Dänemark, 6 Marokko, 7 Großbritannien, 8 Litauen, 9 Indien, 10 Finnland.

Immerhin entgeht Deutschland mit Erreichen des Etappenziels Klimaschutz-Strafzahlungen. 300 Millionen Euro waren bereits eingeplant, um anderen Ländern ihre Verschmutzungsrechte abzukaufen, die klüger gehaushaltet hatten. Dieses Geld könnte man in die Erneuerbaren stecken. Von deren Ausbau hängt es ab, ob wir vor 2050 klimaneutral werden. Diesbezüglich lässt Deutschlands Ehrgeiz zu wünschen übrig, nur: Wenn wir nicht zurückfinden in unsere einstige Vorreiterrolle im Klimaschutz, wird uns die Energiewende mehr Jobs kosten, als sie neue schafft. Dann wird das deutsche Modell kein Exportschlager werden.

Russland

Von einer russischen Strategie konnte nach Paris kaum die Rede sein. Man mühte sich, den Anteil der Stromerzeugung aus Öl und Gas zu senken, und stieg dafür auf Kohle und Atomkraft um, Pest gegen Pocken. Milliarden Rubel russischer Unternehmer flossen europäischen Erneuerbare-Energien-Projekten zu, in Ermangelung einer einheimischen Nachhaltigkeitsindustrie. 2020 (auf den Tag genau, als die Aufkündigung des Pariser Klimaabkommens durch die USA in Kraft trat) verfügte Wladimir Putin klangvoll, bis 2030 werde Russland seine CO_2-Emissionen auf 70 Prozent der Menge von 1990 senken. Bitte lesen Sie aufmerksam: nicht *um*, *auf* 70 Prozent! Die Pointe: Schon 2018 lag Russland bei 52 Prozent. Demzufolge sähe die neue Kreml-Strategie eine *Steigerung* der Emissionen vor. Da muss selbst Zar Wladimir lachen. Seine Regierung soll nun Strategien ausarbeiten, wie Russland 2050 bei wirtschaftlich gesunder Entwicklung klimaneutral werden kann. Angesichts rapide tauender Permafrostböden, Hitzewellen, Überflutungskatastrophen und verheerender Waldbrände, die Putins Reich heimsuchen, mehr als überfällig.

USA

Tja, Donald Trump. Ein Betriebsunfall der Demokratie? Schlimmer. Trump hat das Pariser Klimaabkommen aufgekündigt, Gesetze zur CO_2-Reduzierung rückgängig gemacht, Umweltbemühungen von Bundesstaaten wie Kalifornien hintertrieben, UN-Klimagipfel torpediert und so ziemlich jede wissenschaftliche Erkenntnis geleugnet. Er hat Institutionen wie dem Green Climate Fund, der arme Länder gegen die Klimakrise stärken soll, die Unterstützung entzogen und den

Arktischen Rat blockiert, der die Interessen polarer Anrainerstaaten mit denen der Inuit ausgleichen soll. Was vergessen? Ach ja – die unter Obama zugesagten turnusmäßigen Emissionsberichte ist er auch schuldig geblieben.

Demgegenüber Joe Biden: »Der Klimawandel ist das Problem Nummer eins für die Menschheit.« Eine Erkenntnis, wie sie unter der orangen Haarskulptur nie hätte reifen können. Ganz oben auf Bidens Agenda, nachdem er die USA zurück ins Pariser Klimaabkommen geführt hat, steht eine CO_2-neutrale US-Wirtschaft bis 2050. Zuspruch ist ihm sicher von etwas mehr als der Hälfte der Gesellschaft und von Sunrise Movement, einem US-Pendant zu Fridays for Future. In den ersten hundert Tagen seiner Präsidentschaft will Biden den Einfluss der Wissenschaft auf die Politik stärken, die größten Umweltsünder des Planeten, allen voran China, an einen Tisch bitten, auf eine Verschärfung internationaler Klimaziele drängen, sodann die Transformation von den fossilen zu den erneuerbaren Energien vorantreiben und Millionen neuer Arbeitsplätze schaffen. Zwei Billionen Dollar sind für den Kraftakt budgetiert. Angereichert mit etwas Atomkraft, nun ja (mehr zu Atomkraft in Teil 7). Schwerer würde wiegen, wenn China nicht mitzöge. Sprich, Biden muss ein Land zur Klima-Kooperation bewegen, gegen das er zugleich Allianzen zu schmieden gedenkt. Auch innenpolitisch könnten die Hürden kaum höher sein. Die Republikaner werden verbissen Klimagesetze blockieren, und der Supreme Court steht der Inquisition derzeit näher als zeitgemäßer Rechtsprechung – Klimaschutz kommt dort gleich hinter Gotteslästerung.

Dennoch hat Biden machtvolle Optionen, Blockaden zu umgehen, sei es im Senat, in dem Kamala Harris' Stimme fortan den Ausschlag geben kann, mithilfe progressiver Gouverneure oder durch außenpolitische Allianzen. Letztlich sind auch Republikaner Kompromissen zugeneigt, solange die Konjunktur anzieht. Namhafte US-Konzerne favorisieren grüne Technologien, der Druck aufs konservative Lager wächst. Sollte das ökologische Bewusstsein unter Joe Bidens Präsidentschaft wachsen, wäre das jetzige Licht am Horizont fast schon ein Tagesanbruch.

China

Was macht eigentlich Xi Jinping, wenn er nicht damit beschäftigt ist, die Welt auf der Fingerspitze rotieren zu lassen? Er sieht der Realität ins Auge. Die sagt ihm, dass er sich *mit* der Welt zu drehen hat, also dreht er sich, dreht sich um 180 Grad und wird unversehens zum Klima-Paulus. Bis 2060 soll China klimaneutral sein, ein Riesenreich, dessen Aufstieg rasant zu nennen noch untertrieben wäre, und das sich, um Wohlstand zu erlangen, wie kein Zweiter an der Umwelt vergangen hat.

Woher der Gesinnungswandel? Bemühen wir ein großes Wort: Einsicht. China hat verstanden. Der anthropogene Klimawandel könnte Xis Ambitionen auf wirtschaftliche Vormachtstellung aushebeln, die Region würde massiv unter den Folgen der Erderwärmung leiden. Außerdem hat China ein Image-Problem: Mit dem fiesen Kind will niemand spielen. Xi – intelligenter als Trump und Bolsonaro zusammen – weiß, dass sein Land auf die EU und die USA angewiesen bleibt, auch imposante asiatisch-pazifische Freihandelsabkommen ändern daran wenig. Da kommt der Klimawandel eigentlich ganz zupass. Die EU hat mit dem Green Deal den entscheidenden Schritt gewagt, Biden wird gleichziehen, um keinen Preis will Xi als rückständig wahrgenommen werden. Bislang hat er die Pariser Ziele erfüllt, 2020 nachgeschärft. Xi wäre nicht Xi, wollte er nicht auch im Klimaschutz Vorreiter werden.

Nun macht die bloße Absicht noch niemanden 1,5-Grad-fähig. Allerdings ist Peking mit Zusagen traditionell zurückhaltend. Versprochen wurde gemeinhin nur, wovon man überzeugt war, es auch umsetzen zu können. Da klingt das Bekenntnis zur Klimaneutralität 2060 dann doch wie ein Fanfarenstoß. Die kürzliche Einführung eines Emissionshandels weist in die richtige Richtung. Was Xi nun braucht, ist eine Strategie, ohne Versorgungslücken entstehen zu lassen. In den Erneuerbaren wird sein Land besser, Kohle ist überpräsent. Wenn es aber einem gelingt, Pläne mit der Brechstange umzusetzen (nicht immer *comme il faut*), dann ist es China. Denn das eigene Reich dreht sich sehr wohl auf Xis Fingerspitze. Sein Wille geschehe. Im Schulterschluss könnten er, Biden und die EU jenen Sog entwickeln, dessen es zur Revolution bedarf.

Japan

Mutierte China vom Saulus zum Paulus, verhielt es sich mit Japan lange umgekehrt. Der Traum von Kyoto war zu Kohlestaub zerfallen. Zwar stellte Tokio in Aussicht, die dreckigsten Kraftwerke bis 2030 abschalten zu wollen, baute aber zugleich neue. Verschärfung der Emissionsziele? Fehlanzeige. Kohleausstieg? Irgendwann in der zweiten Hälfte des Jahrhunderts.

Die offenkundige Ziel- und Planlosigkeit hatte eine Geschichte: Fukushima. Ursprünglich sollten 30 bis 50 Prozent des landesweiten Strombedarfs aus Atomkraft gedeckt werden. Nach der Kernschmelze wurden sämtliche Reaktoren vom Netz genommen, Kohle und Flüssiggas schlossen die Versorgungslücke. Der Option der nuklearen Renaissance beraubt, setzte die Regierung Abe auf Technologien zu Speicherung und Wiederverwertung von CO_2, etwa in Baustoffen oder im Flugverkehr, und ließ wissen, die neuen Kohlekraftwerke seien viel sauberer als die alten. Hoffnungslos, konstatierten Umweltschützer, doch gerade scheint sich alles zu ändern! Japans neuer starker Mann, Yoshihide Suga, könnte der Joe Biden seiner Region werden. Gleich nach Amtsantritt verkündete er Klimaneutralität 2050, zu erreichen mittels Sonne, Wind, Atomkraft und einschneidender Veränderungen in der Kohlepolitik. Die ökologische Wende ist ökonomisch begründet – China, EU, USA und Südkorea überbieten einander mit New Green Deals, Japan könnte bald als der große Verlierer dastehen. Also setzt Suga auf Weltmarktführerschaft in grünen Technologien, die natürlich erst mal im eigenen Land punkten müssen. Ob und wie das gelingt, bleibt abzuwarten, eins aber ist definitiv gut: Japan hat beschlossen, nicht länger sein Kyoto-Erbe zu verfeuern.

Indien

Lauter Superlative: Mit 1,37 Milliarden Menschen ist Indien der zweitbevölkerungsreichste Staat der Welt. Und einer der ärmsten. Mit am heftigsten vom Klimawandel betroffen: Ernteausfälle, Dürren, Waldbrände, Überflutungen, Wassermangel. Dank eines atemberaubenden Wirtschafts- und Technologiewachstums aber auch einer der dynamischsten. Letzthin stiegen die Emissionen rapide. 2040 dürfte sich Indiens Energiebedarf kongruent zur Wirtschaftsleistung mindestens verdoppelt haben, in den Städten kann man schon heute vor lauter Feinstaub kaum die Hand vor Augen sehen. Zugleich erweist sich Indien als eines der wandelbarsten Länder. Bis in die Nuller hinein galt: Armutsbekämpfung um jeden Preis, flächendeckender Ausbau billiger Kohlekraft. Inzwischen

wird vehement auf Ökostrom umgestellt, will man die Stromerzeugung durch Erneuerbare bis 2022 vervierfachen und
2026 das letzte Kohlekraftwerk abschalten. Zwölf Jahre früher
als Deutschland. Bislang nur eine Ansage. Aber was für eine!

Als UN-Generalsekretär António Guterres 2019 zum Klimagipfel lud, brachte er es auf den Punkt: »Kommt nicht mit einer Rede, kommt mit einem Plan.« Und sie kamen. Greta mit
dem Bötchen, die Kanzlerin und AKK jeweils im eigenen
Flieger. Alle redeten. Pläne hatten die wenigsten, aber die Be-
kenntnisse klangen schön. Was draus geworden ist, haben wir
untersucht. Jedes Land dergestalt zu durchleuchten, würde
den Rahmen sprengen. Folgende Beispiele aber zeigen, dass
das Bild überraschend vielschichtig ist.

Indonesien

Der zehntgrößte Treibhausgasemittent (Top Ten 2018) stützt
sein Wachstum auf Entwaldung, Landwirtschaft und Stein-
kohle. Bis 2030 will man die Emissionen senken, verbraucht
und exportiert derzeit jedoch mehr Kohle denn je. Klimaschutz wird ausschließlich in Städten diskutiert, die Landbe-
völkerung bleibt außen vor. Die Regierung hat versprochen,
die Abholzung herunterzufahren, und schafft zugleich Inves-
titionsspielräume für Unternehmen, welche die Ausbeutung
vorantreiben. Um aus den Widersprüchen herauszufinden,
soll nun eine landesweite Aufklärungskampagne die Bevölkerung für Klimaschutz sensibilisieren.

Schweden

Mustergültig! Aktuell deckt das Land 55 Prozent seines Energiebedarfs aus erneuerbaren Energien. Klimaneutralität ist für 2045 angestrebt. Schweden hat früh begonnen, CO_2 hoch zu besteuern, der Preis liegt bei 110 Euro pro Tonne und beweist, dass Wirtschaftswachstum und Energiewende bestens miteinander vereinbar sind. Jedes zweite Fahrzeug ist ein E-Auto, Ladestationen sind flächendeckend vorhanden. Kleiner Schönheitsfehler: 40 Prozent der Stromversorgung kommen (noch) aus Atomkraft. Aber auch hier hat Schweden einen Plan: Nuklearpower als Übergangslösung, konsequenter Ausbau der Erneuerbaren. Die Regierung sieht im Klimaschutz eine arbeitsplatzreiche Wachstumsbranche, Parole: »Fossilfreies Schweden«. Im Klimaschutz-Index 2021 erreicht das Land die Bestplatzierung.

Norwegen

Versucht den Spagat. Nimmt Klimaschutz ernst, hat noch ein einziges Kohlekraftwerk, will Neuwagen mit Verbrenner ab 2025 verbieten und zur Mitte des Jahrhunderts 95 Prozent weniger CO_2 ausstoßen. Zugleich erschließt das Land neue Ölfelder. Das wirkt etwas schal, doch der norwegische Weg ist komplexer, als es den Anschein hat. Der Strom für die Öl- und Gasförderung kommt ausschließlich aus Wasserkraft, die Einnahmen wandern fast ganz in den norwegischen Staatsfonds, der dem Wohlstand der Allgemeinheit zugutekommt. Der Fonds darf seinerseits nicht in Firmen investieren, die Geld mit Öl, Gas oder Kohle verdienen, stattdessen fließen große Summen in Waldschutz und Wiederaufforstung, auch E-Mobilität wird generös subventioniert – jedes zweite norwegische Fahrzeug fährt elektrisch. Zwar ist Norwegen durch sein Ölgeschäft siebtgrößter CO_2-Exporteur, macht den Ländern allerdings eine interessante Offerte!

Dazu ein Exkurs: Wie sich abzeichnet, wird bloße Emissionsminderung nicht ausreichen, um die Klimaziele einzuhalten. Aber es gibt eine Lösung: Mittels Geo-Engineering kann man in die Atmosphäre gelangtes CO_2 durch Filteranlagen und Bioreaktoren wieder daraus entfernen (mehr dazu in Teil 7). Nur, wohin damit? Eine Option wäre, es unter die Erde zu bringen. Böden binden viermal mehr Kohlendioxid als Wälder und doppelt so viel wie die Atmosphäre. Besonders in tropischen und subtropischen Gebieten könnten sie gigantische Mengen CO_2 aufnehmen und würden – schöner Nebeneffekt für Landwirte – sogar fruchtbarer. Kleines Problem: Das Ganze ergibt nur Sinn, wenn man den Prozess des Filterns und Einlagerns unentwegt fortsetzt, denn nach und nach entweicht das eingespeicherte Kohlendioxid wieder. Ein weiterer Weg ist, es in Höhlen und leere Öllagerstätten zu pumpen und diese dann zu versiegeln. Schon kleinste Lecks würden den Effekt jedoch verderben. Selbst Aufforstung, die zuverlässigste aller Methoden, CO_2 zu binden, hat ihre Tücken – brennen die Bäume ab, verteilt sich alles wieder in der Luft. Wie also gelingt es, CO_2 so zu speichern, dass es garantiert nicht mehr in die Atmosphäre entweichen kann?

Die Antwort liegt in den Meeren, genauer gesagt unter dem Meeresboden. Verpresst man Kohlendioxid in kilometertief gelegene Sandsteinfelder und andere geologische Formationen, lagert es sicher. Druck und Versiegelung sorgen dafür, dass es dort bleibt, allerdings sind Regionen, wo eine Lagerung möglich wäre, porös von Ölbohrlöchern. Also doch nicht so sicher. Immerhin zeigen Versuche, dass wieder heraussprudelndes CO_2 im Wasser verbleibt, statt zurück in die Atmosphäre zu gelangen. Die Blasen lösen sich vollständig auf, und die Wasserversauerung als Folge des Austritts scheint weniger schlimm als befürchtet, weil Bodenströmungen das gelöste CO_2 schnell verteilen. Das Gute an unterseeischen Lagerstätten ist zudem, dass Meeresboden langsam dahinwandert, bedingt durch vulkanische Aktivität. Irgendwann wird er unter die Landmassen gedrückt und im Erdinnern aufgeschmolzen. Spätestens dann sind wir unser Treibhausgas endgültig los – in ein paar tausend Jahren.

Norwegen offeriert seinen Öl-Kunden, das durch Verbrennung entstandene, abgeschiedene Kohlendioxid zurückzunehmen und ins Gestein unter die Nordsee zu pumpen. Auf eigene Kosten und ganz im Sinne der EU, die in der CO_2-Endlagerung einen wichtigen Weg sieht, die Erderwärmung bei 1,5 oder 2 Grad zu stoppen. Wie immer man also zum Ölgeschäft steht: Norwegen hat einen Plan.

Saudi-Arabien

Wundersamer Gesinnungswandel. Jahrelang hat Riad im Schulterschluss mit der Regierung Trump internationale Klimaschutzbemühungen sabotiert. Plötzlich leuchtet das Grün der Landesflagge symbolträchtig für den Kampf gegen die Erderwärmung. Spätestens mit der G-20-Präsidentschaft sah sich Kronprinz Salman veranlasst, etwas fürs Image zu tun. Wenn der Monarch also nicht gerade Journalisten zerteilen lässt, ist er durchaus mit Reformen befasst. Noch 2021 will Salman »The Line« bauen, eine voll digitalisierte, emissionsfreie Millionenstadt, bis 2030 den saudischen Energiebedarf zur Hälfte aus Wind- und Solarkraft decken. Kernkraft? Auch – zu rein zivilen Zwecken! Mit Blick auf Erzfeind Iran will darüber keine rechte Freude aufkommen. Immerhin: Der Klimaschutz hat den Nahen Osten erreicht.

ZWISCHENBILANZ

»Klimaschutz kann nur funktionieren, wenn Deutschland wirtschaftlich leistungsfähig bleibt«, stellt Bundeswirtschaftsminister Peter Altmaier fest. Andersrum wird eher ein Schuh draus: Deutschland kann nur leistungsfähig bleiben, wenn es konsequenten Klimaschutz betreibt. Ökologische Vorreiter gehen in der Welt von morgen auch wirtschaftlich in Führung. Wer zögert, wird abgehängt, gefährdet Arbeitsplätze und die Existenz ganzer Branchen.

Mit Blick auf die jüngsten politischen Verschiebungen und Selbstverpflichtungen der Länder ist vorsichtiger Optimismus angesagt. Allerdings keine Euphorie. Noch ist wenig passiert. Halten alle, was sie versprechen, wird sich das ändern. Damit die Transformation gelingt, bedarf es – ähnlich wie bei Fridays for Future – des Rückhalts der Bevölkerung, und genau da hakt's: Warum sollten die Menschen der Politik vertrauen? Jahrzehntelang haben Politiker ihr Vertrauen enttäuscht. Entweder wurde nicht oder nur unzureichend gegen die Erderwärmung gehandelt, obwohl alle Warnsirenen heulten. Aus Kumpanei, Eigennutz und Angst wurde verschleppt, was hätte getan werden müssen. Jetzt wird erneut viel versprochen, und alles klingt gut. So gut, dass der Wortbruch vorprogrammiert scheint. Die Politik bekräftigt ihren Willen zu handeln. Schön. Warum sollte sie es dieses Mal tun?

Vielleicht, weil Parteien und Regierungen dämmert, dass dies ihre letzte Chance ist. Dass sie im Klein-Klein des Gegeneinanders nur verlieren können. Weltweit etablieren sich ultrarechte Kräfte. Gesellschaften reißen auseinander. Aus Demokratien werden Autokratien. Enttäuschung, auch über ungerechte Klimapolitik, treibt vor allem sozial Schwache in die Arme des Populismus. Folgen den jüngsten Versprechungen keine Taten, war's das.

163

Dann werden Abschottung und Egoismus obsiegen, doch einiges lässt hoffen. In seiner Rede 2020 hob Guterres hervor, dass mehr und mehr Großkonzerne grüne Ziele anstreben, allen voran Branchenriesen wie Apple, Google, Microsoft, Bertelsmann und Adidas. Amazon will schon 2025 klimaneutral sein. Zunehmend reihen sich Unternehmen ein, die nicht zurückstehen wollen. Umweltrisiken sind Investitionsrisiken. Mittelfristig könnte so ein neuer Mondflug-Effekt einsetzen: Wer landet zuerst in der Nullemission? Keinen Klimaschutz zu betreiben, wäre im technologischen Wettlauf dann ganz schön blöde.

Geben wir der Vision Raum. Fossile Projekte sind unbeliebter denn je. Die Aussicht, nicht in RCP8.5 enden zu müssen, belebt die Börsen und fördert Investitionen in Zukunftsbranchen. Bahnbrechende Innovation führt zu mehr Effizienz und mehr Wirtschaftlichkeit. Die Erneuerbaren kommen deutlich ins Plus, smartes Management senkt den Stromverbrauch, schneller als gedacht gehen fossile Kraftwerke vom Netz, lange vor 2038. Das verstärkt den Sogeffekt auf andere Player, genügend Attraktoren sind im Spiel. Der kritische gesellschaftliche Kipppunkt wird überschritten, aus dem Zusammenbruch des Alten entsteht binnen kürzester Zeit eine neue, nachhaltige Ökonomie. Klimakrise gelöst. Die Chaostheorie beweist, dass so etwas passieren *kann*. Dafür aber muss die Gesellschaft die Revolution wagen. Jetzt! Leicht wird es nicht. Mächtige Lobbys behindern die Transformation. Zugleich drängt eine junge Generation in die Wahlkabinen, deren Lebensmodell sich maßgeblich von dem Älterer unterscheidet. Sie wird ihre eigenen Vertreter ermächtigen. Die müssen dann liefern. Mal werden sie über sich hinauswachsen, mal hinter ihren Möglichkeiten zurückbleiben, und eines Tages wird eine oder einer von ihnen sagen: Politik ist das, was machbar ist.

Alle kochen mit Wasser.

DIE GEGENSPIELER

KLIMASKEPTIKER

Skepsis ist eine gute Sache. Mehr davon hätte Hitler und
den Holocaust verhindert, die Karrieren mörderischer Polit-
psychopathen wie Mao Zedong und Josef Stalin vorzeitig be-
endet und sechzigtausend angebliche Hexen vor dem Schei-
terhaufen gerettet.

Im Skeptizismus geht es nicht darum, etwas strikt abzulehnen, sondern Aussagen so lange zu hinterfragen, bis sie widerlegt oder allerletzte Zweifel ausgeräumt sind. Zweites geschieht selten, weil eingefleischte Skeptiker davon ausgehen,
nie aller Informationen habhaft werden zu können. Schlussendlich tendieren sie zu der Position, die ihnen am plausibels-
ten erscheint, und manche legen sich niemals fest. Streng phi-
losophisch schließt der Skeptizismus die absolute Erkenntnis
von Wahrheit aus. Dennoch ist Skepsis das wichtigste Regula-
tiv seriöser Forschung. In der Wissenschaft müssen Theorien
elegant sein, um zu bestehen, einfach und überzeugend, was
bedingt, sie immer und immer wieder zu überprüfen und zu
verifizieren.

Kann man etwas verifizieren? Wir sind subjektive Wesen. Alle Erkenntnis ist durch persönliche Wahrnehmung begrenzt. Selbst Naturgesetze sind streng genommen nur darum Gesetze, weil sämtliche bisherigen Beobachtungen ihre
Gültigkeit bestätigen. »Zwei Dinge sind unendlich«, hat Albert Einstein gesagt, »das Universum und die menschliche
Dummheit, aber beim Universum bin ich mir noch nicht
ganz sicher.« Mittlerweile gilt ein unendliches Universum als
elegant (was man von der Dummheit nie wird sagen können).

165

Die Zahl unserer Beobachtungen (so viele es auch sind) wird jedoch endlich bleiben, womit die theoretische Möglichkeit besteht, dass der Apfel, wenn wir ihn hochwerfen, nicht wieder herunterfällt, sondern weiter aufsteigt und ins All entschwindet. Zugegeben, das ist ein philosophisches Gedankenspiel, aber nicht nur. Oft genug haben sich »erwiesene« Theorien als falsch herausgestellt. Im Gegensatz zum Glauben gründet Wissenschaft darauf, Theorien durch fortlaufende Beobachtungen, Experimente, Hochrechnungen und Neubewertungen so zu untermauern, dass sie mit großer Wahrscheinlichkeit zutreffen, also elegant sind. Insbesondere die Klimaforschung, die wie kaum eine andere Wissenschaft diskreditiert wird, nimmt diese Aufgabe überaus ernst.

Liegen Beweise vor, hat der Skeptizismus seine Schuldigkeit getan. Wer dann immer noch zweifelt, ist kein Skeptiker mehr. Der anthropogene Klimawandel gilt als faktisch belegt, dennoch gut, kritisch zu bleiben. Politiker und Unternehmer tragen Verantwortung für sehr viele Menschen. Bevor sie folgenschwere Entscheidungen treffen, brauchen sie ein höchstmögliches Maß an Sicherheit. Allerdings entscheiden viele selbst ernannte Klimaskeptiker, die Idee eines menschengemachten Klimawandels trotz aller Beweise doch lieber abzulehnen. Damit werden sie zu Leugnern, Argumenten nicht länger zugänglich. Indem sie Mauern gegen alles bauen, mauern sie sich ein. Klimaleugner sind zu einer regelrechten Branche zusammengewachsen, einer Leugner-Industrie, in der Blogger, erzkonservative Thinktanks, Wirtschaftslobbyisten und bezahlte Gegenexperten bienenfleißig am Mythos von der Klimalüge basteln. Ihre Gefolgschaft wächst ins Bedenkliche – Grund genug, ihnen ein ganzes Kapitel zu widmen.

KLIMALEUGNER

Wissen Sie noch, als Sie klein waren? Wenn Sie etwas partout nicht sehen wollten, das doch für alle ersichtlich war? Sie hielten sich die Augen zu. Schon war's weg. Den Trick beherrschen auch Erwachsene. Das Nicht-wahrhaben-Wollen der faktenstrotzenden Wirklichkeit hindert Generäle, ihre Chancen realistisch einzuschätzen, Politiker, Niederlagen zu akzeptieren, Kreationisten, der Vorstellung Raum zu geben, Menschen und Saurier seien *nicht* Seite an Seite übers Erdenrund geschritten, hindert Kirchenobere daran, Männer, Frauen, Heteros, Transgender, Lesben und Schwule als Gleiche unter Gleichen zu akzeptieren und sexuellen Missbrauch aufzuarbeiten. Es gibt Menschen, die leugnen um des Leugnens willen: den Holocaust, den Klimawandel, Corona, die Mondlandung, dass der Hund tot ist, die Schwiegermutter vor der Tür. Sie würden COVID-19 noch leugnen, wenn neben ihnen jemand dran verröchelte. So unterschiedlich ihre Gründe sind, eint sie ihre vollkommene Faktenresistenz. Das kann surreale Züge annehmen. Florence Foster Jenkins glaubte bis zu ihrem Tod, sie könne singen. Donald Trump glaubt bis heute, er sei Präsident der Vereinigten Staaten von Amerika.

Wie sonst kaum etwas eignet sich die Klimakrise dazu, geleugnet zu werden. Es gibt kein Foto von ihr, keine Filmaufnahme, sie ist nirgends beheimatet, man kann sie nicht berühren, nicht mit ihr diskutieren. Man kann auch keinem Feuer speuckenden Vulkan ins Gewissen reden oder das Gespräch mit einem heranrasenden Tsunami suchen, doch würde niemand leugnen, dass beide real und gefährlich sind. Im einen Fall verkohlt, im anderen ersäuft man. Die Klimakrise aber *behauptet* zu existieren. Sie lebt in Symptomen, so wie Gott (für Gläubige) in Symptomen lebt. Wer will, kann aus Symptomen auf Gottes Existenz schließen. Der Unterschied zwischen der Klimakrise und Gott ist, dass Gott Glaubenssache, der Klimawandel hingegen wissenschaftlich erwiesen ist. Nicht an den Klimawandel zu glauben, ist eine Position der Ignoranz.

Klimaleugner nennen sich gerne Skeptiker. Tatsächlich sind sie das genaue Gegenteil. Der Skeptiker sucht Wahrheit. Der Klimaleugner arbeitet der Wahrheitsfindung entgegen, und das macht ihn gefährlich. Denn dabei richtet er beträchtlichen Schaden an. Nicht nur leugnet er den anthropogenen Klimawandel, er verbreitet zudem Fake News, verzerrt Forschungsergebnisse und hintertreibt Bemühungen, künftige Generationen zu schützen. Stellen Sie sich einen Unfallort vor. Sanitäter versuchen, den Verletzten zu helfen. Der Leugner verstellt ihnen den Weg und verkündet: Hier gibt's keinen Unfall! Dann wiegelt er andere auf, die Rettungskräfte vom Helfen abzuhalten.

Was treibt solche Leute an?

Profanes, Banales. Viele Leugner wissen, dass sie auf der falschen Seite stehen. Ein Anerkenntnis der Klimakrise würde ihre Interessen schädigen, also behaupten sie das Gegenteil, so wie ExxonMobil, die ihre eigene Forschung diskreditierten. Andere haben keine klare Haltung und entschließen sich, die für sie vorteilhafteste Position einzunehmen. Und es gibt solche, die wie Kinder glauben, etwas Unliebsames könne durch Wunschdenken verschwinden, Pippi Langstrumpf lässt grüßen: Ich mach mir die Welt, wie sie mir gefällt (geht es Ihnen auch so, dass Sie das schöne Liedchen nicht mehr unbeschwert hören können, seit Andrea Nahles es im Bundestag gesungen hat?). Sollten Sie sich im Klimaschutz engagieren, werden solche Leute früher oder später Ihren Weg kreuzen. Mit ihnen zu reden, ist Zeitverschwendung. Es reicht, »eu«

durch »ü« zu ersetzen, und aus Leugner wird Lügner. Dennoch ist es hilfreich, zu wissen, welche Art Leugner Sie vor sich haben, hier die gängigen Haltungen:

Ablehnend
Es gibt keinen menschengemachten Klimawandel. Punkt.

Angriffslustig
Es gibt keinen menschengemachten Klimawandel. Der IPCC und die Klimaforscher haben ihn erfunden (manchmal auch die Kommunisten oder Bill Gates). Sie wollen unsere Wirtschaft zerstören und uns versklaven. Dafür gehören sie vor Gericht, man muss sie jagen und bekämpfen.

Infrage stellend
Wahrscheinlich gibt es keinen menschengemachten Klimawandel, weil es den angeblichen Konsens in der Wissenschaft nicht gibt. Er ist eine Erfindung.

Interpretierend
Stimmt, es gibt Daten, die auf einen menschengemachten Klimawandel hindeuten. Aber nur, weil sie falsch interpretiert werden. Richtig interpretiert zeigen sie, dass wir keinen Einfluss auf das Klima nehmen.

Nicht restlos überzeugt
Könnte stimmen, dass es einen menschengemachten Klimawandel gibt. Wir würden ja handeln, aber es liegen nicht genügend wissenschaftliche Beweise vor (und werden nie vorliegen), um Maßnahmen zu rechtfertigen.

Implizierend

Ja, alles spricht für den menschengemachten Klimawandel, aber man kann nicht erwarten, dass Menschen darum ihre Lebensweise ändern. Es würde die Gesellschaft überfordern und wäre in der Praxis nicht durchsetzbar. Unser politisches und wirtschaftliches System hielte dem Stresstest nicht stand.

Relativierend

Ja, es gibt einen menschengemachten Klimawandel, aber er kann uns nichts anhaben. Erstens war Wirtschaftswachstum immer positiv und wird es weiter sein. Zweitens haben Menschen noch jede existenzielle Krise gemeistert. Drittens entwickelt sich der technologische Fortschritt mit einer Geschwindigkeit, dass Lösungen gefunden sein werden, bevor die Klimakrise überhaupt erst zur Katastrophe werden kann.

Frömmelnd

Der Klimawandel gehört zu Gottes Plan. Gottes Plan stellt man nicht infrage, schon gar nicht korrigiert man ihn. Die rechten Glaubens sind, wird der Herr belohnen.

Beschönigend

Ja, es gibt einen menschengemachten Klimawandel, aber er wird Gutes bringen. Die Sahara wird sich in ein blühendes Paradies verwandeln, am Polarkreis können Menschen künftig Ackerbau betreiben. Die Folgen werden paradiesisch sein.

Klimaleugner handeln nach der Maxime, dass etwas wahr oder unwahr wird, wenn genügend Leute daran glauben bzw. es bezweifeln. Als Donald Trump Wahlfälschungsvorwürfe erhob, musste er es nur oft genug wiederholen – das Narrativ war in der Welt. Tatsächlich gab es nicht den mindesten

Beweis, doch seine Anhänger machten es zu ihrer Wahrheit. Gleiches geschieht, wenn Klimaleugner die berühmten alternativen Fakten erschaffen. Diese Leute sind keine Einzelfälle. Sie bilden eine Fraktion, einen Machtfaktor. Widmen wir ihnen einen vertiefenden Blick.

DIE ORGANISIERTEN TRUPPEN

Klimaschutz und Wirtschaftswachstum, das scheint schlecht zu passen. Eine hartnäckige Fehleinschätzung. Schuld ist nicht der Kapitalismus, sondern seine außer Kontrolle geratene Turboversion. Schon in den Sechzigern zogen junge Leute in den USA (und Westeuropa) dagegen zu Felde. Umweltschutzbehörden entstanden. Die fossilen Industrien, Landwirtschaft und Fischerei fürchteten die zu erwartenden Restriktionen wie herannahende Torpedos. Die Schaffung der US-Umweltbehörde verhieß aus ihrer Sicht ebenso wenig Gutes wie das gerade gegründete Anti-Atom-und-Walfang-Kollektiv Greenpeace, das der abgeschlafften Hippie-Szene neuen Sinn und Inhalt gab. Umweltschutz wurde Pop. Die nassforschen Freunde aus Vancouver organisierten Konzerte, Joan Baez und Joni Mitchell jubilierten für die hehre Sache. Greenpeace erzielte wichtige Erfolge gegen Atomversuche, erwirkte Naturschutzauflagen und gewann mit dem klaren Bekenntnis zur Gewaltfreiheit weltweit Sympathien.

Es war nur eine Frage der Zeit, dass die Aktivisten auch über die Gefahren einer anthropogen beschleunigten Erderwärmung sprachen und renommierte Forscher auf ihre Seite brachten. In der Wissenschaft war Umweltschutz lange schon Common Sense. Wie zum Trotz hinterließen Konzerne und Regierungen nun erst recht Godzilla-große ökologische Fußabdrücke und steckten aberwitzige Summen in den Aufbau einer Gegenbewegung, um ihr mal kommerziell, mal religiös geprägtes Gedankengut unter die Menschen zu bringen. Flaggschiff der Gegenoffensive wurde die Washingtoner Heritage Foundation, ein Thinktank, der die konservative US-Politik Ronald Reagans über George W. Bush bis hin zu Donald Trump maßgeblich prägte. Kein Thinktank hat je größeren Einfluss auf die Politik einer Supermacht genommen. Die Foundation propagiert ein Minimum an Staat bei maximaler persönlicher und wirtschaftlicher Freiheit, will angeblich uramerikanische Werte zementieren und das Recht auf Waffenbesitz stärken. Sie tituliert Russland als »Reich des Bösen«, gilt als Architekt des Irak-Krieges und empfiehlt den militärischen Erstschlag. Kaum überraschend lehnt sie Klimaschutz ab wie Krätze. Die Heritage Foundation ist *das* Bollwerk gegen alles, was sich grünen Gedankenguts verdächtig macht. Die Republikaner lieben sie.

Nachdem der Kommunismus als Feindbild ausgedient hat, haben Amerikas Konservative im Klimaschutz die Bedrohung schlechthin ausgemacht. Aus Sorge vor Imageschäden wettern viele aber nicht mehr persönlich gegen Klimaschutz, sondern finanzieren das globale Leugner-Netzwerk unter der Hand. Neben Thinktanks werden fragwürdige Institute, Gegenexperten und reaktionäre Politiker gesponsert, maßgeblich von der Öl, Gas und Kohle fördernden Industrie, außerdem fließen Zuwendungen von den amerikanischen Autobauern, aus dem Bergbau und der Landwirtschaftslobby.

Unter George W. Bush, der die Klimaforschung offensiv bekämpfte, ging das Konzept auf. Mittlerweile ist die Klimaschutzbewegung nicht mehr so leicht einzuschüchtern. Entsprechend härter schlägt die Leugner-Szene zurück. Obamas Präsidentschaft, der Nobelpreis für den IPCC, all dies konnte nicht unbeantwortet bleiben. Als einige Unternehmen 2009 ausscherten und im Schulterschluss mit den Klimaschützern die Einführung eines Emissionshandelssystems beantragten, demonstrierte die Gegenseite ihre Überlegenheit, ließ sich ihre Verhinderungskampagne eine halbe Milliarde Dollar kosten, und die Sache war erst mal vom Tisch.

Seitdem ist die Front der Leugner löchrig geworden, wenn auch kaum schwächer. Mehr Unternehmen schreiben sich jetzt Klimaschutz auf die Fahne, doch hinter den Kulissen toben Schlachten. Schützer und Leugner kämpfen mit dem Scheckbuch im Anschlag. Umweltverbände und Produzenten erneuerbarer Energien sponsern Wahlkämpfe ebenso vehement wie ihre Gegenspieler, allerdings sind deren Scheckbücher dicker. Zwischen 2010 und 2018 ließen BP, Shell, Total, ExxonMobil und Chevron mehr als 200 Millionen Dollar springen, um im EU-Parlament Stimmung gegen Klimaschutzmaßnahmen zu machen, zweihundert Lobbyisten treiben ihr Unwesen in Brüssel. Stetig befördert die fossile Schmiermaschine handzahme Politiker ins Amt, siehe Australiens Premier Scott Morrison, siehe Trumps Kabinett, das ausschließlich aus Klimaleugnern bestand. Doch auch Joe Biden und Kamala Harris können immense Summen mobilisieren, gestärkt durch US-Branchenriesen, die auf E-Mobilität und grünen Wasserstoff setzen. Biden ist nicht so naiv, zu glauben, er habe mit der Wahl die Schlacht gewonnen. Es kann noch heftig werden.

Eine andere Klimaleugner-Front agiert abseits klassischer Medien, sitzt nicht in Konzernetagen, Parlamenten und Instituten und ist trotzdem überaus einflussreich: Blogger und Youtuber. Auch in den sozialen Medien wird der heilige Klimakrieg ausgetragen. Auf den ersten Blick sind die oft flott gedrehten, professionell gestalteten Videos und Blogs der Leugner von seriösen Beiträgen kaum zu unterscheiden. Erst nachdem man sich eine Menge Schwachsinn reingezogen hat, regt sich der Gedanke, da seien schräge Vögel am Werk. Vielen jedoch gefällt der pseudowissenschaftlich angerührte Quark (nicht zu verwechseln mit ›Quarks & Co‹, sehr cool!), also wird er ohne Nachdenken gelikt und geteilt. Das Web ist ein immer warmer Inkubator, die Fake-News-Zellteilung nicht zu stoppen, zumal all die Blogs, Podcasts und Onlinemagazine der Klimaleugner aufeinander verweisen. Quotenrenner ist ›Watts up with that‹, ein Sammelsurium irreführender Artikel und Statistiken des ehemaligen Wetterfroschs Anthony Watts, der sehr geschickt vorgeht: Vordergründig teilt er die Positionen der Klimaschützer, flicht jedoch Fake News ein, die Zweifel säen. Weil die Hälfte dessen, was Watts verbreitet, nachweislich stimmt, scheint die andere Hälfte auch zu stimmen.

Eine besonders abenteuerliche Gruppierung ist das Europäische Institut für Klima & Energie EIKE, was *per nomen* erst mal klasse klingt. Tatsächlich ist EIKE ebenso wenig ein wissenschaftliches Institut, wie Entenhausen die Hauptstadt von Amerika ist. Manche der aktiv geführten Mitglieder müssten zwecks Vollversammlung aus ihren Gräbern kriechen, in denen sie laut Sterbeamt liegen. Fast alle noch Lebenden sind Publizisten, Wissenschaftler und Politiker im Ruhestand. Klimaforscher gibt's bei EIKE keine. Der Physiker und Wissenschaftsmoderator Harald Lesch berichtet, er habe den Verein 2017 in Jena besuchen wollen, am Hauptsitz aber nur einen Briefkasten vorgefunden. EIKE bestreitet das ebenso wie den Klimawandel. Wahrscheinlich hat Lesch seine Brille vergessen, und da stand ein 30-stöckiger Glaskasten mit Leuchtbeschriftung. Immerhin gibt es eine Programmatik. Man sei ein »Zusammenschluss einer wachsenden Zahl von Natur-, Geistes- und Wirtschaftswissenschaftlern, Ingenieuren, Publizisten und Politikern, die die Behauptung des menschengemachten Klimawandels als naturwissenschaftlich nicht begründbar und daher als Schwindel gegenüber der Bevölkerung ansehen«. Kapiert? Die wollen nur *Ihr* Bestes! Leugner seien sie aber nicht! Vielmehr Skeptiker und Realisten. Die AfD orientiert ihre Klimapolitik (wenn man das so nennen will) an EIKE. Wer hätte das gedacht? Muss man noch erwähnen, dass seriöse Klimaforscher in sozialen Medien denunziert, Opfer von Shitstorms, Mobbing und physischer Bedrohung werden? Unbedingt!

VERSCHWÖRUNGSTHEORETIKER

Vor nicht langer Zeit fuhr mich ein Taxifahrer von einer Veranstaltung nach Hause. Ich hatte dort über die Einflussnahme von Internetkonzernen auf das Konsumverhalten und die öffentliche Meinung gesprochen. Es war weit nach Mitternacht, und wir redeten. Ich mag Kölner Taxifahrer. Sie sind gesprächig. Unaufgefordert erklären sie einem, wonach man nie gefragt hätte. Ein Freund von mir hat einmal seine Sauerländer Mutter vom Bahnhof abgeholt. Sie nahmen ein Taxi zu seiner Wohnung, und während der Fahrt fraßen sich mein Freund und der Taxifahrer wie Holzwürmer durch die dicksten Bretter der Weltpolitik, bevor sie sich der alles entscheidenden Frage zuwandten, ob der FC den Abstieg verhindern kann. In angeregter Konversation verbrachte man noch eine Minute mit laufendem Motor vorm Haus. Die letzten Gesprächsschwaden verflogen, es wurde gezahlt, ein herzliches Adieu entboten. »Woher kanntest du den?«, fragte Mama treppauf zur Wohnung. »Ich kannte den nicht«, sagte mein Freund.

Mit so was bringen wir Kölner andere Menschen aus wortkargen Kulturkreisen (etwa dem Sauerland) regelmäßig aus der Fassung. Jeder quatscht in Köln mit jedem, aber ich sage Ihnen, auf diese Weise erfährt man eine Menge, was einem sonst verschlossen bliebe. So auch in jener rabenschwarzen Nacht. Der Fahrer, ein Typ mittleren Alters ohne besondere Auffälligkeiten, zeigte Interesse am Thema meiner Veranstaltung. Verdeckte Einflussnahme – damit kannte er sich offenbar aus.

TAXIFAHRER: Die meisten wissen gar nicht, wer die Welt regiert.
ICH: Wenn Sie die Internetkonzerne meinen –
TAXIFAHRER: Ja, die haben uns am Wickel!
ICH: Sagen wir mal so: Das Internet an sich ist eine feine Sache. Nur, wenn Sie Google was fragen, also den Algorithmus, erzählen Sie etwas über sich. Ohne zu wissen, wer alles von Ihren Daten profitiert und –

Er hörte schon gar nicht mehr zu. Sei kein Klugscheißer, dachte ich, bisschen spät für schwere Kost. Während ich noch nach luftigeren Themen suchte, schaute er mich an und sagte:

TAXIFAHRER: Sie wissen es wirklich nicht, oder?
ICH: Was denn?
TAXIFAHRER: Wer uns regiert. Wer die Welt regiert.
ICH: Ich meine es zu wissen.
TAXIFAHRER: Nein, wissen Sie nicht. Sie halten gelehrte Vorträge und sind doch völlig ahnungslos.
ICH: Okay.
TAXIFAHRER: Sie Armer (es klang eher wie »Sie Schwachkopf«).
ICH: Und wer regiert uns nun?
TAXIFAHRER: Echsen.

176

Sie müssen sich das bildlich vorstellen. Im Moment, als er Echsen sagte, schlichen wir durch einen desperaten Kreisverkehr. Kaum Menschen waren unterwegs, die Straßenlaternen beleuchteten sich selbst, eine gespenstische Stimmung. Sein Blick haftete auf mir, durchdringend und fiebrig glänzend, die Hände am Lenkrad führten ein Eigenleben.

ICH: Ob Sie wohl bitte auf die Straße gucken –
TAXIFAHRER: Drei Meter große Echsen. Sie leben im Innern der Erde. Dass die Erde hohl ist, wissen Sie aber, oder? Da leben sie. Wir werden jeden Tag belogen. Angela Merkel ist eine Echse. Obama ist auch eine.

Wir fuhren ein zweites Mal durch den Kreisverkehr. Er schien beschlossen zu haben, sich darin häuslich einzurichten, während er mir sanft, aber bestimmt klarmachte, dass sogenannte Reptiloide unsere Geschicke aus dem Innern der Erde lenkten. Ich versuchte, mich zu erinnern. Hatte ich an der Kanzlerin schon Echsenartiges bemerkt? Sie konnte ja recht reglos sein. Vielleicht hatte ich nie richtig hingeschaut. Geschah es in unbeobachteten Momenten, während vorne die AfD oder die Linke redete, dass ihre Zunge hervorschoss und eine Fliege von Altmaiers Kragen fischte? Und Obama, hatten da nicht schon die Republikaner Zweifel gesät, ob er wirklich in den USA geboren war? Kam der vielleicht von ganz woandersher?

Abgründe taten sich auf. Offenbar glaubte der Zeitgenosse das Ganze. Flapsige Bemerkungen meinerseits lockerten die Stimmung keineswegs auf, stimulierten ganz im Gegenteil seinen Mitteilungswillen. Weil ich nicht den Rest der Nacht im Kreisverkehr verbringen wollte, stellte ich jedweden Widerspruch ein, wir schafften es vor meine Haustür, ich zahlte und sah zu, dass ich Land gewann.

Ich erzähle Ihnen die Geschichte, um Ihnen einen Eindruck von der Ernsthaftigkeit zu vermitteln, mit denen Anhänger von Verschwörungstheorien noch die aberwitzigsten Überzeugungen über jedes gesicherte Wissen stellen. Man könnte meinen, sie seien einfach nicht hinreichend informiert. Würden sie die Fakten kennen, ließen sie ab von ihren Fantasien, aber das ist eine Fehleinschätzung. Verschwörungstheoretiker erklären Fakten zu Lügen und teilen die Menschen in drei Lager: Die, die Lügen verbreiten (und auch mal Echsen sein können), die darauf reinfallen (fast alle) und die Wissenden (sie selbst). Die Wissenden haben alles durchschaut. Sie sind im Stand der Erleuchtung. Je mehr Sie also argumentieren, desto offenkundiger wird in den Augen des Verschwörungstheoretikers nur, wie fein gewirkt das Netz der Täuschung ist, in dem Sie Vollpfosten sich natürlich verheddert haben.

Noch etwas ist zu beachten: Das Misstrauen der Verschwörungstheoretiker richtet sich nicht so sehr gegen die Fakten, sondern gegen jene, die sie verbreiten. Sich von der Schwerkraft oder Kugelgestalt der Erde abzugrenzen, ist an sich langweilig. Der Reiz besteht darin, Teil einer Community zu werden und ein sinistres Herrschaftskomplott aufzudecken. Der Verschwörungstheoretiker lebt von seinen Gegnern. Erst im Kampf gegen sie gewinnt er an Bedeutung, wird er vom Niemand zum Jemand. Ohne Gegner gäbe es keine Verschwörungstheorien und auch keine elf Staffeln ›Akte X‹. Was allerdings schade wäre.

Viele Menschen glauben zum Beispiel, die Erde sei eine Scheibe. Bei einer Scheibe jedoch würden die Gravitationsgesetze ihre Gültigkeit verlieren. Die sorgen dafür, dass der Apfel zu Boden fällt, und zwar immer zum Mittelpunkt der Erdkugel. Wirft man ihn in die Höhe, so wissen wir, kommt er zurück. Bei einer flachen Erde würde das nicht funktionieren.

Doch, sagen die Flacherdler, würde es wohl, die Scheibe befindet sich ja wie ein Hochgeschwindigkeitsfahrstuhl in ständiger Aufwärtsbewegung. Werfe ich den Apfel in die Luft, holt die Scheibe ihn ein, was die Illusion erzeugt, er fiele hinab.

Ähnlich wunderliche Thesen gibt es, wie Sie sich denken können, zum Klimawandel. Was Sie wissen müssen, wenn Sie mit einem Verschwörungstheoretiker über den Klimawandel diskutieren, ist, dass Sie niemals gewinnen können. Der größte Fehler wäre, ihn darauf aufmerksam zu machen, dass praktisch alle seriösen Forscher über den anthropogenen Klimawandel Einigkeit bekunden. Wir haben gesehen, dass das schon bei den »ganz normalen« Leugnern nicht funktioniert. Verschwörungstheoretiker sind Leugner im ultimativen Stadium! Was immer Sie sagen, nehmen sie als Beweis, dass eine gigantische Konspiration im Gange ist. Die Forscher, na, die haben sich natürlich verschworen. Zu Tausenden. Man fragt sich, wo das Hinterzimmer liegt, in dem die alle Platz fanden, aber das hat mein Taxifahrer schlüssig beantwortet: Im Erdinnern hat noch jede Weltverschwörung ein Zuhause gefunden. Hier die gängigsten Klima-Verschwörungstheorien im Überblick, jeweils mit Gegenposition:

Verschwörungstheorie
Wissenschaftler sind klamm. Klimaforscher wollen durch Verbreitung der Klimalüge Forschungsgelder abgreifen.

Wahrheit
Staatliche Forschungsgelder fließen nur, wenn technologische Durchbrüche oder völlig neue Erkenntnisse zu erwarten stehen. Die Faktenlage in der Klimaforschung ist jedoch bekannt. Es gibt kaum Fördergelder für die Klimaforschung.

Verschwörungstheorie

Die Klimalobby unterdrückt kritische Meinungen. Wer vom Klimakrisenkonsens abweicht, wird wie im Mittelalter als Ketzer behandelt und mundtot gemacht. Klimaskeptikern geht es wie Galileo Galilei, der seiner fortschrittlichen Ansichten wegen verfolgt wurde. Am Ende behielt er recht.

Wahrheit

Genau andersherum. Galileo Galilei stellte Aufklärung und Wissen gegen blinden Glauben. Klimaleugner stellen blinden Glauben gegen Aufklärung und Wissen. Die Klimaforschung beruft sich explizit auf fortschrittliche Denker wie Galilei, die gegen Rede- und Denkverbote zu kämpfen hatten.

Verschwörungstheorie

Klimaforschung ist kommerziell motiviert. Solar- und Windkraft-Lobbyisten haben den Klimawandel erfunden, um mit ihren Technologien das große Geld zu machen.

Wahrheit

Die nachhaltigen Branchen sind erst als Reaktion auf die Klimakrise und schwindende Ressourcen entstanden. Warum sollte jemand Technologien erfinden, die kein Mensch braucht, um dann das dazugehörige Problem zu konstruieren? Ideologisch motiviert ist nachweislich die Szene der Klimaleugner, die von klimafeindlichen Industrien wie der Öl- und Kohlebranche in großem Stil finanziert wird.

Verschwörungstheorie

Dokumente beweisen, dass es keinen Klimawandel gibt. 2009 gelangten Hacker durch einen als *Climategate* bekannt gewordenen Angriff auf das Klimaforschungszentrum der

University of East Anglia in den Besitz von Daten (und stellten diese ins Netz), die belegen, dass der anthropogene Klimawandel ein Schwindel ist.

Wahrheit
Climategate wurde aufgeklärt. Hacker hatten Forschungsdokumente gestohlen, Daten und Zitate aus dem Zusammenhang geschnitten und zu einer neuen, sinnverzerrenden Version zusammengestellt, die den Anschein eines Klimaschwindels erweckte.

Werden Verschwörungstheorien widerlegt, wie im Fall *Climategate*, behaupten deren Verfechter, die Widerlegung sei ebenso Teil der Verschwörung. Untersuchungskommissionen, Anwälte, Richter, Klimaforscher, alle steckten unter einer Decke. Wie man Hunderttausende in einen Schwindel Involvierte daran hindert, diesen zu überprüfen bzw. sich zu verplappern oder das Lager zu wechseln, auch darauf haben die Verschwörungstheoretiker Antworten: Bedrohung der Familien, Hypnose, Schmiergeld. Der Fantasie sind keine Grenzen gesetzt. Fakt ist, Sie haben gegen diese Leute keine Chance, denn ihre stärkste Motivation ist der persönliche Bedeutungsgewinn. Würden sie zugeben, sich geirrt zu haben, verschwänden sie in der Irrelevanz – so können sie weiterhin auf Kongressen und im Internet Vorträge halten, Bücher verkaufen und sich im Licht der Aufmerksamkeit sonnen. Eine der beliebtesten Verschwörungstheorien kennen Sie wahrscheinlich, der zufolge wir niemals auf dem Mond waren. Dazu sagte Ernst Stuhlinger, Direktor des NASA-Raumforschungszentrums in Alabama und Weggefährte Wernher von Brauns: »Der Weg zum Glauben ist kurz und bequem, der Weg zum Wissen lang und steinig.« Vielfach ist Bildungsschwäche Triebfeder von

Verschwörungstheoretikern, Bildung mithin die wichtigste Waffe im Ringen um Wahrheit, gerade im Klimaschutz. Allerdings gibt es auch gebildete Verschwörungstheoretiker, die aus kommerziellen Interessen dummes Zeug erzählen und ihre Anhängerschaft bewusst unter Halbgebildeten rekrutieren. Mit allen diesen Leuten schlägt sich die Klimaforschung herum. Tun Sie es nicht! Lassen Sie die Wirrköpfe stehen, vergeuden Sie nicht Ihre Kräfte. Es gibt so viel Sinnvolles, das Sie tun können.

Was, lesen Sie im nächsten Teil.

TEIL 6

HANDELN

WER WIR SIND UND SEIN KÖNNEN

Es gibt ein paar Eigentümlichkeiten in unserem Verhalten, die es zu untersuchen lohnt. Nicht, um bessere Menschen zu werden. So schlecht sind wir gar nicht (die meisten von uns jedenfalls), bleiben aber unter unseren Möglichkeiten. Der Grund dafür ist, dass die Saurier eben doch nicht komplett ausgestorben sind. Als sie im Asteroidenblitz das Zeitliche segneten, hinterließen sie der Nachwelt das sogenannte Reptilienhirn – eine etwas unscharfe Bezeichnung für den evolutionär ältesten Teil unseres Gehirns, der seit rund 500 Millionen Jahren sämtliche Wirbeltiere kennzeichnet, auch nichtreptiloide, aber es macht halt Spaß, sich vorzustellen, wir trügen alle ein bisschen T-Rex in uns spazieren. Während viele Wirbeltiere im Laufe ihrer Entwicklung das limbische System und den Neokortex hinzugewonnen haben, müssen sich Echsen bis heute fast sämtlich mit der Erstausstattung zufriedengeben.

Das Reptilienhirn, besser bekannt als Stammhirn, liest weder Shakespeare, noch kennt es die Kunst der feinen Ausdifferenzierung. Dafür regelt es ganz prima Herzschlag, Atmung, Nahrungsaufnahme und Verdauung. Es kann unfassbar vieles gleichzeitig. Während Sie diese Zeilen lesen, zersetzt Ihr Organismus die letzte Mahlzeit, läuft Ihr Stoffwechsel auf Hochtouren, wird Blut durch Ihre Adern gepumpt. Das Stammhirn ist die perfekte Steueranlage Tausender automatisierter Prozesse und verfügt über drei Notfallknöpfe: Erstarrung, Flucht und Kampf. Es reagiert auf Sinneseindrücke. Wittert oder sieht es Nahrung, lauten seine Kommandos: Jagen, Fressen. Ganz oben auf seiner Prioritätenliste steht, sich unmittelbare Vorteile zu verschaffen. Nicht durch Verhandeln, durch Zuschlagen.

Im Überlebenskampf haben wir davon profitiert. So ein Reptilienhirn ist eine feine Sache, und für Shakespeare haben wir ja den Rest. Andererseits drängt sich das Reptil oft in den Vordergrund, wenn wir es am wenigsten gebrauchen können. Etwa, wenn es darum geht, unser persönliches Handeln weitsichtig auf die Bedürfnisse der Allgemeinheit abzustimmen, Ressourcen zu schonen und kurzfristige Vorteile gegen langfristig negative Folgen abzuwägen. So richtig schlecht sind wir auch darin übrigens nicht. Aber eben auch nicht richtig gut. Darum haben wir eine Klimakrise, darum predigt man Kindern gebetsmühlenartig »Teil's dir ein«, woraufhin sie die Tafel Schokolade doch in einem Rutsch runterschlingen, darum sehen wir die Wand und fahren dagegen.

Wir können nicht ändern, wer wir sind. Aber wir können unser Verhalten zum Besseren wenden, wenn wir verstehen, *warum* wir sind, wer wir sind. Bevor wir also in konkrete Handlungsoptionen einsteigen, mache ich Sie mit zwei Theorien vertraut. Schon wieder Theorien, werden Sie sagen, wollten wir nicht über Action sprechen? Absolut. Damit haben die Theorien zu tun. Sie sind sozusagen die Software für Action im Klimathriller. Falls sie nicht schon in Ihrer Großhirnrinde installiert sind, erlaube ich mir, das nachzuholen. Die erste Theorie ist die –

Theorie von der Tragik des Allgemeinguts

Klingt, als hätten Peter Handke und die Wirtschaftsweisen zusammen einen Besinnungsroman geschrieben. Urheber des sperrigen Begriffs ist der US-Ökologe Garrett Hardin: »Niemand misst einem Besitz, der allen frei zur Verfügung steht, einen Wert bei, weil jeder, der so tollkühn ist, zu warten, bis er an die Reihe kommt, schließlich feststellt, dass ein anderer

186

seinen Teil bereits weggenommen hat.« Sprich, frei verfügbare Güter werden nach anfänglicher Kooperation hemmungslos geplündert. Eigeninteresse siegt über Allgemeinwohl. Bloß schnell seinen Anteil sichern! Die Tragödie des Allgemeinguts besteht darin, dass es bis zur Neige ausgebeutet wird. Weil es nichts kostet (kein Wald-, Wasser- oder sonstiger Geist erhebt eine Nutzungsgebühr), wird es trotz seiner Wichtigkeit nicht wertgeschätzt, also gehen wir nicht rücksichtsvoll damit um. In unserer Wohnung würden wir kaum die Bananenschale auf den Teppich werfen, in der öffentlichen Grünanlage aber ins Gebüsch. Zu Hause pinkeln wir nicht in die Ecken, sondern in die Schüssel und reinigen sie anschließend. Aus öffentlichen Toiletten will man meist rückwärts wieder rausgehen. Stopp, sagen Sie, ich mach solche Sauereien nicht! Glaub ich Ihnen sofort. Ich auch nicht. Aber viele tun es. Und mal ehrlich – pflegen wir alles Öffentliche immer so, wie es geboten wäre?

Die Tragik ist laut Hardin, dass jeder mit Zugang zu kostenlosen, öffentlichen Ressourcen, die sich gewinnbringend ausnutzen lassen, versuchen wird, seinen Gewinn zu maximieren – schon, weil die anderen es auch tun und er ins Hintertreffen geraten könnte. Ein Wettlauf setzt ein, die Nachfrage steigt, mit dem Ergebnis, dass die Ressource schwindet. Nun reicht sie nicht mehr für alle. Aber alle tragen die Kosten des Raubbaus. Im Grunde war das vorher klar. Doch der sofortige Gewinn überstrahlt die langfristig absehbaren Verluste, der T-Rex spielt seine Macht aus, die Vernunft wispert »Halte Maß«, aber was machst du gegen einen hungrigen T-Rex? So beschleunigt jeder den Ruin der Gemeinschaft und damit seinen eigenen. Überfischung, Plünderung fossiler Ressourcen, Dezimierung von Wildtierbeständen, Abholzung von Wäldern, Vergiftung öffentlicher Gewässer und Landflächen durch Pestizide und Überdüngung, Verschmutzung der Atmosphäre – in der Tragödie vom Allgemeingut gibt es keine Gewinner, nur den völligen Zusammenbruch im letzten Akt.

Das hat uns in die Situation gebracht, in der wir jetzt sind. Hardins Theorie liest sich wie ein Naturgesetz des Scheiterns. Aber lässt sich die Tragödie vielleicht umschreiben? Wir leben schließlich in einem Thriller. Ganz was anderes als eine Tragödie. Im Thriller gibt es Helden und Lösungen. Und tatsächlich gibt es Lösungsansätze: Verwaltende Institutionen und Rechtssysteme, dank derer eben nicht jeder machen kann, was er will. Norwegen ist exemplarisch: die Einrichtung des Staatsfonds für Öleinnahmen. Klug investiert kommen sie der Allgemeinheit zugute, statt in die Taschen Einzelner zu fließen. Was auf kommunaler und staatlicher Ebene, im Rahmen lokaler Jurisdiktion, funktioniert, klappt auf internationaler Ebene leider weniger gut. Wie gelangt man dort zu Mäßigung und Kooperation? Der freie Zugang zum Internet ist ein Beispiel für die weltweite Nutzung gemeinsamer Ressourcen, und leider kein positives – schaut man genau hin, sind es viel zu wenige Player, die das Web finanzieren. Die große Mehrheit steuert nichts bei, sondern gibt sich dem Umsonst-Rausch hin (ein vermeintliches Umsonst, denn sie zahlen mit ihren persönlichen Daten). Solche Vorgänge zu verstehen, hilft uns Theorie Nummer zwei, die –

Spieltheorie

Vom Tag an, da wir von den Bäumen stiegen, wurden wir zu Spielern, denen das Leben unentwegt Entscheidungen abverlangt. Die Spieltheorie untersucht explizit Entscheidungsprozesse, bei denen mehrere Beteiligte zusammenkommen, also Kooperation gefragt ist. Es gibt etliche Versuchsanordnungen.

Hier eine klassische: Vier Teilnehmer, pro Person zehn Euro Startkapital. Die Spieler interagieren anonym, etwa per Laptop von zu Hause aus. Außerdem gibt es einen öffentlichen Topf, der dem Allgemeingut entspricht. Jeder kann nun Geld in den Erhalt und Ausbau des Allgemeinguts investieren. Was zusammenkommt, wird verdoppelt und durch vier geteilt. Hat jeder Spieler seine zehn Euro in den Topf gelegt, gelangen (inklusive Dividende) achtzig Euro zur Auszahlung, zwanzig pro Nase. Hundert Prozent Gewinnsteigerung. Ein Investorentraum. Alle freuen sich. Runde zwei. Wieder gibt jeder zehn Euro von seinen nunmehr zwanzig in den Topf. Erneut wird die Gesamtsumme verdoppelt, zu gleichen Teilen ausgezahlt. Runde für Runde. Alle gelangen zu Wohlstand, das Gemeingut blüht und gedeiht. Lerneffekt: Kooperation ist der Königsweg. Die Euros symbolisieren jede Art persönlichen Einsatzes für die Gemeinschaft: Zeit, Arbeit, Geld spenden, nach dem Grillfest den Müll einsammeln, in Umwelt-Startups investieren, eine Wohltätigkeitsstiftung ins Leben rufen, was auch immer. Mal gibt ein Spieler etwas mehr, mal weniger, aber solange alle mitmachen, profitieren sie. Es könnte paradiesisch weitergehen – wäre nicht das Interesse des Reptils geweckt. Aus der Stammhirn-Urtiefe raunt es Spieler A zu: »Sei schlau, Alter. Beim nächsten Mal behältst du deine Kohle.«

Was passiert? Nur drei Spieler zahlen ein. Sechzig Euro Ausschüttung. Da laut Spielregel der Topf immer geviertelt wird, schrumpft die Dividende. Fünfzehn Euro statt zwanzig für jeden. Die investiert haben, machen weiter Profit, aber nur noch halb so viel. Der Einzige, der absahnt, ist der Egoist: fünfzehn Euro zuzüglich zu den nicht investierten zehn macht fünfundzwanzig. Die anderen erkennen, dass da einer nicht mitgezogen hat, aber weil alle anonym spielen, weiß keiner, wer. Was tun? Nächste Schritte werden bedacht, derweil sich Spieler A das Gewissen schönredet. Rational betrachtet hat er richtig gehandelt. Oder? Guter Geschäftsmann. Außerdem, was, wenn die anderen nicht eingezahlt hätten? Dann wäre er der Einzige gewesen. Er hat nur sein Risiko gemindert, und weil das so gut geklappt hat, macht er es gleich noch mal, aber mittlerweile ist Spieler C ins Grübeln geraten. So verlässlich scheint das mit der Gewinnmaximierung nicht zu sein, und überhaupt, warum einen Egoisten mit durchziehen? In der nächsten Runde zahlt er ebenfalls nicht ein. Folgerichtig werden nur noch vierzig Euro auf die Spielgemeinschaft verteilt. Spieler B und D, die investiert haben, machen gar keinen Gewinn mehr, Spieler D reicht's, er steigt aus, Spieler B macht jetzt Verlust, steigt ebenfalls aus, das Spiel bricht zusammen. Keiner verdient noch einen Cent, das Allgemeingut verkommt.

Wie konnte das passieren? In Reptiliensprache übersetzt lautet die Antwort: Ich will meinen Vorteil *jetzt*: die Tafel Schokolade ganz alleine aufessen (bevor die kleine Schwester sie sieht), das große Steak verputzen (obwohl ich erst gestern eines hatte), den SUV fahren (obwohl der die Luft verpestet), auf die Bahamas fliegen (obwohl das die Luft noch mehr verpestet), die Ölquelle anbohren (obwohl ich besser einen Windpark bauen sollte), den Kabeljau abfischen (obwohl die Bestände gefährdet sind), meinen Jahresbonus einstreichen (obwohl Mitarbeiter entlassen werden). Was ich habe, kann mir keiner mehr nehmen. Stimmt. Mitunter ist die Einstellung sogar nachvollziehbar. Denn sie geht nicht immer mit Gier einher, oft auch mit Angst, Verunsicherung, Druck. Man ist in Not. Gestresst. Verdient zu wenig. Will, dass es der Familie gut geht. Sich was gönnen. Immer ranklotzen, die Bahamas hat man sich verdient! Man denkt: Um mich herum verzichtet keiner, warum ich? Wozu für meine paar Kröten

Bäume pflanzen, wenn Bolsonaro den kompletten Regenwald plattmacht? Soll der doch anfangen zu pflanzen. Warum auf mein Stückchen Fleisch und aufs Auto verzichten, wenn wir in Deutschland nur zwei Prozent zum Klimawandel beitragen und Amis und Chinesen rauschende CO_2-Partys feiern? Warum darf ich als Entwicklungsland kein Kohlekraftwerk bauen, wenn die, die es mir jetzt verbieten wollen, für ihr Wohlergehen Millionen Tonnen Treibhausgase emittieren?

Es gibt etliche Gründe, nicht zu kooperieren. Egoismus hat viele Gesichter und kennt viele Rechtfertigungen. In jedem Fall steht man besser da, wenn man seine zehn Euro behält. Aber eben darin liegt die Tragödie des Allgemeinguts, dass der schnelle persönliche Vorteil langfristig der Allgemeinheit zum Nachteil gereicht und damit einem selber. Diese vertrackte Situation nennen Ökonomen –

Das soziale Dilemma

Es gibt Nutzungsdilemmata, etwa wenn Überfischung dazu führt, dass Bestände schneller schrumpfen, als sie sich regenerieren können. Die Fischereikonzerne argumentieren mit dem Druck der Aktionäre, die kleinen lokalen Fischer mit dem Überlebensdruck, beide mit dem Erhalt von Arbeitsplätzen. So wird der Kipppunkt überschritten. Fisch ausgestorben, allen geht's dreckig. Fatalerweise führt genau diese Erkenntnis dazu, dass Fischer sich veranlasst sehen, noch mehr zu fischen. Wenn eh bald Schluss ist, warum nicht jetzt so viel rausholen wie möglich? Tue ich es nicht, tut es der andere. Verantwortungsvolle Fischer sehen sich im Hintertreffen und pfeifen ebenfalls auf Nachhaltigkeit. Kurzfristig steigen die Gewinne Einzelner, den Zusammenbruch bezahlen dann alle. Beitragsdilemmata wiederum entstehen, wenn eine Gemeinschaft in etwas investiert, sagen wir, in eine Dorfstraße, die dann auch von denen genutzt wird, die nichts beigetragen haben. Die Bereitschaft, sich zu engagieren, schwindet. Umweltdilemmata ergeben sich, wenn jemand, der in den Klimaschutz investiert, fürchten muss, dass andere nicht in gebotener Weise mitinvestieren. Er verliert sein Kapital, die Folgen der Erderwärmung treten trotzdem ein. Wie also bringt man Menschen aller Nationen dazu, sich geschlossen gegen den Klimawandel einzusetzen, wenn jeder für sich befürchten muss, am Ende der Dumme zu sein?

Wir haben gesehen, wie schnell eine Kooperation zusammenbricht, wenn Spieler ihren unmittelbaren Vorteil über das Gemeinwohl stellen. Umgekehrt gilt: Was allen am meisten nützt, nützt langfristig auch dem Einzelnen am meisten. Heute Maß zu halten hat den Vorzug, dass morgen niemand mit leeren Händen dasteht. Die meisten Menschen würden das sofort unterschreiben. Um die Tragödie vom Allgemeingut abzuwenden, brauchen wir ergo keine besseren Menschen, sondern –

Bessere Spielregeln

Das bestehende System belohnt die Egoisten. Nicht auf Dauer. Der Katzenjammer ist umso heftiger, kurzfristig aber profitiert, wer unkooperativ handelt, also sollten die neuen Spielregeln darauf ausgerichtet sein, Kooperationswilligkeit und Altruismus zu belohnen. Gemeinhin wird Altruismus definiert als selbstloses, uneigennütziges Handeln zum Wohle anderer, meist Schlechtgestellter. Mit Blick auf zuvor Gesagtes ahnen wir, dass der Altruismus so selbstlos gar nicht ist, eher eine besonders rücksichtsvolle Ausprägung des Egoismus – und genau das brauchen wir. Handeln zum Wohle der Allgemeinheit, den eigenen Vorteil vor Augen.

Sind zu wenige Altruisten im Spiel, lautet die Reaktion der anderen: »Schön blöd«. Übersteigt die Zahl der Altruisten die kritische Größe, können sie neue Handlungsnormen setzen. Sind genügend Spieler bereit, einen Teil ihres Gewinns dem Allgemeinwohl zu opfern, können sie zu gegenseitigen Übereinkommen gelangen, die auf umso größere Gewinne für alle hinauslaufen. Das Pariser Klimaabkommen, so unzureichend es im Rückblick sein mag, war dennoch eine Sternstunde der Kooperation: die absolute Mehrheit der Länder verpflichtete sich zu unbequemen Maßnahmen, Einschnitten und Systemumbauten. Noch Anfang des Jahrhunderts hätte Trumps Ausstieg vielen als Blaupause gedient, sich ebenfalls zurückzuziehen. Doch die stete Arbeit der Klimabewegung hat ein Umdenken erzeugt. Nun wurde Trump mehrheitlich Missbilligung zuteil. Blickt man auf die EU, ergibt sich auch da ein anderes Bild als noch vor Jahren. Sie mag defizitär sein, schwerfällig, beladen mit Regeln, die man nicht hätte aufstellen dürfen. Gut aber ist, dass die Unanständigen unter den Mitgliedern einen immer schwereren Stand haben. Wenn ein Viktor Orbán oder Mateusz Morawiecki die Gemeinschaft zu erpressen versuchen, damit sie bei sich zu Hause die Demokratie demontieren können, verlieren sie eklatant an Ansehen, und auch in ihren Ländern schlägt ihnen ein anderer Wind ins Gesicht.

Um nun die Regeln im Klimaspiel zu ändern, gibt es verschiedene Möglichkeiten.

Bestrafung

Egoisten werden aus der Kooperation ausgeschlossen und – sofern ihr Handeln einen messbaren Schaden für die Allgemeinheit verursacht – unmittelbar mit Abgaben belegt.

193

Umweltbelastende Unternehmen gehen ihrer Subventionen verlustig, staatliche und private Geldinstitute und Beteiligungsgesellschaften entziehen den Klimasündern ihre Unterstützung. Fossile Brennstoffe werden hoch besteuert, der CO_2-Preis erreicht ein Level, bei dem Kohlendioxid (und andere Schadstoffe) zu emittieren schlicht unrentabel wird. Egoisten müssen zudem befürchten, für den unkooperativ errungenen Vorteil in Zukunft bestraft zu werden, wie es den Öl- und Kohlekonzernen widerfährt, denen Klagen von klimageschädigten Ländern ins Haus flattern. Auch Regierende, die während ihrer Amtszeit Klimaschutz verschleppen, sehen sich späteren Prozessen ausgesetzt – durchgespielt wurde dieses Szenario 2020 im Fernsehfilm ›Ökozid‹.

Strafen funktionieren, beginnend mit Ticket-, Masken- und Verkehrskontrollen. Gelegentlich muss man den harten Weg gehen. Umweltsünder und Raubtierkapitalisten werden noch zu selten zur Verantwortung gezogen, die Strafen sind zu lasch. Allerdings birgt Bestrafung ein Problem: Sie ist unwirtschaftlich. Strafen und bestraft werden kostet beide Seiten Zeit und Geld. Oft ist der Aufwand so hoch, dass der Zugewinn aus künftiger Kooperationswilligkeit des Bestraften verpufft, besser also, man setzt auf –

Belohnung

Wer durch Kooperation zum Allgemeingut beiträgt, kommt in den Genuss kommunaler und staatlicher Vergünstigungen. Klimafreundliche Industrien, Initiativen, Produkte und Dienstleistungen werden finanziell gefördert, grünes Verhalten wie der Umstieg auf E-Mobilität wird subventioniert. Steuererleichterungen fördern die Bereitschaft, seinen ökologischen Fußabdruck zu verbessern. Zusätzliche Klimaprämien, etwa Rückzahlungen aus der CO_2-Steuer an die Bevölkerung, helfen insbesondere einkommensschwachen Haushalten. Wer CO_2-neutraler lebt, wird mit kostenlosen Jahrestickets für Theater, Kinos, Konzerte und Museen belohnt – als erste Weltstadt hat Wien die Einführung solcher Kultur-Tokens in Angriff genommen: Eine Motion-Tracking-App misst die zu Fuß, per Rad oder in öffentlichen Verkehrsmitteln zurückgelegten Wege und berechnet die CO_2-Einsparung. Einkaufsgutscheine für nachhaltigen, fairen Einzelhandel, Secondhandläden und Reparaturserviceläden bieten Anreize zu bewussterem Konsumverhalten. Unternehmen belohnen umweltbewusste Mitarbeiter, die Unternehmen wiederum werden von Staat, Land und Gemeinde gefördert, etwa durch Beihilfen für Fotovoltaik-Anlagen, um Strom für den firmeneigenen E-Auto-Park zu erzeugen, und so weiter und so fort.

Solche Maßnahmen können große Wirkung entfalten, zumal dann, wenn sie mit einem Strafsystem für unkooperatives Verhalten einhergehen. Allerdings haben auch Belohnungssysteme einen Haken. Ähnlich wie Strafmaßnahmen kosten sie Geld. Der finanzielle und zeitliche Aufwand macht einen Teil des Gewinns wieder zunichte. Außerdem hat die Spieltheorie etwas Interessantes zutage gefördert: Spieler für kooperatives Verhalten zu bezahlen, kann danebengehen, wenn diese um ihr Ansehen fürchten – dass nämlich die Öffentlichkeit glauben könnte, sie verhielten sich ausschließlich des Geldes wegen kooperativ. Damit kommen wir zur effektivsten Motivation für soziales Wohlverhalten, wirksamer als alles andere und zudem völlig kostenlos.

Der gute Ruf

Oder Reputation, wie's beliebt. Das Zauberwort schlechthin, wirksamer als »Expelliarmus!« und »Avada Kedavra!« zusammen:

»Reputatio!!!«

Bislang haben wir uns mit Spielen befasst, die den Spielern Anonymität gewährleisten. Nicht erkannt zu werden impliziert, nicht belangt zu werden. Darum dürfte eine altsteinzeitliche Höhle jede Autobahntoilette an Hygiene weit übertroffen haben, sehen öffentliche Urlaubsstrände aus wie Müllhalden, quellen Papierkörbe über, werden in Krisenzeiten Nudeln und Toilettenpapier gehortet (in Frankreich wenigstens Rotwein und Kondome), behalten Menschen ihre zehn Euro und sind auch noch stolz darauf, auf Kosten anderer Profit gemacht zu haben. Im Schutz der Anonymität wuchern Egoismus, Mobbing und Betrug. Das Internet hat seine lichten Weiten – Facebook mit seinen anonymen Shitstormern ist die Kloake. Nicht gesehen zu werden, fördert Fehlverhalten: Wer sich unbeobachtet wähnt, bohrt in der Nase. Schaut einer hin, ist der Finger draußen, wird dem Obdachlosen was gegeben, der Müll eingesammelt.

Rückfälle in egoistisches Verhalten, wenn keiner hinschaut, sind menschlich und gehen nicht zwangsläufig mit Niedertracht einher. So sind wir eben. Umgekehrt wollen wir glänzen und gut dastehen, sobald der Blick auf uns gerichtet ist. Die Königsdisziplin der wohlgefälligen Selbstdarstellung ist der Altruismus: anderen helfen, mehr geben, als man selbst bekommt, sich aufopfern. Das festigt den guten Ruf und ist vor allem klug, denn Gutes wird mit Gutem vergolten. Die Spieltheorie kennt dafür den Begriff Reziprozität. Klingt schrecklich, prizzlig, bruzzlig, wie ein doppelter Stromschlag. Spre-

196

chen wir lieber von Gegenseitigkeit, selbe Bedeutung: Wie du mir, so ich dir. Stelle ich meine Kooperationsfähigkeit unter Beweis, werde ich langfristig davon profitieren, handele ich egoistisch, erwachsen mir Nachteile. In einer weiteren Versuchsanordnung der Spieltheorie treten lediglich zwei Spieler an, diesmal nicht anonym, sondern von Angesicht zu Angesicht. Bei jeder Runde wird der Partner gewechselt. Immer sitzt man jemand Neuem gegenüber – das heißt, fast immer. Denn es besteht die Chance, Spielpartnern wiederzubegegnen. Je höher die Möglichkeit eingeschätzt wird, desto kooperativer wird gespielt. Habe ich jemanden übers Ohr gehauen, steht zu befürchten, dass er beim nächsten Mal mit mir genauso verfährt. Aber selbst, wenn es zu keiner Wiederbegegnung kommt, lohnt es sich zu kooperieren, nämlich dann, wenn mein typisches Spielverhalten vorher publik gemacht wurde. Bin ich dafür bekannt, meine zehn Euro in den Topf zu werfen? Oder zu behalten? Entsprechend fällt meine Reputation aus. Habe ich einen schlechten Ruf, werden andere mir nicht vertrauen und mich von Kooperativen ausschließen. Werden zur Laute Lieder über mich gesungen, weil ich edel und hilfreich bin, kann ich sicher sein, künftig mit Vertrauen und Kooperation belohnt zu werden. Weder teure Strafen noch kostspielige Prämien sind dazu erforderlich. Einfach der Wille, zum Allgemeingut beizutragen.

Das aber funktioniert nur, wenn meine gute Tat, mein Verzicht, mein Investment gesehen und mir zugeschrieben werden. Alle Versuchsanordnungen der Spieltheorie laufen auf das Gleiche hinaus: Treten die Spieler aus der Anonymität ins Licht, steigt ihre Bereitschaft, altruistisch zu handeln, um das Dreifache, denn sie werden mit etwas weit Kostbarerem und Erstrebenswerterem belohnt als Geld – mit sozialem Ansehen. Spielen nichtanonyme Spieler um das Allgemeingut, wird dieses fast durchweg gerettet, und jeder gelangt zu Wohlstand. Menschen, sehen wir, sind eigentlich doch ganz in Ordnung. Also, bedingt. Denn leider, wenn dieselben Spieler im nächsten Spiel ihren guten Namen abgeben und zurück in die Anonymität schlüpfen, werden aus Altruisten sofort wieder Egoisten. Egal. Wir kennen jetzt den Trick: Tue Gutes und rede darüber. Laut und deutlich, dass es jeder hört: Ich – bin – gut!

Die Vermeidung der Tragödie

Sobald wir wissen, wes Geistes Kind unsere Mitspieler sind, ob hilfsbereit oder das Gegenteil davon, können wir das Spiel ums Allgemeingut so spielen, dass es nicht in der Tragödie endet. Je mehr Menschen Sie anleiten, altruistisch zu handeln, desto besser Ihr Ruf, desto stärker Ihre Fraktion, desto größer Ihr gesellschaftlicher Einfluss. Das Spiel gut zu spielen, funktioniert innerhalb spezifischer Kulturkreise ebenso wie kulturell übergreifend. In der Petrischale der Vereinten Nationen gären die Gegensätze, doch immer zeigt sich, dass Kooperation ein Wert für sich ist, mit dem alle Kulturen gute Erfahrungen gemacht haben.

Das wichtigste Spiel unserer Zeit ist die Begrenzung der Erderwärmung bei 1,5 Grad, maximal 2 Grad. Stand März 2020 nahmen 7,77 Milliarden Menschen daran teil, inzwischen dürften es ein paar mehr sein. Versuchsreihen, die das Verhalten von Spielern in der Klimakrise untersuchen, zeigen, dass der Wille zur Kooperation wächst, je besser die Spieler über den Klimawandel informiert sind. Mit steigender Bildung handeln die Teilnehmer verantwortungsvoller und erfolgreicher. Ihre Bereitschaft, ins Allgemeinwohl zu investieren, nimmt noch mal wesentlich zu, wenn sie gewiss sein können, dass die Öffentlichkeit von ihrem Engagement und der Höhe ihres Einsatzes erfährt und beides mit ihnen in Verbindung bringt. Ganz entscheidend: Je vorbildlicher ein Spieler agiert, desto großzügiger und selbstloser unterstützen ihn andere Spieler.

Staaten, Länder, Gemeinden und Unternehmen sind potente Spieler – doch der wichtigste Spieler sind Sie. Stellvertretend für alle Menschen, die in ihrer Gesamtheit überhaupt erst die Entwürfe der Mächtigen zum Leben erwecken. Wie Sie persönlich handeln, ist von überragender Wichtigkeit, auch wenn Sie *nur* ein einzelner Spieler sind, aber in diesem Spiel gibt es ausschließlich einzelne Spieler. Staaten und Systeme sind Konstrukte. Als Institutionen verändern sie die Welt des Einzelnen. Ebenso verändert der Einzelne die Institution, wie der Personalwechsel im Weißen Haus eindrucksvoll zeigt. Institutionen haben große Macht, doch an den Schalthebeln dieser Macht sitzen Individuen. Der amerikanische Romancier Richard Ford schreibt dazu in seiner Analyse der Trump-Jahre: »Der Unterschied zwischen einem gescheiterten Staat und einer funktionsfähigen, fruchtbaren Union besteht aus ein paar Idioten – oder ein paar guten Bürgern.« Letztlich entscheidet die Menschheit, unsere Welt zu schützen oder zu zerstören, und diese Entscheidung ist die Summe aller Einzelentscheidungen. Dem Entschlossenen bieten sich vielfältige Chancen, Unentschlossene auf seine Seite zu ziehen, seine Reputation zu pflegen und seinen ökologischen Fußabdruck zu –

Stopp! Was genau ist das eigentlich?

DER ÖKOLOGISCHE FUSSABDRUCK

Ein junger Begriff, Nachhaltigkeitsindikator schlechthin, entwickelt 1994 vom Schweizer Visionär Mathis Wackernagel und dem kanadischen Professor William Rees. Als ökologischen Fußabdruck bezeichnet man den Teil der biologisch produktiven Gesamtfläche der Erde, der einem Menschen auf Dauer zur Erhaltung seines Lebensstandards dient. Eingerechnet sind Nahrung, Kleidung, Wohnen und Energiebedarf, Gegenstände des täglichen Gebrauchs und Verbrauchs, Müllentsorgung und CO_2-Ausstoß. Zugrunde gelegt wird – da die Flächen der Erde unterschiedlich fruchtbar sind – der Globale Hektar, eine fiktive Größe mit durchschnittlicher biologischer Kapazität. Der Fußabdruck kann für das einzelne Individuum, für Hausstände, Unternehmen, Gemeinden, Städte, Völker oder die ganze Menschheit erfasst werden – uns geht es um Ihren (und meinen) ganz persönlichen Abdruck. Was muss der Planet aufwenden, damit wir beide zufrieden durchs Leben spazieren?

Vorab: Der Planet ächzt. Teilt man die Produktivfläche der Erde unter 7,77 Milliarden Menschen auf, stehen jedem knapp 1,8 Hektar zur Verfügung, das sind zwei Fußballfelder. Nicht schlecht, denken Sie, bringen Ihre Wohn- und Arbeitsfläche in Abzug und stellen sich vor, wie Sie auf den verbleibenden 99 Prozent Fußballfeld Hühner, Schweine und Rinder züchten, Obst und Gemüse anbauen, da ist ein schmucker Fischteich im Mittelkreis, und im Strafraum ranken frohgemut die Rebstöcke. Hübsch, funktioniert leider nicht. Ein burmesischer Hirte, thailändischer Reisbauer, Angestellter in Windhoek mag mit 1,8 Hektar hinkommen. Sie nicht. Ich auch nicht. Lebten alle Menschen auf dem Niveau der Industrieländer, bräuchten wir zwei bis drei Planeten zusätzlich. Schon erstaunlich. Was sind denn das für Quadratlatschen, mit denen wir durch die Welt gehen, auf so großem Fuß leben wir doch gar nicht!

Eine wesentliche Messgröße für den ökologischen Fußabdruck ist der Wasserverbrauch. Nur 0,008 Prozent allen irdischen Wassers sind leicht zugängliches Trinkwasser, zusammen etwa 100.000 Kubikkilometer. Süßwasser ist die überlebenswichtigste Ressource überhaupt, begrenzt und in ständiger Gefahr, durch Industrialisierung und Klimawandel unbrauchbar zu werden. 70 Prozent dieses Wassers fließen in die Nahrungsmittelproduktion, 20 Prozent in die Industrie, der Rest in private Haushalte und Kommunen. Im Pro-Kopf-Jahresverbrauch 2018 lag Estland mit rund 1.350 Kubikmetern an der Spitze (warum auch immer), gefolgt von den USA mit 1.200 Kubikmetern. Danach Griechenland, Kanada, Türkei, Australien und etliche mehr, bevor Deutschland mit knapp 300 Kubikmetern als überraschend sparsamer Wasserverbraucher erscheint. Auf die Länder gerechnet ergibt sich ein verändertes Bild. Hier verbrauchen Indien, China und die USA zusammen knapp die Hälfte des globalen Frischwassers (auch hier steht Deutschland vorbildlich da). Eine wachsende Zahl Länder entnimmt mehr Wasser, als sich die Ressourcen erneuern können, allen voran Kuwait, die VAE und Saudi-Arabien. Der Wasserbericht der Vereinten Nationen von 2019 schätzt, dass global zwei Milliarden Menschen permanent und fast zwei Drittel der Weltbevölkerung mindestens einen Monat im Jahr unter schwerer Wasserknappheit leiden. Ein Trend, den der Klimawandel verstärkt, während Bevölkerungswachstum und steigender Lebensstandard in den Entwicklungsländern den Verbrauch in die Höhe treiben.

Dies vor Augen, trinken Sie zu Tagesbeginn bescheiden Ihr Tässchen Milchkaffee, verputzen ein Ei und ein Scheibchen gebutterten Toast. Ein Glas Apfelsaft und eine Banane runden das überschaubare Mahl ab, geschätzter Wasserverbrauch ein halber bis drei viertel Liter. Löblich. Allerdings konsumieren wir überwiegend latentes (fälschlich auch »virtuell« genanntes) Wasser – Wasser also, das woanders aufgewendet werden musste, damit Kaffee und Weizen wachsen, eine Kuh Milch geben, ein Huhn ein Ei legen, Apfelbäume und Bananen Früchte tragen und all die schönen Dinge bis in Ihren Kühlschrank gelangen konnten. Die Rechnung liest sich dann so:

Tasse Kaffee	140 Liter
100 ml Milch und 10 Gramm Butter	100 Liter
Ei	200 Liter
Großes Glas Apfelsaft	300 Liter
Banane	200 Liter

Kaum gefrühstückt, haben Sie fast tausend Liter Wasser auf der Uhr! Das Schweineschnitzel mittags schlägt mit 1.200 Litern zu Buche. Das heißt, halt – Schwein soll ja so ungesund sein. Besser Rindersteak. Hier bitte: 3.500 Liter. Dazu Bratkartoffeln, 225 Liter, Tomatensalat, 65 Liter. Verschämt schieben Sie einen Schokoriegel hinterher. Der kann so wasserintensiv nicht sein, oder? Sorry, 2.000 Liter. Das liegt daran, dass Kakaobohnen extrem viel Wasser benötigen, 27.000 Liter pro Kilo. Ganz klein und schäbig fühlen Sie sich, als Sie zur Nacht noch ein Käsebrot (90 Liter) und ein Tütchen Kartoffelchips (noch mal 90 Liter, aber wie soll man ›Breaking Bad‹ ohne Kartoffelchips gucken) verdrücken. Den Wasserverbrauch für Ihr Glas Rotwein wollen Sie schon gar nicht mehr wissen. Nix da, hergehört: 120 Liter! Ein einziges Glas!!!

So, und jetzt richten wir uns alle mal wieder auf. Weder müssen Sie künftig verdursten noch Fingernägel kauen.

Schon eingangs haben wir festgestellt, dass jedes Lebewesen einen ökologischen Fußabdruck hinterlässt. Jeder Borkenkäfer hat bei genauem Hinsehen eine miese Ökobilanz. Wenn der böse Wolf das Rotkäppchen frisst, frisst er den ökologischen Fußabdruck des Rotkäppchens gleich mit, und das hat es mit dem Jäger und der Großmutter zuvor ordentlich krachen lassen. Gleiches gilt für Fuchs und Gans. Haben Sie einen Hund? Wenn Sie noch so selten Fleisch essen, wird Ihr Wauzi lieber verrecken, als Vegetarier zu werden, und Hundefutter kommt aus der Massentierhaltung. Wauzis latenter Wasserverbrauch ist enorm, um die acht Tonnen CO_2 stößt er in seinem Hundeleben aus (dafür können Sie acht Mal nach Island und zurück fliegen), sofern er ein Dackel oder was ähnlich Überschaubares ist. Golden Retriever und Deutsche Schäferhunde fallen noch mal anders ins Gewicht.

Das Problem ist nicht, dass unser latenter Verbrauch und die damit einhergehenden Treibhausgasemissionen hoch sind (jede landwirtschaftliche, industrielle und private Produktivleistung erzeugt CO_2 und andere Treibhausgase), sondern dass sie *zu* hoch sind. Nicht nur Nahrungsmittel betreffend. Ein Baumwoll-T-Shirt verbraucht je nach Herkunft und Verarbeitung um die 4.000 Liter Wasser, eine Jeans zwischen 6.000 und 11.000 Liter. Für das neue Auto sind bis zu 400.000 Liter durchgeflossen, für ihren Computer 20.000, für Ihr Handy 13.000, und dieses Buch ist auch nicht in Trockenheit gereift: 1.500 Liter halten Sie in Händen, das Wasser, das ich beim Schreiben in mich reingeschüttet habe, nicht mitgerechnet.

Ökologische Fußabdrücke belasten Umwelt und Atmosphäre, aber das ist okay, solange nicht mehr Ressourcen vernichtet werden, als sich erneuern können, die Ökosysteme keine irreparablen Schäden nehmen, wir nicht unsere Existenzgrundlagen (und die anderer Spezies) vernichten, jeder auf Erden ein Auskommen, genug zu essen und zu trinken hat und ein menschenwürdiges Dasein führen kann. Dies zu gewährleisten ist eine Mammutaufgabe, und sie beginnt mit der –

REDUZIERUNG DES ÖKOLOGISCHEN FUSSABDRUCKS

Nicht nur des guten Rufs halber. Großstädtische Abdrücke betragen das Hundert- bis Zweihundertfache ihrer Urbanfläche. Inzwischen steigt die Wettbewerbsfähigkeit einer Metropole oder Region mit ihrer ökologischen Effizienz, weshalb London, Berlin, New York und andere regelmäßig ihre Fußabdrücke berechnen lassen. Auf diese Weise werden Schwächen in Verkehr, Wohnungsbau und Energieversorgung offengelegt. Wien konnte so ein zielführendes Klimaschutzprogramm implementieren, Berlin seinen Verbrauch fossiler Energien reduzieren. Kürzere Wege, Gebäudesanierungen, Strom- und Wärmemanagement, an tausend Stellschrauben kann man drehen, ohne in Kasteiung leben zu müssen. Ganz im Gegenteil. Unternehmen, die ihren Fußabdruck analysieren lassen, senken durch Verbesserung ihrer Ökobilanz gemeinhin ihre Betriebskosten bei gleichzeitiger Steigerung der Produktivität. Außerdem zeigt sich, dass Mitarbeiter ein deutlich gesteigertes Bewusstsein für Nachhaltigkeit entwickeln, wenn ein Unternehmen seine Ökobilanz offenlegt. Für Privathaushalte gilt: Leben Sie, und leben Sie gut! Ihr Alltag wird sich qualitativ wahrscheinlich sogar noch verbessern (und der anderer erfreulicherweise gleich mit), wenn Sie Ihren ökologischen Fußabdruck reduzieren. Hygieneartikel, Lebensmittel, Elektrogeräte, in nahezu allem können Sie ökologischer werden. Umweltschutz ist allerdings komplex. Nicht alles, wo Bio draufsteht, ist besser als Nicht-Bio (dazu später mehr). Soll man ein Bioprodukt kaufen, das von weit her eingeflogen wurde, oder ein Nicht-Bioprodukt aus der Region? Herstellung, Transport, Verpackung, alles spielt in der Gesamtberechnung eine Rolle. Den persönlichen Fußabdruck einzuschätzen, ist gar nicht so einfach. Vielfach weisen Produkte ihre CO_2-Bilanz aus, doch die Regelungen sind von Land zu Land uneinheitlich. Ein international anerkanntes Klimalabel würde helfen. Selbst Nestlé wäre dabei, will CO_2-neutrale Produkte auf den Markt bringen und bis 2050 klimaneutral sein. Für manche Waren allerdings ist die Emissionsbilanz schwierig zu ermitteln. In den meisten Fällen verrät Ihnen ein Produkt nicht, wie groß sein ökologischer Fußabdruck ist.

Im Internet können Sie Ihren eigenen ökologischen Fußabdruck ermitteln: myclimate.org, treedom.net, klimaohnegrenzen.de, wwf.de oder fussabdruck.de rechnen Ihnen (sofern Sie nichts beschönigen) ziemlich genau aus, wo Sie stehen, wie viele Planeten man bräuchte, damit alle so leben könnten wie Sie, oder ob Sie längst zum Vorbild taugen, ohne es zu wissen. Empfehlenswert sind auch footprintnetwork.org, meinfussabdruck.at des österreichischen Bundesministeriums für Nachhaltigkeit und Tourismus und uba.CO_2-rechner.de des Bundesumweltamtes. Im weiteren Verlauf dieses Teils finden Sie Anregungen, wie Sie Ihren ökologischen Fußabdruck reduzieren können. Jetzt gehen wir erst mal einkaufen.

205

BIO

Boom of the Booms! Gefühlt. Noch liegt der Marktanteil in Europa unter 10 Prozent. Doch er wächst. 14 Millionen Hektar Biofläche bewirtschaftet alleine die Europäische Union, das sind fast 8 Prozent aller Äcker und Weiden, ganz vorne dabei Spanien, Frankreich und Italien. Nicht-EU-Staaten mit eingerechnet, geht die Zahl der europäischen Bioproduzenten auf eine halbe Million zu, die meisten davon in der Türkei. Vierzig Milliarden Euro bescherte Bio dem Einzelhandel 2018, ein Viertel wurde in Deutschland umgesetzt, Europas größtem Biomarkt. Nie zuvor trugen so viele Produkte die Bezeichnung Bio – und nie so viele zu Unrecht.

Um sich Bio nennen zu dürfen, müssen gesetzliche Standards eingehalten werden. Viele Betriebe handeln vorbildlich, etliche werden Jahr für Jahr wegen Verbrauchertäuschung angeklagt. Selbst mit Gütesiegel ändert sich an den Produktionsbedingungen dort nichts. Ein Drittel aller Onlinehändler mit Bio-Angebot verstößt zudem gegen die Kennzeichnungspflicht. Zertifizierungen kosten Geld, da kommt die reine Behauptung, es sei Bio, billiger. Manch einem ist gar nicht klar, dass er gegen Auflagen verstößt. Kann man heimische Erzeuger noch überwachen, versagen die Kontrollen meist bei Importware. In den Lagerhallen zauberkundiger Grossisten vollziehen sich wundersame Wandlungen. Konventionelle Produkte zertifizieren sich dort über Nacht selbst. Gerade aus dem Mekong gezogen, findet sich billiger Pangasius morgen als Bioseezunge auf deutschem Eis. Die Nachfrage wird zum Problem. Ein Großteil des Biosortiments in deutschen Läden stammt aus Asien und Übersee, chinesische Hülsenfrüchte, neuseeländisches Lamm, tunesisches Öl, argentinische Äpfel, Kaffee und exotische Früchte. Das EU-Biosiegel schmückt vieles. Kein Problem, sagt der Verbraucherschutzverein Foodwatch, solange es sich tatsächlich um Bio handelt. Allerdings würden die Ökokontrollstellen in besagten Ländern oft von den Produzenten finanziert. Da entgeht dem Kontrolleur der Herzen schon mal, dass die Ware vor Pestiziden nur so britzelt. Werden Giftstoffe andernorts nachgewiesen, wurden die wohl vom bösen Nachbarn rübergeweht. Der Wind, der tückische Geselle! Man selber, Pestizide? Nie! – Fakt ist, es liegt in EU-Verantwortung, private Kontrollstellen zu überwachen. 55 gibt es weltweit, angegliedert sind rund 900 Subkontrollstellen. Wie viele davon die EU jährlich kontrolliert? Na, Sie wollen's aber wissen! Sechs.

Der sicherste Weg zu guter Bioware ist entsprechend, direkt beim Erzeuger einzukaufen. Landwirtschaftliche Betriebe finden Sie zuhauf in Ihrer Umgebung. Noch besser, den Fleischer, Fischhändler, Obst- und Gemüsehändler Ihres Vertrauens zu konsultieren (und damit den Einzelhandel zu unterstützen), der seine Ware nachweislich von ausgesuchten Lieferanten bezieht. Ausgesucht heißt, beides muss gewährleistet sein: Nachhaltigkeit und Geschmack. An einer strotzgesunden Möhre zu lutschen, die wie eingeschlafene Füße schmeckt, erfreut auch den grünsten Fundi nicht.

Lokal kaufen hat gleich mehrere Vorteile. Exotische Ware ist oft lange unterwegs, viel CO_2, großer Fußabdruck. Wir sind keine Dogmatiker: Für einen Risotto Milanese brauchen Sie Safran, der wächst nicht in der Eifel, selbst die nachhaltigste Bioschokolade besteht aus Kakaobohnen, in Harz und Hunsrück nicht heimisch. Kritisch wird es, wenn Sie Auslandsware kaufen, die auch hier wächst. Nichts gegen argentinische Äpfel. Ob ein Apfel erst um die halbe Welt gereist sein muss, bevor Sie Ihre Zähne reingraben, darf indes bezweifelt werden. Fragen Sie Ihren Gemüsehändler mal nach alten deutschen Apfelsorten. Sie werden staunen, was so alles vor der Haustür wächst.

Grundsätzlich ist es gut, hiesige Erzeuger zu unterstützen, speziell kleine Biohöfe, die auf nachhaltige Bewirtschaftung mit Humusaufbau und flächengebundene Tierhaltung setzen. Damit tragen Sie zum Erhalt gewachsener Dorfgemeinschaften bei und sichern familiäre Existenzen. Es sind diese kleinen Bauern, die zur Pflege der strukturierten Kulturwirtschaft mit abwechslungsreichem Anbau und artenreichen Biotopen beitragen. Industrialisierte Biobetriebe neigen zu Rationalisierung und monokultureller Produktion, was meist zulasten der Umwelt geht. Und noch ein Tipp: Kaufen Sie nach Jahreszeit. Saisonware schmeckt am besten. Weißer Spargel im November, Erdbeeren zu Weihnachten, Steinpilze im Januar – das alles werden Sie bekommen, wenn Sie drauf bestehen, aber ernsthaft, wollen wir unseren Gästen erst erklären müssen, es sei Spargelsuppe, weil es am Geschmack nicht erkennbar ist? Doch selbst, *wenn* es schmeckt – außerhalb der Saison muss es eingeflogen werden. Hingegen wachsen Beeren bei uns auf den Feldern, Pilze im Wald. – Und im Supermarkt? Woran erkennen Sie dort, was Bio ist? Grundsätzlich am Biolabel. Hier eine Auswahl:

EU-Bio-Logo

Betriebe, die ökologische Landwirtschaft gemäß EU-Vorschrift betreiben. Inhaltsstoffe müssen zu mindestens 95 Prozent aus ökologischem Anbau stammen. Kritiker monieren, genverändertes Material werde toleriert.

Bio-Siegel

Produkte müssen gesetzliche Mindeststandards erfüllen. Die meisten Zusatzstoffe und etwas Gentechnik sind erlaubt. Das

Fleisch stammt oft von Tieren, die kein Biofutter erhalten haben.

Bioland-Siegel

Geht über die gesetzlichen Mindestanforderungen hinaus. Vollkommener Verzicht auf Gentechnik, Massentierhaltung, chemisch-synthetische Dünger und Pestizide.

Naturland-Siegel

Konsequente ökologische Landwirtschaft, auch in der Waldnutzung und bei Aquakulturen. Mindestens die Hälfte des Tierfutters muss vom eigenen Hof kommen. Mitarbeiter müssen fair und sozial beschäftigt werden.

Demeter-Siegel

Noch höhere Standards. Ausschließlich Biofutter, die Hälfte aus eigener Produktion. Kein Enthornen von Kühen, keine Gentechnik, kaum Zusatzstoffe. Nitritpökelsalz (steht im Verdacht, Krebs zu fördern) ist verboten. Verwendung des Siegels erst nach dreijährigem Einführungskurs.

Biokreis-Siegel

Sehr streng! Der gesamte Betrieb muss ökologisch bewirtschaftet sein, Tierfutter überwiegend aus eigener Erzeugung stammen. Begrenzte Transportzeiten zum Schlachthof. Kein chemisch-synthetisch behandeltes Saatgut.

Gäa-e.V.-Siegel

Die schärfsten Vorschriften. Einhundert Prozent ökologische Landwirtschaft, keine Gentechnik. Kaum EU-zugelassene Düngemittel, Rinder dürfen nicht angebunden, kein behandeltes Stroh ausgestreut werden.

FLEISCH

»Schrecklich! All die Monate nicht rauszukönnen, kaum Bewegungsfreiheit, die armen Schweine.« Meinung einer Passantin, geäußert 2020 im Zuge einer Umfrage. Wem oder was galt sie?

1. Den Teilnehmern der geplanten Space-X-Marsmission 2025, die isoliert in ihrem Raumschiff monatelang zum Roten Planeten unterwegs wären.
2. Den Spaniern während des ersten Corona-Lockdowns im Frühjahr, die wegen monatelanger Ausgangssperre ihre Häuser nicht verlassen konnten.
3. Den Sauen in deutschen Mastbetrieben, die mit je 1,3 Quadratmeter Platz auskommen müssen.

Die Kapitelüberschrift vor Augen, werden Sie auf 3 tippen. Tatsächlich galt die mitleidvolle Äußerung dem Schicksal der Spanier. Aber sie passt ebenso gut auf 3. Dabei sollten Sie wissen, dass 1,3 Quadratmeter schon Biostandard sind! In der herkömmlichen Mastschweinhaltung lebt es sich weniger komfortabel, da ist die Hälfte Usus. Auf einem Surfbrett hätte so ein Schwein mehr Platz, aber es soll ja nicht sportlich schlank zur Schlachtung, sondern schön fett.

Massentierhaltung bleibt Gegenstand moralischer Zerknirschung, wann immer wir in eine Wurst beißen. Arme Wurst. Wie hat sie gelebt, bevor sie eine wurde? Darf man überhaupt noch Fleisch zu sich nehmen? Ältere Zeitgenossen blicken schon mal scheu auf Jugendliche, die im Café Rotkehlchen neben dem Würstchenstand bei Tofu-Burger und Waldmeister-Bionade supercoole Themen erörtern, fühlen sich ein bisschen defizitär und fragen sich zugleich, ob denen das da wirklich schmeckt. Könnte man bloß drüber reden. Doch ideologisch überhitzt, enden Diskussionen allzu oft in Kollisionen. Dabei passen zwischen »Mörder!« und »Körnerfresser!« allerhand Kompromisse. Zuvor ein bisschen Statistik.

Fleischkonsum

Die Welt isst Fleisch, aber nicht alle Welt isst gleich viel Fleisch. Rund ein Drittel aller Inder sind Vegetarier, in Deutschland keine 5 Prozent. US-Amerikaner essen pro Kopf jährlich um die 120 Kilo Fleisch, Deutsche knapp 60 Kilo. Europa liegt im Schnitt bei 65, Lateinamerika (mit Karibik) bei 58 Kilo, Asien (und pazifischer Raum) unter 30, Afrika unter 15 Kilo. Allgemein gilt, wer viel verdient, isst viel Fleisch. Ein US-Bürger erwirtschaftet durchschnittlich 50.000 Dollar im Jahr, ein Äthiopier 1.300 Dollar. Aber es gibt Ausreißer: Mongolen etwa sind passionierte Fleischesser mit eher geringem Durchschnittseinkommen, Japaner als Hochverdiener essen mehr Fisch. Wie viel Fleisch jemand verdrückt, kann wirtschaftlich, geografisch, kulturell oder religiös begründet sein, nur eines gilt für alle: zu viel Fleisch tut nicht gut. Und 60 Kilo im Jahr sind zu viel.

Nach welchen Kriterien, könnten Sie fragen. Zwei: Gesundheit und Einfluss auf die Umwelt. Weiter oben haben wir gesehen, dass die Fleischwirtschaft ähnlich treibhausgasintensiv ist wie alle fossil betriebenen Verkehrsmittel der Welt zusammen. Damit ein Kilo Rindfleisch im Bräter landet, werden so viele Gase emittiert, als knattere man im Auto von Oberstdorf hoch nach Sylt. Was uns schmeckt, muss sich das Rind erst auf die Rippen fressen, pro Kilo Fleisch 7 Kilo Getreide (Wasserbedarf um die 15.000 Liter), die viele Menschen eine ganze Weile ernähren könnten. Vegetarismus ist demnach gesünder, umweltschonender und besser gegen den Hunger in der Welt. Was die Gesundheit betrifft, gelten 30 Kilo im Jahr als verträglich, alles Weitere fördert Krebs und Herz-Kreislauf-Erkrankungen. Warum essen wir dann trotzdem so viel Fleisch?

Weil es billig ist. Unanständig billig. Die Tragödie vom Allgemeingut. Immer und überall verfügbar, eine wertvolle, entwertete Ressource. Irgendwo muss der billige Nachschub herkommen, darum gibt es Massentierhaltung. Also gar kein Fleisch mehr? Oder egal? Zwei Plädoyers:

Kontra Fleisch

Kennen Sie die Werbetafeln vor Metzgereien und Raststätten, wo ein wie irre grinsendes Comicferkel in Metzgertracht sich selbst anpreist? Warum, fragt man sich, ist es bloß so gut gelaunt? Weil es seinem baldigen Ableben entgegenfiebert! Endlich nicht mehr unter den Bedingungen der industriellen Viehzucht vegetieren müssen, mit den Hufen in der eigenen Scheiße, außerstande, sich umzudrehen. Schrecklich war das. Dann lieber Wurstwerdung.

Sollen wir kein Fleisch mehr essen? Die Frage müsste lauten, *wollen* wir noch Fleisch essen? Beim Blick in Massenbetriebe und Geflügelbatterien lautet die Antwort: nein. Zwar listet uns die Evolution nicht als Vegetarier. Menschen sind Allesfresser, Mangelwesen, die sich von dem nähren, was sie finden. Fred Feuerstein brauchte Wurzeln, Früchte und Gemüse, um zu überleben, aber auch Fleisch, reich an Aminosäuren, Eisen, Eiweiß und Vitamin B12. Gab's selten. Fleisch hatte die Angewohnheit wegzulaufen, und Jagdglück war eben genau das: Glück. Hingegen Putenbrust zum Kilopreis von

4,50 Euro und ein Pfund Schweinesteak für 2,20 Euro zu erjagen, ist kein Glück, sondern pervers. Laut Greenpeace stammen fast 90 Prozent allen Frischfleischs in Kühltheken aus konventioneller Massenaufzucht. Die Bedingungen dort sind qualvoll, teils gesetzeswidrig. Von Tierwohl keine Rede. Von Bauernwohl aber auch nicht, denn der Spuk hätte ein Ende, würde man Landwirten faire Preise bezahlen. Die müssten an den Verbraucher weitergegeben werden. Also an Sie und mich. Was, so der Handel in seiner Fürsorge, man uns nicht zumuten könne. Zumuten kann man uns offenbar auch nicht die Kennzeichnung der Haltungsbedingungen auf der Verpackung. Wird empfohlen, aber auf freiwilliger Basis. Lasch. Da ist die Möhre der Mettwurst in jedem Fall vorzuziehen, außerdem sind wir nicht mehr der Lebenswelt Fred Feuersteins unterworfen. Ein Tier zu töten ist unethisch und überholt. Fazit: kein Fleisch.

Pro Fleisch

Es schmeckt. Sorry, aber wir wollen ehrlich bleiben. Richtig zubereitet ist Fleisch unfassbar lecker. Ein saftiger Burger, zünftiger Schweinsbraten, aromatischer Lammrücken, knuspriges Brathuhn – es schmeckt, solange es aus tiergerechter Aufzucht stammt. Fleisch ist außerdem gesund, wenn man es in Maßen genießt. Anders als unser frühzeitlicher Vorfahr können wir die lebenswichtigen Inhaltsstoffe zwar auch in Form von Nahrungsergänzungsmitteln (und alternativen Lebensmitteln) zu uns nehmen, aber nirgendwo werden sie so effizient verstoffwechselt wie in Fleisch.

Dem steht die Unverhältnismäßigkeit des ökologischen Fußabdrucks gegenüber. Unmengen Wasser und Futter, CO_2 und Methan, nur damit sich der Fleischfreund sein Steak in die Pfanne hauen kann. Würde man die Viehweiden mit Getreide, Obst und Gemüse bepflanzen, dann – ja, dann – erntete man vielfach gar nichts. Große Teile der Landflächen sind zu karg für Ackerbau. Sie lägen brach, nur gut, um Vieh zu ernähren. In den trockenen Weiten der Mongolei, Patagoniens und Nordafrikas leben jedoch Menschen. Arme Menschen, eine Milliarde, deren einziges Auskommen die Viehzucht ist. Sie verlören ihre Existenzgrundlage. Die meisten halten ihre Tiere artgerecht: Auslauf, natürliche Fütterung, traditionelle Schlachtung. Der ethische Einwand? Kein Tier zu töten beginnt damit, die Stechmücke im Schlafzimmer gewähren zu lassen, statt sie, wie sie da vollgesoffen an der Wand hockt, mit einem wohlgezielten Schlag in den Insektenhimmel zu schicken. Wo zieht man die Grenze? Ein Kälbchen hat Vermenschlichung auf der Stirn stehen. Eine Zecke nicht. Schweinchen Babe soll leben, im Keller streuen wir Rattengift. Schon ein bisschen verlogen. Leben nimmt Leben, um zu existieren, das ist der Natur eingeschrieben. Letztlich sind auch Pflanzen Lebewesen. Ehrlicher wäre es, zu verfügen, dass keine Kreatur gequält werden darf. Fazit: Wenn die Umstände stimmen – Fleisch, ja.

Ökologische Tierhaltung

Ein weiter Begriff. Über Zertifizierungen haben wir schon gesprochen. Das EU-Biosiegel steht nicht gerade für knallharte Mindestanforderungen, so können sich Massenbetriebe in die Biohaltung drängen, deren Vorstellungen von ökologischer Aufzucht dehnbar sind. Die eingangs erwähnten 1,3 Quadratmeter pro Schwein gelten schon als ökologisch. Ein Rind hat durchschnittlich vier Quadratmeter zur Verfügung, Sauen sind in Kastenstände eingezwängt, damit sie sich nicht hinlegen und ihre Ferkel erdrücken können. Puten hocken dicht aufeinander. Industrialisierte Betriebe sind weniger an artgerechter Aufzucht interessiert als am Profitmodell Bio. Die Tiere dort leben ähnlich wie in konventioneller Haltung, enden vielfach in denselben Schlachthöfen und werden auch nicht in eigens für Bio separierten Abteilungen zu Tode gestreichelt.

Unter Biotrittbrettfahrern leiden verantwortungsvolle Bauernbetriebe, die sich ernsthaft um artgerechte Haltung bemühen: Scharrfläche für Hühner, Auslauf, Tageslicht, Einzelfressstände für Schweine. Rinder dürfen nicht angebunden und alleine gehalten werden, verbringen den Tag auf der Weide und die übrige Zeit in geräumigen Laufställen, aufgeteilt in Fress- und Liegebereich, Kälber werden nicht nach der Geburt von den Müttern getrennt. Die gute Nachricht: Ökobetriebe, die den Namen verdienen, werden mehr. Die weniger gute: Biofleisch ist ressourcenintensiver als konventionelle Produktion. Doch selbst, wenn sich die Erde auf ein Zehnfaches ihres Volumens ausdehnte, damit sämtliche zur Verköstigung gezüchteten Tiere unter exquisitesten Bedingungen darauf Platz fänden, wäre es ein schlechter Deal für die Umwelt, außerdem würde Fleisch durchweg teurer. Sozial Schwache könnten es sich dann nicht mehr leisten. Wie also entkommen wir dem Dilemma, uns sozialer Gerechtigkeit wegen nicht für das Bessere entscheiden zu können?

Weniger ist mehr

Knacken wir als Erstes das Preisargument. Angenommen, Sie essen sechsmal in der Woche Fleisch. Dann reduzieren Sie Ihren Konsum fortan auf vier Tage. Nicht aber Ihr Budget! Schon reicht das Geld für bessere Qualität. Halbieren Sie gar

Ihren Konsum, darf Fleisch doppelt so teuer sein, ohne dass Sie einen Cent mehr ausgeben. Jetzt bekommen Sie schon famose Bioware. Nun knacken wir das Ich-brauchs-jeden-Tag-weil-schmeckt-doch-so-gut-Argument. Billigfleisch ist seiner Zuchtbedingungen wegen wässrig und unaromatisch, wird schnell zäh, kurz, es schmeckt scheiße, *excuse my French*. Warum soll man es dann sechsmal in der Woche essen wollen? Gutes Fleisch maßvoll genossen ist der Lebensqualität zuträglicher, als pausenlos seine Geschmacksnerven zu demütigen.

Zur Psychologie: Was begehren wir? Was nicht ständig verfügbar ist. Worauf freuen wir uns? Auf das Besondere. Täglich Weihnachten, todlangweilig. Täglich Fleisch, öde. Überfluss geht nicht zwingend mit Luxus einher, der Begriff sagt schlicht, dass es von allem (auch von allem Schlechten) zu viel gibt. Das stumpft ab. Wir verlernen uns zu freuen. Gelegentlicher Fleischverzicht durchbricht diese Abstumpfung. Es macht Spaß, wenn das Alltägliche zum Besonderen wird, und es befriedigt die Psyche, den Verzicht selber steuern zu können. Wir beherrschen unsere Triebe statt sie uns. Gaumen und Verstand schließen bilateral Verträge zugunsten unserer Umwelt und Gesundheit. Weniger Fleisch, weniger Treibhausgase, mehr Tierwohl. Wir müssen lernen, im Tier ein Mitgeschöpf zu sehen statt eine bloße Ressource. Wenn sich Naturvölker bei erlegtem Wild bedanken, bekunden sie ihm damit Respekt. Das Mastschwein hat nicht darum gebeten, geboren zu werden, wird nicht gefragt, ob es für uns sterben will. Umso mehr sind wir dafür verantwortlich, dass es eine gute Zeit hat. Keine Welternährungslage, kein Preisdruck ändert daran etwas. Zugleich müssen wir das Bewusstsein unserer Kinder schärfen. Solange die lieben Kleinen glauben, Schwärme wild lebender Fischstäbchen warteten nur darauf, von Käpt'n Iglu in die Fritteuse gehievt zu werden, entwickeln sie kein Gefühl der Verantwortlichkeit für ihre Nahrung. Ich rede nicht von Klassenausflügen in Schlachthöfe – oder doch? »Zwei Dinge wollen die Menschen nicht wissen: wie Gesetze und wie Würste gemacht werden.« Otto von Bismarck. Oder um Paul McCartney zu zitieren: »Hätten Schlachthöfe Wände aus Glas, wären alle Menschen Vegetarier.«

Fragen Sie Ihren Metzger, wo seine Ware herkommt. Zunehmend gehen Metzgereibetriebe dazu über, Fleisch aus artgerechter Haltung zu verkaufen. Wenn möglich, erstehen Sie es beim Bauern oder gehen noch einen Schritt weiter und betreiben –

Crowdfarming

Adoptieren Sie ein Tier, eine Herde, eine ganze Ernte. Wo immer in Deutschland. Muss nicht in Ihrer Nähe sein. Einmal hinfahren, mit dem Bauern planen, was Ihnen vorschwebt, der macht dann die Arbeit und liefert Ihnen Ihren Ertrag nach Hause. Adoptieren Sie Rebstöcke für Ihren eigenen Wein (womit Sie in illustrer Gesellschaft wären: Francis Ford Coppola, Sting, Günther Jauch, Angelina Jolie, sie alle bauen eigenen Wein an), werden Sie Pate eines Bienenvolks (Honig), einer Ziege (Milch, Käse), eines Kakao-Baums (Schokolade), halten Sie eigene Hennen. Auch in der Fleischwirtschaft können Sie Pate werden. Viele Bio-Höfe bieten Adoptionen und Patenschaften an, Einstieg: crowdfarming.com.

FAIRER HANDEL

Ein T-Shirt für drei Euro hätte eine Geschichte zu erzählen. Die Geschichte würde uns wahrscheinlich nicht gefallen. Sie spielt auf einer chemikalienverseuchten Plantage in Bangladesch, wo Menschen ohne Schutzkleidung Baumwolle ernten, setzt sich fort in einer baufälligen Textilfabrik, wo Frauen sechzehn Stunden ohne Unterbrechung nähen, zu Hungerlöhnen. 2013 stürzte eine solche Fabrik ein, und die Welt wurde der katastrophalen Arbeitsbedingungen gewahr, denen wir unsere Schnäppchen verdanken.

Dhaka, 2020: Nazma Akter serviert Tee im Frauencafé, das sie für die Näherinnen der umliegenden Betriebe eingerichtet hat. Als Kind hat sie selbst in einer Fabrik genäht, litt unter den hygienischen Missständen, unter Belästigung und Gewalt. Heute engagiert sie sich mit ihrer Stiftung AWAJ für bessere Arbeitsbedingungen. Abends kommen die Näherinnen in ihr Café, erzählen von ihren Problemen, und Nazma klärt sie über ihre Rechte auf: korrekte Bezahlung von Überstunden, Lohnfortzahlungen während des Mutterschutzes. Nazma ist nicht prinzipiell gegen die Fabriken. Ganz im Gegenteil. Die Arbeit dort stärke die oft armen und rechtlosen Frauen. Umso vehementer kämpft sie gegen Ausbeutung. Globalisierung, sagt Nazma, bedeute Diskriminierung und Missbrauch, explizit durch multinationale Handelsorganisationen. Die globalisierte Wirtschaft sei weder fair noch transparent. Nach 2013 habe sich zwar einiges verbessert, Fabriken würden staatlich geprüft, Belegschaften könnten sich gewerkschaftlich organisieren. Gut auch, dass Bekleidungskonzerne wie H&M begännen, ihre Lieferketten offenzulegen. Nach wie vor aber seien die Löhne zu niedrig, trieben Ausbeuter ihr Unwesen, schauten Modelabels und Bekleidungsketten nicht so genau hin.

Wir müssen unsere Stimmen erheben, erklärt Nazma, jeden Tag. So laut und lange, bis wir auch in der reichen Welt nicht mehr zu überhören sind.

Ortswechsel, afrikanischer Kontinent. In Uganda pflückt Agnes Tumuramye gut gelaunt Kaffeebohnen. Agnes ist Kleinbäuerin. Etwa 8.000 Familien bauen im Südwesten des Landes Kaffee für die Kooperative ACPCU an. Agnes' Kinder sind im Internat. Vor ACPCU hätte sie nicht gewusst, woher sie das Schulgeld nehmen soll. In den späten Neunzigern, erzählt sie, seien weltweit die Kaffeepreise abgestürzt, bei gleichzeitiger Öffnung der Märkte, und etliche lokale Produzenten pleitegegangen. Die Menschen hätten gelitten, bis Kleinbauernkooperativen 2006 die Ankole Coffee Producers' Co-operative Union, kurz ACPCU, gegründet hätten. Das Besondere daran: Die Gründer waren alle Fairtrade-zertifiziert. Nach Jahren ohne Selbstbestimmung, auf Gedeih und Verderb Abnehmern und Märkten ausgeliefert, biete ACPCU den Bauern nun Unabhängigkeit und Sicherheit. Dank Fairtrade-Zertifizierung bekämen sie Prämien und Mikrokredite, könnten technisches Gerät kaufen, würden fachgerecht geschult, um global konkurrenzfähig zu sein, und partizipierten an der gesamten Wertschöpfungskette.

Zwei Geschichten aus einer Welt, in der es nicht so gerecht zugeht, wie es sollte. Aber es kann besser werden, wenn wir darauf achten, fair gehandelte Waren zu kaufen: Nahrungsmittel, Textilien, Kunsthandwerk und Industriegüter aus Entwicklungsländern, deren Erzeuger auf stabile Einkommen zählen können, selbst wenn die Weltmarktpreise fallen. Das zu gewährleisten, haben sich unter dem Dachverband FINE vier Organisationen für fairen Handel zusammengeschlossen. Die bekannteste, Fairtrade Labelling Organizations International, kurz FLO, zertifiziert über nationale

219

Siegelagenturen (in Deutschland TransFair) Produkte, die den Vergaberichtlinien genügen: keine Ausbeutung und Diskriminierung, Kinderarbeit, Gentechnik, gefährlichen Chemikalien und Pestizide, dafür existenzsichernde Mindestlöhne und nachhaltiger Anbau. Jeder vom Kleinbauern bis zum Industriebetrieb kann sich zertifizieren lassen. Schulungen und Prämien helfen, gemeinsam Projekte zu finanzieren und vom Erlös Krankenhäuser, Schulen und Straßen zu bauen. FLO unterstützt Produzentennetzwerke in Afrika, Asien, Lateinamerika und der Karibik, eine Schwesterorganisation, FLO-CERT, stellt durch fortlaufende Überprüfungen sicher, dass die Standards eingehalten werden. Fair gehandelte Produkte erkennen Sie am Zertifikat, auch hier gibt es mehrere. Ein Überblick:

Das Fairtrade-Siegel
Meistverbreitet. Die Hälfte der Waren stammt aus nachhaltigem Anbau. Fair produzierte Zutaten müssen mindestens 20 Prozent betragen.

GEPA – The Fair Trade Company
Strengere Auflagen als Fairtrade, geringere Verbreitung.

Das Naturland-Siegel
Streng! Die Produkte sind durchweg fair gehandelt und stammen aus ökologischer Produktion. Zertifiziert werden auch Produzenten des Globalen Nordens.

Rainforest Alliance
Verspricht faire Produktionsbedingungen. Nachhaltigkeit steht im Hintergrund.

UTZ
Beliebt bei Discountern, eher lockere Kriterien.

World Fair Trade Organization
Setzt sich ein für gerechteren Welthandel und die Stärkung benachteiligter Produzenten.

Fairtrade-Siegel wirken keine Wunder. Nicht wenige kritisieren, es gebe keine international verbindlichen Standards. Kleinbauern würde die Zertifizierung zwar nutzen, nicht aber Tagelöhnern (die in Entwicklungsländern bis zur Hälfte aller Arbeitskräfte ausmachen). Da ist noch Luft nach oben, andererseits schon viel erreicht worden. In Uganda stieg das Einkommen der Bauern durch Fair Trade merklich an, in Afrika, Asien und Südamerika helfen Zertifikate Kleinunternehmern, Konzernen die Stirn zu bieten. Je besser wir hierzulande verstehen, welchen Beitrag Menschen wie Nazma und Agnes für unseren Lebensstandard leisten, desto mehr können wir helfen, ihren zu verbessern.

Was hat das alles mit Klimaschutz zu tun?

Vereinfacht gesagt, trägt Klimawandel zur Armut und Armut zum Klimawandel bei. Am härtesten trifft es die Entwicklungsländer, überwiegend bäuerliche Gesellschaften, deren Existenzgrundlagen durch Abholzung, Überflutungen und Dürren nach und nach vernichtet werden. Den Ausgleich könnten Jobs in heimischen Industrien (Technologie, Bekleidung) schaffen, würden dort faire Löhne gezahlt. So aber machen Ausbeutung und Ungerechtigkeit auch diese Chance zunichte. Reiche Länder verlagern Belastungen, die mit ihrem Way of Life einhergehen, in die Entwicklungsländer, wo auf niedrigstem Lohn- und Investitionsniveau extrem klimaschädlich produziert wird. Um zu überleben, sind die Armen

221

gezwungen, ihren Lebensraum zu zerstören, etwa indem sie mit Holz kochen und heizen, was die Erderwärmung weiter vorantreibt.

Grundsätzlich also richtig, faire Arbeitsbedingungen herzustellen. Leider folgt daraus das nächste Problem: Steigende Lebensqualität gleich höherer Energieverbrauch. Wird die Energie fossil gewonnen, führt wachsender Wohlstand in Entwicklungsländern zu noch mehr Zerstörung und höherer Klimabelastung. Kontraproduktiv, auch für die Industriestaaten. Armutsbekämpfung ergibt erst Sinn, wenn sie auf grüne, nachhaltige Weise erfolgt. Klassische Entwicklungshilfe schneidet diesbezüglich schlecht ab, weil sie Entwicklungsländer zwar (bedingt) fit für den internationalen Wettbewerb macht, aber auf Kosten der Umwelt. Ein Teufelskreis, doch die reiche Welt erwacht. Reibt sich die Augen. Sieht die Geister, die sie rief, wüten. Selbst in konservativen Kreisen setzt sich die Erkenntnis durch, dass zügelloses Wachstum (dazu später mehr) ohne Rücksicht auf Verluste eine hirnrissige Idee ist, die dazu führen könnte, dass Außerirdische, die dereinst auf unserem schönen Planeten landen, als höchstentwickelte Lebensform nur noch ein paar dekorativ gefärbte Lurche in Salzwüsten vorfinden werden. Benachteiligten Geld zu geben, damit sie die Fehler der Reichen wiederholen (ohne sich aus deren Abhängigkeit lösen zu können), bringt also gar nichts. Zur nachhaltigen Armutsbekämpfung müssen Entwicklungshilfe, Fair Trade und Klimaschutz eins werden, die Reichen den Armen ihre grünen Technologien zur Verfügung stellen und sie als Partner auf Augenhöhe akzeptieren (auch dazu später mehr).

PLASTIK

Was ist eigentlich Plastik? Na, Kunststoff. Und was ist Kunststoff? Blöde Frage, Kunststoff ist – na ja, ist –

Geht es Ihnen manchmal auch so? Wie selbstverständlich benutzen wir Begriffe, von denen wir nur eingeschränkt wissen, was sie bedeuten. Kunststoff musste ich nachschlagen. Synthetisch erzeugte Stoffe. So viel wusste ich. Aber erzeugt aus was? Aha. Die Basis ist Erdöl, Erdgas oder Kohle. Daraus werden Kohlenstoffverbindungen synthetisiert, Substanzen zugefügt wie Polyethylen, fertig ist der Kunststoff. Tolles Material. Eigentlich. Dafür, dass es so toll ist, schmeißen wir ganz schön viel davon weg. Kunststoff ist billig, Tragik des Allgemeinguts, aber –

Wo landet Plastik?

Im Meer. Irgendwie immer. Da wundert sich Klein Sepp, wenn er mal ein Plastikbecherchen auf der Alm vergisst. Wie kommt das von dort ins Meer? Nun, knapp 400 Millionen Tonnen Plastik produziert der Mensch pro Jahr, Verpackungen, PET-Flaschen, diverse Einwegprodukte und Hunderte Milliarden Tüten. In umweltbewegten Kreisen hat Plastik Leibhaftigenstatus, wird aber, wenn sich nichts ändert, bis Mitte des Jahrhunderts aufs Vierfache angewachsen sein. Die meisten Produkte werden nach kurzer Nutzungsspanne entsorgt, verbrannt, irgendwo reingestopft, vergessen. Plastik bringt wie kaum etwas die Schlampe in uns zum Vorschein. Es bittet geradezu darum, am Strand und auf der Wiese liegen gelassen zu werden, und den Gefallen tun wir ihm allzu gern. So müllt es die Welt zu, vornehmlich in Entwicklungsländern, wo es nicht sachgerecht entsorgt wird, aber auch in Ferienparadiesen, denen das Paradiesische schnell abhandenkommt. Was uns nicht hindert, Plastik hinterherzuwerfen. Bis zu fünfhundert Jahre haltbar, gammelt es rum, resistent gegen organische Zersetzung. Es zerbricht nur in immer kleinere Teile. Die bläst der Wind von den Müllhalden in Bäche und Flüsse, wo bereits schwimmt, was am Ufer lag. Selbst der höchste Hochgebirgsbach fließt in einen Fluss, einen weiteren Fluss und der ins Meer. Damit nicht genug. In der Waschmaschine wäscht die Wäsche, wischwasch, Tausende Polyester- und Polyacryl-Kunstfasern gelangen in die Kanalisation und von dort – genau. Nur knapp 20 Prozent allen marinen Plastikmülls werden unmittelbar an Küsten oder auf hoher See verklappt, das meiste stammt aus dem Binnenland. Manches spült die See ganz woanders wieder an, Kanapou Bay, deutsches Wattenmeer, Niederlande, wo es einem den Strandspaziergang vermiest. Das meiste aber verbleibt in den Wellen und wird von ozeanischen Oberflächenstrudeln zu riesigen Plastikinseln zusammengeschoben: große, kleine und allerkleinste Teile, sogenanntes Mikroplastik.

Mit der Zeit beginnen Reibung, Sonne und Salz das Zeug doch zu zersetzen, wobei toxische Zusatzstoffe frei werden, BPA und Oligomere, und in die Nahrungskette der Meeresbewohner gelangen. Um Ihnen eine Vorstellung von der Größe dieser Plastikinseln zu geben: Im Nordpazifikwirbel zwischen Asien und Amerika treiben auf einer Fläche von über anderthalb Millionen Quadratkilometern (das sind ungefähr drei Frankreichs) geschätzt 1,8 Billionen Plastikteilchen, viele mit bloßem Auge nicht zu erkennen, zusammen die sechsfache Menge allen Planktons der Welt. Ein Teil sinkt hinab, wodurch sich der arktische Tiefseeboden langsam in eine Mülldeponie verwandelt. Tiere verhungern, weil außer Plastik nix zu fressen da ist, andere fressen es und gehen dran ein, viele aber konsumieren Mikroplastik, ohne es überhaupt zu merken. Wir zum Beispiel. Die oft nanogroßen Teilchen sind allgegenwärtig. Sie haben begonnen, die komplette Erde zu überziehen, zu Lande und zu Wasser. Synthetische Weichmacher sind im Blut fast jedes Menschen nachweisbar, beeinträchtigen das Hormonsystem, begünstigen Krebs und Unfruchtbarkeit. Überwiegend nehmen wir Mikroplastik zu uns, wenn wir Fisch essen. Das zarte Kabeljaufilet, der köstliche Matjes bringen zu uns zurück, was wir glaubten, losgeworden zu sein. Igitt, aber was hat das Ganze mit Global Warming zu tun?

Plastik und Klimawandel

Aktuell fließen rund 8 Prozent des globalen Erdöl- und Erdgasverbrauchs in die Plastikproduktion (mit äquivalenter CO_2-Freisetzung). Wiederum werden beim Zerfall von Kunststoff in der Sonne Treibhausgase freigesetzt, etwa Methan. Kurzfristig sind die emittierten Mengen zwar gering, allerdings zerfällt Plastik über Hunderte von Jahren und setzt während dieser ganzen Zeit Gase frei. Noch ist der Beitrag der Kunststoffe zur Klimakrise vergleichsweise überschaubar (wenngleich zu hoch, um tolerierbar zu sein). Steigt die Nachfrage wie erwartet, sieht die Sache schon anders aus. Auch, weil trotz Recycling zu viel Plastik in Müllverbrennungsanlagen endet und spätestens dort erhebliche Mengen CO_2 freisetzt. Treibhausgase sind vielleicht nicht das Hauptproblem der Plastikflut, aber ein ernst zu nehmendes.

Plastik vermeiden

An Ideen mangelt es nicht. Das Umweltprogramm UNEP der Vereinten Nationen hat eine globale Kampagne ins Leben gerufen, um das öffentliche Bewusstsein zu schärfen, bevor es mehr Plastik in den Meeren gibt als Fisch. Coca-Cola, Pepsi und Evian planen ein umfassendes Recyclingprogramm. Die World Ocean Initiative der Economist Group versammelt Führungskräfte aus Politik, Wirtschaft und Forschung, um Allianzen zu schmieden und Maßnahmen für eine nachhaltige Meereswirtschaft auf den Weg zu bringen. In San Francisco startete 2018 das groß angelegte Ocean-Cleanup-Projekt, eine von diversen Initiativen, um die Meere von Plastik, insbesondere Mikroplastik, zu säubern. Der Kreativität sind keine Grenzen gesetzt. Die schwimmende Plattform Pacific Garbage Cleaning filtert netzlos, also ohne Gefährdung marinen Lebens, Partikel aus dem Wasser. Seabin schickt mobile Mülleimer durch Hafenbecken. WasteShark, eine staubsaugerähnliche Drohne, sammelt Mikroplastik und Umweltdaten. Fishing for Litter der Umweltorganisation KIMO bezieht gleich die ganze Fischereibranche als Müllsammler mit ein. Speziell gezüchtete Bakterien zersetzen enzymisch PET. The Plastic Bank geht einen anderen Weg: Müll als Währung. Man kann Altplastik gegen allerlei Güter tauschen. Das Zeug wird recycelt und in Form neuer Produkte weiterverkauft.

Die Plastik-Recycling-Strategie der EU gilt als wegweisend, dennoch bedarf es internationaler Verträge. Noch fühlt sich keine Regierung der Welt zuständig für die ozeanischen Plastikinseln. Das dringend benötigte Welt-Plastik-Abkommen lässt auf sich warten, fangen Sie einfach selbst an, es umzusetzen:

- Kein Einwegplastik, keine PET-Flaschen. Das meiste landet auf dem Müll. Nutzen Sie wiederverwendbare Becher, Flaschen und Tetrapacks.
- Kaufen Sie Obst und Gemüse ohne Verpackung.
- Tragen Sie Kleidung aus Naturfasern. Kunstfasern lösen sich beim Waschen heraus und gelangen ins Abwasser.
- Benutzen Sie Naturkosmetik ohne feste, flüssige und wachsartige Kunststoffe.
- Gehen Sie mit der Stofftasche, mit Korb oder Rucksack einkaufen statt mit der Plastiktüte. Wenn doch Plastik, dann von der kompostierbaren Sorte. Zu erkennen am Siegel.
- Weniger Kaffee to go! Nehmen Sie sich die Auszeit, ihn im Café zu trinken. Spart den Plastikdeckel. Wollen Sie ihn doch mitnehmen, lassen Sie ihn in Ihren eigenen Thermobecher füllen.
- Trennen Sie Plastikmüll von Papier- und Hausmüll.
- Überlegen Sie dreimal, bevor Sie Plastik wegwerfen. Vieles kann man weiterverwenden.
- Reduzieren Sie Frischhaltefolie. Umweltfreundlicher sind Pergament und Mehrwegbehälter aus Glas, Blech oder Keramik.
- Vermeiden Sie Haushaltsgegenstände aus Plastik, verwenden Sie welche auf Holz- und Papierbasis oder Kunststoffe aus Biomasse, die sich vollständig zersetzen.
- Gönnen Sie Ihren Kids Spielzeug aus natürlichen Materialien.
- Kaufen Sie plastikfrei online bei Shops wie greenhall.de (Haushalt, Wellness, Kind & Baby), laguna-onlineshop.de (Küche, Haushalt, Lifestyle), monomeer.de (Körperpflege, Büro, Haushalt), naturlieferant.de (Lebensmittel, Haushalt) und vielen anderen mehr.

- Machen Sie mit bei Säuberungsaktionen, z. B. »Meere ohne Plastik« (NABU), saubere-meere.de., Initiative Take3.

Schnell noch eine gute Nachricht: Ab 3. Juli 2021 ist die Herstellung von Einwegplastik im gesamten EU-Raum verboten. Plastikteller und -besteck, Wattestäbchen, Kunststoffstrohhalme und Fast-Food-Verpackungen aus Styropor gehören dann der Vergangenheit an – zumindest in Europa.

KLEIDUNG

Unvergessen, als die Grünen in den Bundestag einzogen. Endlich hatte jemand Blumen dabei. Das lockerte die Stimmung nachhaltig auf, so sehr, dass manchem die Gesichtszüge entgleisten. Auf den Rängen der Union schienen die Abgeordneten einer Invasion von Fröschen und Raupen beizuwohnen. Rückblickend einer der besten Tage im Parlament! So viel Erfrischendes brachten die Neuen mit, nur in einem gaben sie ein grenzwertiges Bild ab: modisch.

Sehr viel besser, muss man sagen, sahen die anderen auch nicht aus in ihren Stangenanzügen und falsch dazu ausgesuchten Krawatten. Optisch waren die Grünen lustiger, ein blühendbuntes Statement. Recht so! Als käme es auf Kleidung an. Ändert nichts daran, dass der Häkellook bis heute nachwirkt und die irrige Ansicht fördert, umweltbewegte Menschen hätten was gegen coole Klamotten und Designermode. Das haben sie ganz und gar nicht. Grün und Glamour passen trefflich zusammen. Wogegen sie etwas haben, ist Wegwerfmode, neudeutscher Fachbegriff:

Fast Fashion

Rund 8 Prozent aller anthropogenen Treibhausgase entstammen der Textil- und Schuhindustrie. Fast die Hälfte geht aufs Konto der Polyesterproduktion, deren Anteil sich bis 2030 verdoppeln dürfte. Zur Herstellung von Synthetikfasern braucht man Erdöl, beim Baumwollanbau Kunstdünger, Maschinen müssen betrieben, Werkshallen beleuchtet, Waren mit schwerölbetankten Frachtern um den halben Globus transportiert werden. Während der Fertigung wechseln Kleidungsstücke oft mehrfach das Land, hier wird gesponnen, da genäht, dort gefärbt. Ein T-Shirt hat, wenn Sie hineinschlüpfen, meist mehr von der Welt gesehen als Sie selbst.

In der Fast Fashion sind Polyester und Synthetikfasern gewissermaßen die Grundsubstanzen. Weder kann man sie effektiv weiterverwerten noch weiterverkaufen. Polyester zu recyceln (zu sogenanntem rPET) rechnet sich ökologisch wie ökonomisch nur bedingt. Ein weiteres Problem der Fast Fashion ist die Verschmutzung. Beim Färben und Behandeln gelangen Schwermetalle, Nitrate, Chlor und Schwefel zum Einsatz, kaum abbaubar und hochgiftig. Oft wiegen die Chemikalien ein Vielfaches der Kleidung selbst, belasten das Grundwasser und verderben die Böden. Nicht selten, dass die schicke Bluse mit einem weniger kleidsamen Hautausschlag korrespondiert. Sie vor dem Tragen zu waschen, reicht oft nicht. Produziert wird überwiegend in Billiglohnländern – Liberia, Zentralafrikanische Republik, Vietnam, Bangladesch et cetera –, Regionen, die infolge des Klimawandels, zu dem Fast Fashion beiträgt, unbewohnbar werden könnten. Die Menschen kommen dann zu uns. Ungetrübt davon werden Billigklamotten nach dreimaligem Tragen weggeworfen (für nichts anderes sind sie dann mehr

229

gut), wächst der Müllberg, steigt die Überproduktion. Zeit für –

Fair Fashion

Oder nachhaltige Mode. Besonders junge Labels setzen auf biologische Materialien, verzichten auf giftige Chemikalien und halten die Umweltbelastung gering. Auch große Marken gehen nachhaltige Wege, wenngleich noch ein bisschen hüftsteif. 2018 verpflichteten sich Labels von Weltrang in der Fashion Industry Charter for Climate Action, ihren CO_2-Ausstoß bis 2050 auf null zu reduzieren. Mit dabei sind Giganten wie H&M, Ralph Lauren, Hugo Boss, Nike und Adidas. Zwar bemängeln Kritiker, Nachhaltigkeit und Fair Trade stünden hinter dem Ziel zurück, doch die Aktion war wichtig. Sie holt grüne Mode aus der Häkelschublade. Die Unterzeichner stehen für Style. Zugleich sind die Selbstverpflichtungen als erster Schritt zu verstehen. Wichtig wären nun globale Standards bei der Vergabe von Fair-Fashion-Siegeln. Das lässt sich beschleunigen, wenn wir dort einkaufen, wo Wertschöpfungsketten offengelegt werden. Je vehementer wir Produktionsbedingungen hinterfragen, desto mehr geraten Labels in die Pflicht, sich zu erklären.

Wegwerfmode wird verschwinden, wenn Menschen sie boykottieren. Wie immer sind wir auch hier nicht dogmatisch – manchmal muss der rattenscharfe Billigfummel einfach sein. Darüber hinaus sollte man zeitlos Wertvolles kaufen (zeitlos heißt, auch morgen noch cool) und sich nicht zum Idioten einer Industrie machen, deren Credo die ständige Erneuerung ist, was dazu führt, dass man im heißesten Scheiß oft tatsächlich wie ein Idiot aussieht. Lieber mal in den Kleiderschrank schauen, was da so hängt. Klamotten tau-

230

schen. Beim Kauf auf Recyclingfähigkeit achten. Gehen Sie auf Entdeckungsreise: eine beeindruckende Auswahl an toller, nachhaltiger Mode finden Sie auf nu-in.com. Dedicated bietet Streetwear aus Bio-Baumwolle. »Because there is no Planet B« lautet das Motto des spanischen Labels Ecoalf, das aus Plastikmüll Fashion macht, für die Bikinis von Piwari werden Fischernetze recycelt, Fremdformat fertigt Schmuck aus Abfällen der metallverarbeitenden Industrie. Die Auswahl an Labels, die ökologisch produzieren, ist schier unerschöpflich! Beeindruckend: Cocccon. Bio-Seide ohne Abwasser, Abfall und Pestizide. Die Puppen der Seidenraupen überleben und werden Schmetterlinge. Dafür gab es den Deutschen Nachhaltigkeitspreis 2021.

HAUSHALT

Ich weiß, was Sie gestern getan haben. Ich weiß auch, was Sie morgen tun. Ich weiß alles, soweit es Dinge betrifft, die man gar nicht *nicht* wissen kann. Dinge des täglichen Lebens halt, Zähne putzen (haben Sie heute, jede Wette, tun Sie morgen wieder), duschen, etwas aus dem Kühlschrank nehmen, wieder reinlegen – täglich vollziehen wir unsere Routinen und stellen sie selten infrage. Warum auch? Läuft ja alles. Ins Waschbecken läuft das Wasser, während man sich die Zähne bürstet und – stopp! Erst laufen lassen, um den Mund auszuspülen. So beginnt es. Mit den kleinen Dingen, die man täglich tut und gar nicht lassen soll, nur vielleicht *so* tun, dass man sein ökologisches Guthaben vergrößert.

In diesem Kapitel finden Sie Anregungen, die Ihnen nach allem bisher Gesagten vielleicht teilweise banal erscheinen. Erst RCP8.5, Kippelemente, Chaostheorie, und dann soll die

Quintessenz sein, beim Zähneputzen das Wasser abzudrehen? Nein, nein! Wir haben im späteren Verlauf auch Systemwechsel und Supertechnologien in petto. Wenn Sie also auf den nächsten Seiten feststellen, dass Sie ohnehin schon tun, was ich vorschlage, blättern Sie einfach weiter. Wenn es Sie auf neue Ideen bringt – umso besser.

Hier Tipps für nahezu alles und jeden:

Bad

Vollbad, perfekter Luxus! Sollte ein Luxus bleiben. Duschen verbessert die Ökobilanz. Was haben Sie eigentlich für einen Kopf? Pardon, Brausekopf. Niederdruck-Brauseköpfe sparen Wasser und Energie. Zähne putzen hatten wir schon. Mit einem Einhandhebelmischer stellen Sie bequem Ihre Lieblingstemperatur ein und sparen noch mal Wasser. Bei Ihrem intimsten Vorgang bleibe ich draußen. Ich weiß auch so alles. Das heißt, okay, ich weiß nicht, ob Ihre Toilette eine Spülstopp- oder Spartaste hat. Aber dass Sie damit Wasser sparen – das weiß ich.

Küche

Moin, Kaffee. Sie *lieben* Kaffee! Sollten Sie in letzter Zeit über eine neue Kaffeemaschine nachgedacht haben, hilft Ihnen utopia.de, die umweltfreundlichste zu finden. Kapsel oder Pad? Tja. Plastikkapseln sind verpönt, denn sie werden nicht recycelt, sondern verbrannt. Alu-Kapseln sind ökologischer, aber nicht in der Herstellung. Vielleicht eine Siebträgermaschine? Die braucht viel Strom und Vorlaufzeit. Und überhaupt, für Kaffee werden Wälder gerodet, große Wassermengen verbraucht, lange Transportwege in Kauf genommen.

232

Mann, oh Mann! Kann denn gar nichts einfach sein? Doch. Trinken Sie Tee.

(Das war ein Witz! Genießen Sie Ihren Kaffee. Hochlandkaffee. Mehr Niederschläge, weniger Bewässerungsbedarf.)

Kochen Sie nie ohne Deckel, bei offenem Topf geht Energie verloren. Zu große Töpfe ziehen die Kochzeit in die Länge, zu kleine verschenken Energie. Schnellkochtöpfe und -platten sind ideal, Wasserkocher energiefreundlicher, als wenn Wasser auf dem Herd blubbert, Geschirrspüler effizienter, als mit der Hand zu spülen (höre ich da einen Seufzer der Erleichterung?). Mikrowelle bitte nur anwerfen, wenn nötig. Nicht nötig ist sie, um Lebensmittel aufzutauen. Die einfach am Vortag in den Kühlschrank legen, apropos –

Kühlschrank

Der mag es nicht, wenn er zu lange offen steht. Kostet Energie. Räumen Sie Lebensmittel also zügig ein. Sind sie frisch gekauft, ist sowieso mehr Energie vonnöten, um sie runterzukühlen. Stellen Sie also nichts Warmes oder gar Heißes rein. Regelmäßiges Abtauen spart Energie, bei längerer Abwesenheit empfiehlt es sich, den Kühlschrank auszuschalten und die Tür offen stehen zu lassen, damit nichts schimmelt. Lebensmittel in Dosen statt in Folie verpacken. Wichtig auch, dass der Kühlschrank an einem kühlen Ort steht, das erleichtert ihm die Arbeit. Wie viel frieren Sie so ein? Achten Sie beim Gefrierschrank auf die richtige Größe. Gefriertruhen brauchen eigentlich nur Lebensmittelhändler und Serienmörder.

Elektrogeräte allgemein

Achten Sie bei jeder Neuanschaffung auf den Energieverbrauch. Auch hier gibt es eine hilfreiche Adresse, ecotopten.de, auf der ökologische Spitzenprodukte aus den Bereichen Textilien, Lebensmittel, Mobilität, Computer/Büro, Fernseher, Haushaltsgeräte, Wärme, Strom und Beleuchtung empfohlen werden.

Waschtag

Wie weiß soll die Wäsche sein? Das weißeste Weiß Ihres Lebens? Für eine weiße Weste können Sie schon mal mit ökologischen Waschmitteln beginnen. Das Portal utopia.de listet die bestgetesteten Biowaschmittel auf. Wenn möglich, waschen Sie bei Niedrigtemperatur und verzichten Sie auf die Vorwäsche. Machen Sie die Waschtrommel randvoll und sparen Sie Waschgänge. Es gibt ganz tolle, nachhaltige Wäschetrockner! Die klappt man auf und hängt die Wäsche drüber. Okay, okay! Flauschiger wird's mit dem elektrischen, aber nutzen Sie ihn möglichst nicht zu oft.

Heizen

Richtig schön sind Heizkörper ja nicht. Da zieht man gerne mal die Gardine des Vergessens davor. Keine gute Idee. Die Wärme kann sich nicht verteilen, und die Heizkosten steigen. Um sie niedrig zu halten, sollten Sie sich der Dichtigkeit Ihrer Türen und Fenster vergewissern und gegebenenfalls Doppelverglasungen einbauen lassen. Nachts Rollläden und Vorhänge schließen und die Heizung etwas runterdrehen – nicht ausschalten! Dann braucht sie zu viel Energie, um wieder hochzufahren. Ebenso wenig ganz aufdrehen. Keinesfalls sollen Sie frieren, aber ein, zwei Grad weniger – bedenken Sie, auch wir Menschen sind Frischfleisch. Kühl halten wir uns länger. Jedes zusätzliche Grad steigert den Energieverbrauch um 5 bis 6 Prozent. Das schreit nach Thermostatventilen, die automatisch die Raumtemperatur regeln. Alte Ventile ab-, neue aufschrauben – fertig. Ganz wichtig: lassen Sie Ihre Heizung regelmäßig warten. Geht immer noch Wärme verloren, kann es an mangelnder Dämmung liegen. Vielleicht ist es auch Zeit, die alte Heizung auszuwechseln. Klingt teuer, aber eine neue spart genug Energie, dass es sich rechnet, und es gibt staatliche Förderprogramme. Mehr unter energiefoerderung.info.

Lüften

Ist Teil der Anti-Corona-Strategie, war aber schon vorher eine gute Idee. Ihre persönliche Leistungsbilanz sackt nämlich ab ohne frische Luft. Im Winter allerdings nur stoßlüften. Fenster weit aufreißen, schließen. Dauergeöffnete Kippfenster lassen zu viel Wärme entweichen, außerdem besteht Schimmelgefahr.

Energie!

– sagt Scotty, wenn er die Enterprise auf Warp 3 beschleunigt, und was da an Energie draufgeht, davon könnte Köln zehn Jahre zehren. Sie sind bescheidener. Vor allem interessiert Sie, woher die Energie für Ihr Zuhause eigentlich kommt. Kohle, Wind, Solar? Genaueres Hinschauen könnte Sie veranlassen, den Stromanbieter zu wechseln. Inzwischen gibt es bundesweit Anbieter von Ökostrom, bei denen Sie nicht befürchten müssen, dass mitten im Tatort plötzlich Mattscheibe ist. Der

NABU empfiehlt vier: Greenpeace Energy, Lichtblick, Elektrizitätswerke Schönau (EWS) und Naturstrom AG. Sollten Sie einen Wechsel erwägen, lassen Sie beim Ökostromrechner verivox.de die Preise grüner, regionaler und konventioneller Anbieter vergleichen. Achten Sie darauf, dass der Anbieter Ihrer Wahl mit dem Grüner-Strom-Label zertifiziert ist. Dann nämlich ist die Herkunft des Stroms aus erneuerbaren Energien garantiert.

Oder aber Sie sind Eigentümer eines Dachs und können darauf machen, was Sie wollen. Nachts den Mond anheulen. Es vollpacken mit Solarkollektoren. Kurz erklärt: Es gibt Solarthermie-Anlagen, die ergänzend zur Heizung Wärme liefern. Damit können Sie je nach Größe Ihres Dachs schon bis zur Hälfte Ihres jährlichen Wärmebedarfs decken, bei Niedrigenergiehäusern sogar mehr. Und es gibt Fotovoltaik-Anlagen zur Erzeugung von Strom aus Sonnenwärme. Die Paneele für das eine wie das andere sehen recht ähnlich aus. Ist Ihre Fotovoltaik-Anlage so leistungsfähig, dass Sie noch Strom ins öffentliche Netz einspeisen können, wird Ihnen das sogar vergütet. Strom und Wärme aus eigener Produktion reduzieren den Anteil an Kohlestrom, entlasten die Netze, und mal ehrlich: Strom, Hausmarke – das klingt fast so gut wie eigener Wein.

Licht

Nein, so hässlich sind sie nicht mehr. Die ungeliebten Energiesparlampen. Großräumig eingesetzt, etwa in Unternehmen, sparen sie viel CO_2 und Geld ein. In der Anschaffung zwar teurer als die (verbotenen) Glühbirnen, liegt ihre Lebensdauer fünfzehn Mal höher. Malus: Sie enthalten Quecksilber. Noch besser, Sie kaufen LED. Die kleinen Dioden sind die Marathonläufer unter den Leuchtmitteln, 80 Prozent energieeffizienter als Glühbirnen und halten mit Abstand am längsten.

Büro

Da steht Ihr Computer. Sollte es ein Desktop-PC sein, wird er mehr Energie verbrauchen als ein Notebook. Die werden gegenüber Desktops immer leistungsfähiger und zugleich energieeffizienter. Schön und gut. Sie brauchen aber einen großen Bildschirm. Kein Problem. Kaufen Sie einen Monitor, schließen Sie ihn ans Notebook an. Back-ups sind prima, doch je mehr sich das Volumen füllt, desto mehr Energie wird für die Speicherung aufgewendet. Ziehen Sie möglichst oft ein Back-up auf eine externe Festplatte oder einen Stick und löschen Sie alte. Bildschirmschoner fressen Strom. Besser, den Computer auszuschalten, wenn Sie ihn nicht brauchen. Gleiches gilt für Drucker und Scanner. Erinnern Sie sich, wie man uncoole Typen in den Neunzigern nannte? Warmduscher. Wissen Sie, wie noch? E-Mail-Ausdrucker. Was nicht unbedingt ausgedruckt werden muss, spart Papier. Wichtig! Am besten, Sie drucken sich das aus –

Unterwegs

Wir verlassen das Haus. Ja, ich bin immer noch an Ihrer Seite. Wenn Sie ein Auto haben, setze ich mich auf den Beifahrersitz und fange sofort an zu meckern: Was soll denn das, was machen Sie denn da? Nicht den Motor im Stehen warm laufen lassen. Verpestet die Luft, ohne dass Sie einen Meter vorwärtskommen. Anfahren, sofort in den zweiten Gang. So ist es gut. Nicht hochtourig fahren, kostet Sprit. Schalten Sie frühzeitig, geben Sie Gas. Schon stehen wir vor der Schranke. Mist! Das kann dauern. Besser schalten Sie den Motor ab (Neuwagen haben oft eine automatische Motorabschaltung). Und weiterfahren! Auf die Autobahn. Wussten Sie, dass – he, bergab vom Gas! Nicht so rasen! Solange Sie zwischen 100 und 130 Stundenkilometern bleiben, müssen Sie am wenigsten abbremsen und beschleunigen, das spart ebenfalls Energie. So ist es besser.

Sagen Sie mal, kann es sein, dass Ihre Kiste hinten hängt? Was haben Sie denn alles im Kofferraum? Jedes Kilo weniger spart Benzin. Wann haben Sie zuletzt den Reifendruck geprüft? Benutzen Sie Leichtlauföl, Leichtlaufreifen? Muss die Klimaanlage blasen? Ah! – das wollte ich vorhin sagen, wussten Sie, dass alleine die Klimaanlage den Kraftstoffverbrauch um bis zu zwei Liter anhebt? Alles, was die Lichtmaschine belastet, kostet Sprit. Heckscheibenheizung auch. Lassen Sie uns lieber ein bisschen Radio hören. Was erzählen die da? Die meisten Menschen haben das falsche Auto? Solche, die nur kurze Strecken fahren, ein zu großes, die lange Strecken fahren, ein zu kleines? Wo soll man sich beraten lassen, besser-autokaufen.de? Klingt interessant. Fuß vom Gas! Sie rasen schon wieder. Warum fahren Sie überhaupt alleine? Ihre Kollegen fahren doch dieselbe Strecke. Fahrgemeinschaft wär besser, noch besser, Sie teilten sich ein Auto mit anderen, carsharing.de, wie bitte, was haben Sie gesagt?

Ich gehe Ihnen auf die Nerven?

Fahren Sie doch Rad.

REISEN

Die Welt ist groß und schön und voller dämlicher Begriffe. Flugscham ist einer davon.

Jeder hat mal Grund, sich zu schämen. Für alles Mögliche, meist Persönliches. Die sich im großen Stil schämen sollten, Autokraten, Umweltzerstörer und kriminelle Manager, wissen oft gar nicht, wie das geht. Keinesfalls dürfen wir die Klimadiskussion, da sie endlich in der Mitte der Gesellschaft ankommt, in eine Schamdiskussion verwandeln. Wenn Menschen rot vor Flugscham, Autoscham, Fleischscham, Plastikscham, Konsumscham und ganz allgemein Existenzscham durchs Leben schleichen, Klimabüttel auf den Fersen, die mit ausgestrecktem Finger »Schande! Schande!« rufen, können wir's gleich lassen. Dem Mallorca-Fliegenden verächtlich »Milbe« zuzuzischen, mag der eigenen moralischen Erhöhung dienen, damit gewinnt man ihn nicht für die gute Sache. So funktioniert die Psyche nicht.

Merken wir, dass wir uns für etwas schämen, sollten wir es einfach lassen. Schämen wir uns nicht, machen wir eben weiter, bis uns bessere Argumente dazu bringen, unser Handeln zu überdenken. Versuchen wir also, andere vom klimagerechten Leben zu überzeugen, und würdigen wir jeden Schritt, den sie sich aus dem Bollwerk ihrer Gewohnheiten trauen. So weit die kleine Erbauungspredigt zu Schuld und Scham. Haben Sie gepackt? Wir gehen auf Reisen.

Nachhaltiger Tourismus

Was genau ist das? Laut Umweltdatenbank ist Tourismus nachhaltig, »wenn er einen Umgang mit allen Ressourcen in einer Weise ermöglicht, dass ökonomische, soziale und ästhetische Bedürfnisse erfüllt werden und zugleich die kulturelle Integrität, essenzielle ökologische Vorgänge und die Biodiversität erhalten bleiben«. Klingt nicht sonderlich schwer, ist aber schwer. Einfach, weil noch der rücksichtsvollste Reisende nicht alleine ist. Als Justin Bieber 2015 sein »I'll show you«-Video im isländischen Fjaðrárgljúfur-Canyon drehte, pilgerten Fans verzaubert von der Landschaft (und Herrn Bieber) dorthin. Leider über eine Million. Schlucht platt getrampelt. Jeder Einzelne war weit davon entfernt, Island zerstören zu wollen, wie also bringt man Massentourismus mit Nachhaltigkeit überein? Was man dem einen gewährt, kann man anderen schlecht verbieten, die Welt zunageln ist auch keine Lösung, zumal mehr als hundert Millionen Menschen vom Tourismus leben.

Es beginnt in den Ländern selbst. Regierungen und Verbände müssen sich fragen, wie viel und welche Art Tourismus sie zulassen. Will man wie Spanien während der Siebziger ganze Küstenstriche verschandeln? Ist es einem egal, wenn Naturräume mit Füßen getreten, Minimalstandards an Zivilisiertheit unterschritten werden, die eigene Bevölkerung sich ihre Heimat nicht länger leisten kann, siehe Sylt? Wie weit geht man, nur um ein paar Besucher mehr anzulocken? Lässt man Kreuzfahrtschiffe weiter mitten durch Venedig fahren und Fundamente und Biotope schädigen? Oder sperrt man Gebiete zur Regenerierung wie die Isländer ihren Canyon? Was soll Reisen überhaupt kosten? Wenig und für jeden erschwinglich, womit die Tragödie des Allgemeinguts vorprogrammiert ist? Viel, um die Massen fernzuhalten, was in Elitarismus gipfeln kann? Wie kommt man hin und weg? Es gibt Orte, die erreicht man nur mit dem Flieger. Bildband kaufen, Reise streichen? Oder schamesrot antreten?

Nicht das Verbot ist die Antwort, sondern das richtige Maß.

240

Wenn's denn sein muss – fliegen

Die Sache ist die: In je höhere Luftschichten Abgase gelangen, desto größer die Treibhauswirkung. Darum sind Flugreisen klimaschädlicher als Autofahrten, und je öfter und länger man fliegt – genau. Wenn also das Ziel auf Bodenhöhe nur unter Strapazen oder gar nicht zu erreichen ist, spricht selbstverständlich nichts gegen Fliegen. Ansonsten empfiehlt sich das Auto als zweitbeste und die Bahn als beste Lösung, denn sie hat die positivste Umweltbilanz. Inlandflüge sollten Sie streichen, schon weil Sie nicht viel Zeit dadurch sparen. Flughäfen liegen meist außerhalb: lange Anfahrten, rumhängen im Terminal, vertane Zeit. Bahnhöfe sind zentral, während der Fahrt können Sie lesen, Filme gucken, arbeiten, einfach dösen. Arbeiten und lesen können Sie im Flieger zwar auch, aber glauben Sie mir – ich musste zwanzig Jahre berufshalber fliegen, der Anblick Geschäftsreisender, die eine Stunde lang auf dieselbe Seite im Buch starren oder den SPIEGEL verkehrt herum halten, ist mir geläufig.

Nun müssen Sie zum Meeting von Freiburg nach Kiel. Wahnsinn mit Auto oder Bahn! Vielleicht aber auch Wahnsinn, überhaupt zu reisen. Rückblickend auf meine Agenturzeit in den Neunzigern war unser größtes Problem, dass wir kein Skype oder Zoom hatten. Wir sind analoge Wesen. Unverzichtbar, mit Freunden und Verwandten, auch Kollegen und Geschäftsfreunden, leibhaftig zusammenzukommen. Bei abgestandenem Kaffee Konferenzräume zu bevölkern, wenn man das Wesentliche am Bildschirm besprechen könnte, ist hingegen sehr wohl verzichtbar und wird es hoffentlich bleiben.

Aber Sie wollen nach Island. Nicht wegen Justin Bieber. Wegen Island. Nur zu. Mit Bahn und Schiff eine Woche hin, eine Woche zurück, gute Reise. Echt jetzt? Nö. Fliegen Sie! Und ohne Flugscham, aber lassen Sie sich bei atmosfair.de ausrechnen, wie viel CO_2 ihr Flug freigesetzt hat. Das Äquivalent spenden Sie in Euro. Entweder direkt an Atmosfair, die Umweltprojekte damit fördern, Bäume pflanzen und Ähnliches, oder Sie unterstützen Umweltprojekte Ihrer Wahl. Kompensationszahlungen sind ein fairer Weg, Fliegen mit Klimaschutz zu versöhnen. Viel Spaß also auf Island, andererseits – haben Sie schon mal gesehen, wie ein friesischer Taschenkrebs im frühen Morgenrot zwei kopulierende Wattwürmer verspeist?

Nah, fern – nah!

Zu Hause ist es auch schön. Deutschland ist reich an historischen Städten und Naturschutzgebieten. Hausboot- und Kanutrips, Radtouren, Wandern und Klettern, Traumstrände, Wellness-Paradiese, Hideaways und exquisite Restaurants, Kultur satt und Geschichte bis in die Steinzeit – Ihrem Heimaturlaub sind keine Grenzen gesetzt. Der angesagteste Klub der Welt ist immer noch das Green Valley im brasilianischen Camboriú – wenn's auch Platz sechs oder acht der Top Ten sein dürfen, können Sie im Kölner Bootshaus oder Berliner Berghain Furchen in den Boden tanzen. Keinen Meter müssen Sie für all das fliegen, aber wo steigen Sie ab?

Reisen und Adressen in Deutschland

Urlaub auf dem Bauernhof kann rustikaler werden als gewollt, manches Hotel einem die Nachhaltigkeit nachhaltig vermiesen. Gut beraten, bleiben einem derlei Überraschungen erspart. Viabono, eine vom Bund geförderte Tourismus- und Freizeitorganisation, zertifiziert klima- und umweltfreundliche Reisen. Anders als in den Bereichen Bio und Handel sind

Tourismussiegel noch wenig bekannt, wenngleich mindestens so zahlreich. Vertrauen können Sie diesen:

EU-Blume
Unterkünfte und Campingplätze in Europa

Österreichisches Umweltzeichen
Hotels, Campingplätze, Berghütten und Restaurants

Ibex fairstay
Schweizer Siegel für Hotels, Hostels, Heime und Kliniken

CSR-Tourism-Certified
Testet die Umweltkompetenz europäischer Reiseveranstalter

Bio-Siegel
Ökologische Hotelgastronomie und Restaurants

DEHOGA-Umweltcheck
Kleines bis mittleres Gastgewerbe

Qualitätsgastgeber Wanderbares Deutschland
Unterkünfte und Gastronomie entlang Wanderrouten

Viabono-CO_2-Fußabdruck
Errechnet die CO_2-Bilanz von Beherbergungsbetrieben

Viabono-Zertifizierung
Nachhaltige, klimafreundliche Hotels

Ökologischer Verkehrsclub Deutschland
Überblick über verschiedene Gütesiegel

Reisen und Adressen in Europa und Übersee

Viventura
Kulturreisen durch Südamerika

Dr. Koch Tours
Vielseitiges Bildungs- und Entspannungsprogramm mit Fokus auf Kultur und Landesbesonderheiten

Contrast Travel
Studien- und Wanderreisen, Island, Norwegen, Albanien

Forum Anders Reisen
Große Auswahl nachhaltiger Reiseanbieter

Fair unterwegs
Faustregeln, praktische Tipps, Infos und Inspirationen für Begegnungen mit Menschen aus anderen Kulturen

Travel-to-nature
Abenteuerreisen, individuell und in Gruppen, Namibia, Tansania, Costa Rica, Patagonien, Arktis, etliche mehr

Accept Reisen
Naturreisen, hauptsächlich Afrika, Südamerika, auch Asien

Gute-Reise.in
Entdeckungsreisen durch Indien

Gaelta.ie
Ökologische Reisen durch Irland

DIGITALISIERUNG

Hinterlässt ein Geist Spuren im Schnee? Mal überlegen. Wen kennen wir da? Den fast kopflosen Nick und die Maulende Myrte. Beide körperlos. Geister sind nichtmateriell, also nein. Man kann sie zwar sehen, aber was virtuell ist, hinterlässt keine Spuren.

Falsch.

Die Virtualität hinterlässt einen kratergroßen Fußabdruck. Den digitalen Abdruck nämlich, eine besonders perfide Form des ökologischen Fußabdrucks. Stimmt schon, Daten sind wie Geister. Als klimafreundliches Licht huschen sie durchs Glasfasernetz, aber was die schöne Geisterhaftigkeit verdirbt, sind Hardware und Energieverbrauch. Unter zahlreichen Gesichtspunkten ist die Digitalisierung ein Segen, unter ökologischen ein Desaster. Die halbe Weltbevölkerung ist online. 2018 emittierten digitale Technologien mehr CO_2 als der gesamte Flugverkehr. Dabei könnte die Digitalisierung sogar zur Emissionsreduzierung beitragen, würden wir sie effizienter nutzen.

Den digitalen Fußabdruck reduzieren

– kann jeder, der ein Smartphone, Tablet, einen Laptop, Tischrechner oder sonstige digitale Endgeräte besitzt. Einfach, indem er oder sie sich die Frage beantwortet: Wie viel IT brauche ich eigentlich im Leben?

Soso.

Wäre für jede Antwort, die an der Wirklichkeit vorbeiging, ein Tropfen Wasser aus dem Himmel gefallen, wären wir jetzt ertrunken, also noch mal: Wie viel? Und diesmal ehrlich. Ich gehe voran: zu viel. Ich bin kein Junkie, hänge nicht stundenlang in Chats rum, bilde mir ein, das Netz nur zu nutzen, wenn es erforderlich ist, aber was ist schon erforderlich? Ich streame Serien, recherchiere, gehe mehrmals am Tag auf Nachrichtenportale. Ich bin vielleicht kein Internet-Junkie, aber ein Musik-Junkie, und als solcher vollzeitdigitalisiert. Soll man das alles bleiben lassen? Nein. Aber wir können das Web klimagerechter nutzen. Ein Blick in unseren digitalen Alltag:

Streaming

Videos und Musik fressen den meisten Strom. Vier Fünftel aller Daten sind Bewegtbilder. Streaming hat den Vorteil, dass man Songs und Filme ohne Download auf allen Endgeräten konsumieren kann, dafür den Nachteil, dass jedes Mal aufs Neue die komplette Datenübertragungsmaschinerie angeworfen wird. Allerdings spielt es eine große Rolle, wie man streamt: via UMTS oder 3G emittiert eine Stunde Videostreaming 90 Gramm CO_2, mit 4G sinkt der Ausstoß auf 13 Gramm, mit 5G auf fünf und übers WLAN-Glasfasernetz auf zwei Gramm. Zu Hause streamen ist in jedem Fall klimaschonender als mobil übers Handy. Was man mehrfach hört und anschaut, bitte downloaden. Downloads lassen sich auf andere Endgeräte übertragen, beliebig oft abspielen, bleiben aber – vom Erst-Download abgesehen – sauber.

Clouds

Wer seine Daten der Cloud anvertraut, lagert sie nicht im digitalen Himmelreich zwischen, sondern ganz handfest auf strombetriebenen Servern. Weltweit geht beim Cloud Computing mehr Energie drauf, als ganz Deutschland verbraucht. Das Problem: Jedes Video und Foto wird nach dem Anschauen aufs Neue in der Cloud gespeichert, als wäre es das erste Mal. Das ständige Speichern treibt den Stromverbrauch in die Höhe. Sinnvoll darum, seinen Cloud Content zu reduzieren. Wer sein Essen fotografiert, muss nicht zwanzig Fotos behalten, wenn er nur eines postet. Aufräumen, Papierkorb, Löschen. Und mehr auf Sticks und Festplatten speichern.

E-Mailing

Wie viele wahnsinnig wichtige Newsletter und noch wahnsinnig wichtigere Benachrichtigungen von Facebook, Twitter, Instagram, LinkedIn usw. finden Sie tagtäglich in Ihrem E-Mail-Eingang? Wenn es mehr sind als persönliche Nachrichten, läuft irgendwas schief. Darum: Abbestellen, was man nicht liest. Einfach löschen reicht nicht, dann gammeln die Daten im Papierkorb rum. Deaktivieren Sie ungenutzte Abos, löschen Sie alte Mails, sie ziehen Strom. Fortgeschrittene steigen um auf einen ökologischen E-Mail-Dienst wie Posteo.de, mailbox.org, ownbay.net, mail.de, biomail.de oder greensta. de. – Und wo Sie schon mal beim Großreinemachen sind: Mit dem Data Detox Kit können Sie Datenmüll ausfegen, lästige Werbung blocken (Werbebanner sind immens datenintensiv), Aufzeichnungen Ihrer Online-Aktivitäten vermeiden und ganz allgemein Ihre Daten schützen.

Suchmaschinen

Google weiß alles. Herrlich. Man kommt in einen regelrechten Fragerausch. Und fragt Sachen, die man gar nicht wissen will. Jede Anfrage kostet Energie, genauer gesagt, der Suchprozess. Um Sie mit einer Vielzahl von Ergebnissen zu beglücken, werden Tausende Server simultan in Aktion versetzt. Lieber gezielt und weniger fragen – und mit jeder Anfrage Gutes tun! Das geht, indem Sie auf eine grüne Suchmaschine umsteigen. Findet die genauso viel wie Google? Absolut, Sie bleiben ja bei Google oder womit immer Sie arbeiten. Grüne Suchmaschinen sind ökostrombetriebene Masken für konventionelle Suchmaschinen. Sie kompensieren zwar nicht den ganzen Suchstrom, tun aber andere nützliche Dinge. Ecosia etwa (als App fürs Handy oder Download) pflanzt Bäume, Gexsi (Global Exchange for Social Investment) investiert in soziale und ökologische Projekte. EKORU betreibt seine Server mit Wasserkraft und engagiert sich für die Säuberung der Ozeane.

Telefonieren

Ja, so heißt das noch, wenn man in die Dinger reinspricht und einer antwortet. Auch dabei kann man sich verbessern, indem man auf einen grünen Mobilfunkanbieter umsteigt. WEtell investiert in Klimaschutz, Goood steckt einen Teil seiner Profite in soziale Projekte. Interessant ist Meetgreen, ein Unternehmen, das kostenlose Telefonkonferenzen für gemeinnützige Organisationen schaltet.

Bezahlen

Huch! Was ist das denn?

Bezahlen, im Netz? Ist da nicht alles umsonst?

Anekdote am Rande: Vor vielleicht zehn Jahren äußerte in einer Talkshow eine Vertreterin der Piraten-Partei (nicht Marina Weisband!) mit das Dümmste, was ich jemals einen Menschen habe sagen hören: Man müsse Künstlern nichts bezahlen, wenn man ihre Arbeit für eigene kommerzielle Zwecke benutze, denn die Kunst gehöre ihnen gar nicht. Sie hätten lediglich Dinge neu zusammengesetzt, die es zuvor alle schon in der Welt gegeben habe. Folglich müsse Kunst kostenlos sein und jedem unentgeltlich zur Verfügung stehen, alles andere sei Diebstahl. Solcher und ähnlicher Schwachsinn, gepaart mit ›Geiz ist geil‹ und dem unausrottbaren Missverständnis, im Netz sei irgendetwas umsonst, hat zur Entwertung von so ziemlich allem beigetragen, was Menschen physisch und geistig zu produzieren in der Lage sind. Darum: Raus aus der Billig- und Umsonst-Mentalität! Die ist virtuell noch verbreiteter als im echten Leben. Tatsächlich zahlt man im Netz sehr wohl: mit der wichtigsten Währung überhaupt, seinen persönlichen Daten. Während wir das Netz lesen, liest es uns.

Wie können wir der Entwertung Einhalt gebieten? Indem wir uns bereit erklären, für Netzkultur und -journalismus einen Gegenwert zu entrichten. Schon gibt's all die Filme, Songs und Artikel ohne Werbung. Wie schon erwähnt, verbrutzeln Banner Unmengen Energie, von Werbespots ganz zu schweigen. Will ich etwa wissen, was in der Welt geschieht, klicke ich zum Beispiel auf n-tv.de. Sofort bin ich im Bilde, muss nur vor jedem Video einen Spot ertragen. Corona-Lage, Bundestagswahl, alles klar, aber nicht ohne Parship oder Neues vom kleinen Hunger. Wären wir willens, werthaltigen Content mitzufinanzieren, entfiele ein Großteil der CO_2-intensiven Werbung. Und mehr Spaß hätten wir auch.

Web-Konsum

Konsumgesellschaft. Fieses Wort. Eine dieser sinnentleerten Hülsen, mit denen wir meinen, Zustände beschreiben zu können. Dabei sagt es nichts anderes, als dass Gesellschaften konsumieren, woran erst mal nichts auszusetzen ist. Ebenso wenig wie daran, dass Wohlstandsgesellschaften auf mehr Angebotsvielfalt zurückgreifen können, wozu auch Kulturangebote zählen. Wenn es also heißt, das Internet fördere unser Konsumverhalten, trifft das schlicht zu. Bedenklich wird es, wenn ich nicht mehr weiß, wer mir da was verkauft, nicht merke, dass ich etwas kaufe, oder in einen Rausch gerate, der mich mehr kaufen lässt als – nein, nicht als ich brauche. Brauchen ist auch so eine lahme Ente von Wort, jeder braucht was anderes. Mehr, als ich *will*. Und zwar entkörperlicht. Ohne Aufwand, den etwa der Weg zur Buchhandlung mit sich brächte. Den Spaziergang könnte ich als kleine Freude zwischendurch betrachten, aber Warenkorb, PayPal geht schneller, tags drauf bringt einer das Paket – auch okay. Nichts gegen Onlinehandel, nur sollte man sich über dreierlei im Klaren sein.

Erstens, was immer ich online kaufe, aber auch im Geschäft hätte kaufen können, trägt zum Sterben des Einzelhandels bei. Zweitens, was immer ich bestelle, setzt eine analoge Kette von Prozessen in Gang, in der prekäre Arbeitsverhältnisse, CO_2-lastige Beförderungen und Unmengen Verpackungsmaterial eine unheilige Allianz eingehen. Online-Shopping ist keine saubere Sache. Es ist klimaschädlich. Drittens, wenn ich mich schon durchkommerzialisieren lasse, wäre es die Frage wert, von wem eigentlich? Plattformen gehören Plattformen, Portale gehören Portalen. Am Ende stehen sechs der zehn größten Unternehmen der Welt: Apple, Alphabet (Google), Microsoft, Amazon, Facebook und der chinesische Internet-Riese Tencent. Alle sind hochgradig daran interessiert, durch personalisierte Werbung und Förderung der On-Demand-Kultur so viel aus ihrem Portfolio an mich zu verkaufen wie irgend möglich, und das Portfolio von Monopolisten ist – gelinde gesagt – gewaltig.

Wir wollen und sollen konsumieren. Musik beim Joggen, Autofahren, Schreiben, wunderbar! Ich wäre ohne Musik ein ärmerer Mensch, anderen geht sie am Ohr vorbei (so viel zum Thema, wer was braucht). Nur, irgendjemand stellt sie her. Wendet Zeit auf, Kreativität, Ressourcen, auch für Fotos, Filme, Artikel, für alles. Das Internet entzieht den Produktionsprozess der Dinge ebenso unseren Blicken wie das Schlachthaus die Wurstwerdung von Tieren. Zum bewussteren Umgang mit dem World Wide Web gehört, mehr darüber nachzudenken, wie Dinge entstehen, wer davon lebt und ob man sie möglicherweise gleich um die Ecke im Geschäft kaufen kann. Unser Wertbewusstsein kann nur gewinnen, und der digitale Fußabdruck würde merklich kleiner. Was wir partout nicht im Laden kriegen, können wir immer noch herbeiklicken.

Krypto-Währung

Eigentlich sind bedrucktes Papier und geprägtes Metall nicht weniger archaisch, als mit Glasperlen zu handeln. Würden wir uns global auf eine bargeldlose Zukunft einigen, ginge vieles schneller und unkomplizierter. Eine durchdigitalisierte Gesellschaft muss nicht mehr im Portemonnaie kramen, ohnehin ist der größte Teil des globalen Geldes physisch nicht auszahlbar, das Währungswesen ein abstraktes Zahlenspiel. Kryptowährungen wie Bitcoin verändern die Geldlandschaft um ein weiteres, da sie rein virtuell und nicht landes- oder bankengebunden sind. Kurz, die klingende Münze wird verschwinden, aller Zahlungsfluss ins Netz verlagert werden – und schon haben wir ein neues Problem. So praktisch und zukunftsweisend das Ganze ist, so übel haut es ins Kontor. Die Technische Universität München kommt zu dem

251

Ergebnis, dass eine einzige Bitcoin-Transaktion so viel Energie verbraucht wie ein Kühlschrank in acht Monaten. 22 Megatonnen CO_2 emittiert das globale Bitcoin-System im Jahr, gleichzusetzen mit dem CO_2-Abdruck von Hamburg oder Las Vegas. Die benötigte Rechnerkapazität, um den virtuellen Geldfluss zu bewältigen, wächst stetig an, die Kühlung der Rechenzentren verbraucht weitere Energie. Viele Probleme der digitalen Welt ließen sich indes lösen durch effizientere grüne Energiebereitstellung, vor allem aber durch optimierte –

Hardware

Noch brauchen wir Endgeräte. Irgendwo müssen die produziert werden. Während man bei Bio vor lauter Zertifizierungen den Überblick verliert, gibt es für Computer kaum Adäquates, dabei stresst ihre Produktion die globalen Ressourcen, fördert die Ausbeutung in Billiglohnländern und hinterlässt einen Himalaja an Elektroschrott. Die Hälfte davon wird in Schwellenländern unter prekären Bedingungen recycelt. Wir wollen nicht wirklich wissen, woher unsere schicken Smartphones kommen, wie massiv Arbeitsrechte und Umweltstandards dafür verletzt wurden. Aber wir können uns fragen, ob wir immer das Neueste vom Neuen brauchen. Produktzyklen verkürzen sich. Wer nicht mithält, läuft Gefahr, digital den Anschluss zu verlieren. So jedenfalls wird es suggeriert. Endgeräte werden auf eine Weise erneuert, dass kein Zubehör der Vorgängergeneration noch passt. Alles soll beständig ausgetauscht werden. Die Schnittstelle für ein Kabel um einen halben Millimeter zu verkleinern oder zu vergrößern, hat den einzigen Grund, neue Kabel zu verkaufen. Kompatibilität ist der Erzfeind aller Rendite, nichts Altes und nichts Neues darf zusammenpassen. Den Blödsinn müssen Sie nicht mitmachen, um State of the Art zu sein. Es geht auch so:

- Geräte nur dann erneuern, wenn wirklich erforderlich.
- Hardware auch mal secondhand kaufen. Gebrauchte Elektronik in gutem Zustand gibt es bei asgoodasnew.de, rebuy.de oder refurbed.de.
- Bei fairmondo.de kann man von Elektronikartikeln über Spielzeug bis zu Möbeln und Büchern alles Erdenkliche kaufen, verkaufen, tauschen oder leihen.
- vireo.de bietet neue, aber nachhaltige und klimafreundliche Unterhaltungselektronik, Haushaltsgeräte, Spielzeug und Lifestyle-Produkte an.
- Will man ein faires, umweltfreundliches Smartphone, empfehlen sich Phonebloks, Shiftphone, Fairphone. Fair gehandelte Computermäuse gibt's bei nager-it.de.
- Bei der Suche nach fairer und grüner IT helfen Beratungsportale wie greenflex.com, earthratings.com und Guide To Greener Electronics.
- weed-online.org (World Economy, Ecology & Development) bietet umfassende Informationen über fairen Handel, speziell über Arbeitsrechtsituationen in der IT-Branche.
- reset.org berät über faire IT, grüne Smartphones und Computer. Grundsätzlich eine der besten und umfassendsten Seiten zum Social Green Change.

Rechenzentren

Kennt man aus Science-Fiction-Filmen. Riesenhallen, Superhirne, Ballungszentren digitaler Intelligenz, in denen mit aberwitziger Geschwindigkeit gedacht und aus Massendaten Information generiert wird. Sonderlich anders sieht es im echten Leben nicht aus, nur meist weniger schick. Serverschränke in schmucklosen Räumen, Kabelwirrwarr, es summt und brummt, Maschinen laufen heiß und emittieren Wärme. Computer mögen Wärme nicht, weshalb sie unentwegt gekühlt werden müssen, enorm energieintensiv, das Ganze. Wenn Sie Betreiber eines Rechenzentrums sind, stehen Sie vor der Aufgabe, den Energieverbrauch runterzufahren und die Kosten-Nutzen-Bilanz zu verbessern, ohne die Rechenleistung zu mindern. Wie das geht? Total einfach. Ziehen Sie nach Schweden. Das kühle Klima ist ideal für die Betreibung von Rechenzentren. Sie wollen nicht nach Schweden? Na, hören Sie mal. Wie unflexibel. Dortige Rechenzentren leiten ihre Abwärme direkt ins Nah- und Fernwärmenetz. Beheizt werden Büros, Wohnungen, Schwimmbäder, Gewächshäuser, Bibliotheken, Theater, Konzerthallen. Das Stockholmer Rechenzentrum Elementica etwa, in dem es tatsächlich ein bisschen nach Science-Fiction aussieht, kann den Wärmebedarf einer Kleinstadt mit 20.000 Einwohnern decken. Auch in Paris werden schon Schwimmbäder mit Serverabwärme versorgt (Sie müssen also nicht nach Schweden). Ecologic Datacenters im irischen County Wicklow planen, Serverwärme über die Wasserkühlung in Gewächshäuser zu leiten, um Gemüse anzubauen. Die wichtigsten Regeln, um Rechenzentren klimafreundlicher zu machen, lauten: effizienter kühlen, Abwärme zum Heizen nutzen, eigenen grünen Strom erzeugen, vorzugsweise durch Fotovoltaik auf den Firmendächern.

Dies zu verzahnen, bedürfte es engerer Abstimmung zwischen IT-Dienstleistern, Stadtplanern und Energieversorgern. Etwa in der Standortfrage, damit Rechenzentren Abwärme effizient ins Netz speisen können. Regierungen müssten Anreize für IT-Betreiber schaffen, Wärme nicht einfach verpuffen zu lassen. Länderübergreifende Regularien wären erforderlich, um die IT-Branche in der Umstellung auf grünen Strom zu unterstützen – noch speist sich die kühnste Technologie aller Zeiten vornehmlich aus Kohlestrom. Dass es anders geht, zeigt das Dresdner Start-up Cloud & Heat, dessen Konzept, Serverwärme zur Beheizung von Büros zu nutzen, jährlich 16 Millionen Euro Umsatz erwirtschaftet. Das friesische Unternehmen WindCloud baut Rechenzentren in unmittelbarer Nähe von Windparks, betreibt sie so zu einhundert Prozent mit sauberem Strom, veredelt die Serverabwärme in Algenfarmen und bietet CO_2-freie Cloud-Services. Und wo führt das hin? Am Ende wird die Welt noch –

Klimafreundlich durch Digitalisierung

Es ist ein Rechenexempel. Wie viel CO_2 spart man ein bei gleichzeitiger Emission? Alleine in Deutschland läge das Einsparungspotenzial durch digitale Anwendungen bei 120 Megatonnen Kohlendioxid bis 2030. Erstens in der industriellen Fertigung durch automatisierte Produktion, Vernetzung von Anlagen und Maschinen, Werkstücken und Bauteilen sowie effizienzbedingte Reduzierung von Material und Energie. Zweitens durch neue Mobilitätskonzepte, intelligentes Verkehrsmanagement, smarte Logistik, die Leerfahrten vermeidet und Frachtrouten optimiert, Car- und Ride-Sharing und Umstellung auf autonome Mobilität. Drittens können Smart-Home-and-Office-Technologien in Verbindung mit intelligentem Energiemanagement und Gebäudevernetzung wesentlich zur CO_2-Reduzierung beitragen. Viertens werden die stärkere Verlagerung der Arbeitswelten in den heimischen Bereich und die Zunahme von Videokonferenzen die Belastung senken. Das alles kann jedoch nur funktionieren durch einen früheren Ausstieg aus der Kohle, beschleunigten Ausbau erneuerbarer Energien, radikalen Innovationszuwachs, wozu auch gehört, in Science-Fiction-Kategorien zu denken. Mehr dazu im letzten Teil.

GELDANLAGE

Nachhaltigkeit ist das Wesen allen Investments. Was noch lange nicht heißt, dass man immer auch *in* Nachhaltigkeit investiert. Doch der Markt denkt um. Spätestens seit Larry Fink, CEO des privaten Vermögensverwalters Black-Rock, verkündet hat, sich aus der Kohle zurückziehen und überhaupt nur noch in nachhaltige Unternehmen investieren zu wollen, kocht das Interesse an ESG regelrecht über: E für Environment, S für Social, G für Governance, die drei Hauptverantwortungsbereiche nachhaltiger Unternehmen. ESG-Investments umfassen Aktien, Fonds, Rentenpapiere, Lebensversicherungen und Direktbeteiligungen bis hin zu Sparbriefen, Sparkonten und Festgeldern. Die üblichen Verdächtigen also, nur dass man sein Geld in ethische Projekte steckt: Wasserfonds, um der Trinkwasserknappheit Herr zu werden. Mikrofinanzfonds, um Menschen in armen Ländern mit Kleinstkrediten zu unterstützen. Holzfonds, um Mischwälder aufzuforsten und nachhaltig zu bewirtschaften. Investments in erneuerbare Energien, ins Allgemeingut also. Die Tragödie verhindern. Aus der Spieltheorie wissen wir, dass Altruismus und Reputation eine wichtige Rolle spielen. Edel sei der Mensch, hilfreich und weithin dafür bekannt. Muss sich ja nicht gleich in Denkmalsetzung niederschlagen. Aber dass man Kinderarbeit und Umweltverschmutzung ablehnt, sollte die Welt schon wissen. Im Übrigen auch darum gut, drüber zu reden, um andere auf ähnliche reputationsfördernde Ideen zu bringen.

Allerdings wissen wir, dass Spieler, die ins Allgemeingut investieren, mehr riskieren, als ließen sie den kleinen Egoisten von der Leine, dem absaufende Eisbären schnuppe sind, Hauptsache, Profit gemacht. Hat der Egoist vielleicht sogar recht? Weltrettung schön und gut – aber wie erfolgreich ist ESG überhaupt?

Chancen und Risiken

Mit ESG-Analysen können Sie die Börse tapezieren. Anbieter und unabhängige Tester erstellen sie stapelweise. Durchweg zeigt sich darin, dass ESG-Portfolios nicht schlechter performen als herkömmliche Investments. Ganz im Gegenteil scheinen sie den Wünschen vieler Anleger in besonderer Weise entgegenzukommen. Warren Buffett, graue Investoren-Eminenz, hat den Begriff Moat populär gemacht, der die Fähigkeit von Unternehmen beschreibt, Marktanteile und Wettbewerbsvorteile über lange Zeiträume zu verteidigen. ESG-Portfolios scheinen Moat-Eigenschaften in besonderem Maße aufzuweisen. Laut den Analysten Morningstar und Scope bewiesen sie während der Corona-Krise bemerkenswert viel Widerstandskraft, in der Wertentwicklung schneiden sie gemeinhin besser ab. BlackRock, nicht eben bekannt für den romantisch verklärten Blick, führt dies auf drei Umstände zurück: regulatorische Vorgaben aus der Politik, eine junge Investoren-Generation mit mehr Interesse an Nachhaltigkeit, bessere Risikoeinschätzung durch ESG-Daten. Was uns zu der Frage führt:

Wie werden ESG-Portfolios geschnürt?

Über Ausschlusskriterien. Entscheidend ist, wer *nicht* reinsoll. Branchen und Unternehmen, die ESG-Standards verfehlen, werden ausgesondert, darunter solche, die Umwelt- und Arbeitsnormen verletzen oder der Gesundheit schaden wie Alkohol und Tabak. Atom- und Kohleproduzenten fallen raus, zumeist Öl- und Gaskonzerne, ebenso Staatsanleihen von Ländern, die Menschenrechte verletzen. Zugrunde liegen die Kriterien des jeweiligen Portfolio-Anbieters, und die sind unterschiedlich streng.

Wer investiert?

Vorwiegend institutionelle Geldgeber. Der norwegische Staatsfonds beispielsweise, eines der prominentesten Investmenthäuser, hat sein Portfolio durchkämmt und Unternehmen ausgesondert, die Verbindungen zu Kohle, Alkohol, Glücksspiel und Pornografie aufweisen. Zusehends aber verlagert sich der Markt auch ins Private. Sparer halten Zwiesprache mit ihrem Gewissen, achten bei der Wahl ihrer Geldanlage auf Bio, Fair Trade und Klimaschutz.

Wie entwickelt sich der ESG-Markt?

Rasant. Schneeballeffekte setzen ein. Große börsennotierte Unternehmen erkennen, dass sie für klima- und umweltschädliches Verhalten abgestraft werden. 2019 flossen 120 Milliarden Euro in ESG-Fonds, Privatanleger verzeichnen jährliche Wachstumsraten von fast einhundert Prozent. Die Nachfrage explodiert, grünes Investment ist auf dem Weg, neuer Standard zu werden. Verglichen mit dem Gesamtmarkt wächst der ESG-Markt doppelt so schnell, allerdings wurden zwischen 2019 und 2020 Dutzende hundsgewöhnliche Fonds einfach klangvoll umbenannt, um ESG-zertifiziert zu werden. Nicht die Regel. Doch Wachsamkeit ist geboten.

Nachhaltig schwarze Schafe

Donald Trump, einer der unfairsten Politiker der Neuzeit, hat in jedem zweiten Satz von Fairness gesprochen. Die am wenigsten demokratischen Politiker der Welt preisen sich lauthals als Demokraten. Worte sind erst mal nur Worte: fair, nachhaltig, ethisch, sozial, auch im ESG-Geschäft. Aktuell gibt es keine verbindlichen Standards, was darunter zu verstehen sei. Das heißt, jede Bank kann ESG nach Gutdünken auslegen, und zack – ist der Fonds zertifiziert. Schaut man genauer hin, verstecken sich darin Aktien von Ölmultis, Atomkraftwerksbetreibern, Kreuzfahrtreedereien, Fluggesellschaften und Kohleunternehmen. Wie immer fördert die Nachfrage das Beste und das Schlechteste im Markt. Produkte, die gerade mal Mindestkriterien erfüllen, sollen fragwürdigen Unternehmen ein grünes Mäntelchen umhängen. Greenwashing nennt man das. Kritiker warnen, viele der klangvollen ESG-Indizes und Nachhaltigkeitsstrategien bedienten bestenfalls halbherzig einen Trend, im Dax 50 ESG etwa seien mit Bayer und Daimler alte Bekannte vertreten, die im Lichte ihrer Skandale (Glyphosat, Diesel) dort nicht reingehörten. Schauen wir uns die größten Indizes genauer an.

Dax 50 ESG
Interessant, wer nicht drin ist: VW, der Triebwerksbauer MTU, die Energieversorger RWE und Eon, das Wohnungsbauunternehmen Vonovia, Fresenius Medical Care. Wirecard

war schon rausgeflogen, als man da noch die Korken knallen ließ. Ansonsten haben es die meisten Dax-Titel in den nachhaltigen Index geschafft, wofür sie eine Prüfung zu bestehen hatten. Streng, sagen die einen. Könnte strenger sein, die anderen. Grundlage bilden die knapp hundert größten und liquidesten Aktien aus Dax, M-Dax und Tec-Dax. Rein kommt, wer die Global-Compact-Prinzipien der Vereinten Nationen einhält, was Rüstungsgüter, Tabak, Kernenergie und Kohlekraft ausschließt. Kriterien: mittelstreng.

NAI

Deutlich strenger! Der Natur-Aktien-Index NAI bündelt 30 ausgesuchte, nach Ländern und Branchen gestreute Aktienkurse, schließt übliche No-Gos wie Atomstromproduktion, Rüstung und Tabak aus, explizit aber auch alles, was im Verdacht steht, Kinderarbeit, Frauendiskriminierung und Tierversuche zu begünstigen. Drin sind Tesla, der Windanlagenbauer Vestas, der Verpackungshersteller Mayr-Melnhof, die britische Heimwerkermarktkette Kingfisher, der japanische Eisenbahn-Konzern East Japan Railway, der deutsche Halbleiterproduzent Aixtron.

DJSI

Der Dow Jones Sustainability Index DJSI lässt die Zügel wieder lockerer. Auch hier finden sich die Top-Unternehmen der großen Aktien-Indizes, mitunter auf Kosten kleinerer und mittlerer Unternehmen, die aber nachhaltiger wirtschaften. Waffenproduzenten sind mit an Bord, alle paar Jahre ändert sich die Methodik, wodurch manch grüner Konzern aus dem Index fällt und weniger vorbildliche reingelangen.

260

OeKB Sustainability Fund Index

Der Nachhaltigkeits-Index der Oesterreichischen Kontroll-
bank OeKB gilt als sehr gut. Ratingagenturen zählen die
OeKB zu den Besten ihrer Branche.

FTSE4GOOD Index

Der Index der britischen FTSE Group hat einen guten Ruf.
Die üblichen Verdächtigen sind ausgeschlossen, im Vordergrund stehen die Einhaltung der Menschenrechte, Fair Trade
und die Bekämpfung von Korruption.

Worauf Sie achten sollten

Bestehen Zweifel, hilft der Weg zur Hausbank nur bedingt.
Sicher gibt's auch dort guten Rat, letztlich aber wollen Banken eigene Produkte verkaufen. Zudem sind viele Berater
mit nachhaltigen Investmentmodellen schlicht überfordert,
und erst recht nicht kann man von Kunden erwarten, dass
sie sich im Dschungel der ESG-Indizes und -Labels zurecht-
finden. Besser, Sie studieren die Analysen der Verbraucher-
schutzorganisationen. Grundsätzlich empfiehlt sich (wie im
klassischen Geschäft) Risikostreuung, also sein Geld ab einer
gewissen Summe auf mehrere Anbieter und Banken zu verteilen. Zertifikate sind mäßig hilfreich mangels verbindlicher
Standards.

Wohin geht der Trend?

Laut US-Bankriese JP Morgan wird sich der Fokus der Fi-
nanzwelt weiter auf Nachhaltigkeit verlagern. Wer den Trend
ignoriert, dürfte als Anleger das Nachsehen haben. Die
Gründe für den Siegeszug entbehren jeder Ökoromantik.

BlackRock (deren Gesinnungswandel sie nicht davon abhält, weiter in Öl und Gas zu investieren) konstatiert nüchtern, Klimarisiken seien Anlagerisiken. Man werde niemanden finanzieren, dessen Unternehmenswert infolge des Klimawandels sinken könnte. Im Ergebnis dient Pragmatismus der Sache aber. Ob man durch gezieltes Investment die Weichen dafür stellt, dass wir die Pariser Klimaziele einhalten, oder aus rein wirtschaftlichen Gründen auf ESG setzt, ist letztlich dasselbe in Grün.

Welche Banken sind grün, welche Anlagen nachhaltig?

Stand 2020 überzeugen GLS Bank, Umweltbank AG, Ethikbank, Triodos Bank und Tomorrow Banking. Alle bieten Zinsen mit ökologisch-ethischer Anlage, und Sie können Ihr komplettes Bankgeschäft grün abwickeln. Betreffs konkreter Anlagetipps bitte ich um Verständnis, wenn ich diese schuldig bleibe. Ich möchte ungern von Ihren Anwälten hören, wenn's schiefgeht. Aber ich kann Ihnen Internet-Portale empfehlen, um sich einen Überblick zu verschaffen:

greenvalue.de
Vorstellung nachhaltiger Anlageprodukte von Investmentfonds bis hin zu Windenergiebeteiligungen

nachhaltiges-investment.de
Gegenüberstellung aller Nachhaltigkeits-Fonds und Beteiligungsangebote im deutschsprachigen Raum

ethnarent.de
Ökologische und kulturelle Projekte für Private und Unternehmer, auch Kleinanleger

262

ecoreporter.de
Magazin zu Nachhaltigkeitssiegeln, Aktien, Musterdepots.
Anlagechecks, Erfahrungsberichte

FNG-Siegel für nachhaltige Publikumsfonds
Orientierungshilfe für Verbraucher, institutionelle Anleger
und Vertriebsorganisationen

limpax
Vergleichbarer Ansatz wie FNG.

Eine Nummer kleiner

Sie müssen nicht gleich in einen Index investieren, um Ihr
Geld grün anzulegen. Unzählige Start-ups, kleine und mittelständische Unternehmen, Immobilienfonds und Projekte im
Bereich erneuerbarer Energien bieten Beteiligungsmöglich-
keiten. Schon mit geringen Beträgen sind Sie dabei und können als Mikroinvestor auf teils hohe Wertsteigerungen hoffen.
Crowdinvesting nennt sich diese Beteiligungsform, zu der Sie
im Netz etliche Plattformen und Angebote finden.

BEWEGUNGEN UNTERSTÜTZEN

Manchmal reicht eine Unterschrift. Seinen Namen unter eine
Petition setzen, etwa wenn Greenpeace gegen die Abholzung der Amazonas-Regenwälder agiert. Man kann einwenden, dass Bolsonaro sich mit der Petition nicht mal die Zi-
garre anzünden wird. Und dem entgegenhalten, dass die Welt
ohne Greenpeace und ihren unermüdlichen Kampf deutlich
schlechter dastünde.

Es waren und sind die NGOs, die fairen Handel, nachhaltige Tierzucht, Klima und Naturschutz auf die Agenda bringen. Seit über fünfzig Jahren setzt sich der WWF für Artenschutz ein. Der NABU bringt Vogelschutzprogramme auf den Weg, der BUND Umweltskandale ans Licht. Über Greenpeace muss man kaum noch viel sagen, das Spektrum reicht von der Verkehrswende bis hin zu Artenschutz und giftfreien Textilien. Neue NGOs sind hinzugekommen. CLIMATE ANALYTICS unterstützt Inselstaaten und strukturschwache Länder, die besonders stark vom Klimawandel betroffen sein werden. WIN widmet sich der fairen Nutzung der Weltwasserreserven. AVAAZ, eine noch junge Organisation, macht mobil gegen den Saatgutproduzenten Monsanto und Glyphosat. Die Liste ist endlos. Sea Shepherd, Shark Project und Deepwave kämpfen für den Meeresschutz, Fridays for Future, MyClimate und Extinction Rebellion fürs Klima, Plant-for-the-Planet, von einem neunjährigen Schüler gegründet, hat bislang weltweit zwei Milliarden Bäume gepflanzt. Alle leisten ambitionierte Arbeit, oft gegen massive Widerstände und durchweg auf Spenden angewiesen. Im Netz finden Sie unter den Stichworten »Umweltschutzorganisationen«, »Meeresschutzorganisationen«, »Klimaschutzorganisationen« die ganze beeindruckende Vielfalt. Spenden sind ebenso willkommen wie aktive Mitarbeit.

Oder einfach Ihr guter Name.

SO WIRD IHR UNTERNEHMEN KLIMANEUTRAL

Was sind Unternehmen wert? Aus Sicht von Mitarbeitern, Kunden, Investoren? Die Kriterien haben sich verändert und verändern sich weiter. Man kann auch sagen, mit den

Schmuddelkindern will keiner mehr spielen. Ökologisch saubere Bilanzen gelten als Indikatoren für Image und Wettbewerbsfähigkeit. Die hippen Start-ups aus dem Silicon Valley, deren Unternehmenswerte explodieren, sind alle grün wie die Heide. Noch in den Nullerjahren hätte man Ihnen, wenn Sie von Klimaneutralität fantasierten, den Puls gefühlt – der ganze Aufwand wegen der paar Eisbären? Künftig, wenn Sie keine grünen Standards erfüllen, wird man Sie fragen, wo Sie all die Jahre gelebt haben. Es geht um das öffentliche Allgemeingut, um Imagegewinn, den guten Ruf. Zunehmend wollen Verbraucher, dass Unternehmen nachhaltig agieren und im Rahmen ihrer Möglichkeiten gegen die Klimakrise vorgehen. Enttäuscht von einer Politik des Zögerns und Aussitzens, hat die Öffentlichkeit in grüner Privatwirtschaft den Erretter ausgemacht (Elon Musk wird mehr Nachhaltigkeitskompetenz zugesprochen als Peter Altmaier). Dabei stehen mittelständische Unternehmen, was ihre Reputation betrifft, besser da als Großkonzerne. Klimaneutral zu werden bietet die Chance, den Imagevorsprung auszubauen, ist allerdings auch Gebot der Stunde. Wer ökologisch patzt, der kann morgen einpacken, wie also wird man zum grünen Vorzeigebetrieb?

Alleine ist man verloren. Woher sollen Sie wissen, was die Gesamtheit Ihrer Mitarbeiter emittiert, angefangen bei jeder einzelnen Tasse Kaffee, die aus der Maschine sprudelt? Zuerst einmal muss Ihre CO_2-Bilanz ermittelt werden. Dabei helfen Berater wie natureoffice.com, die Sie auf dem Weg in die Klimaneutralität begleiten. Am Ende steht die Zertifizierung, die gleichzeitig ein Anfang ist – zu mehr Nachhaltigkeit, mehr Erfolg. Das sind die Schritte:

Wechsel zu Ökostrom

Anbieter wurden bereits genannt, hier die gut bewerteten im Überblick: Bürgerwerke, EWS, Polarstern Energie, Greenpeace Energy, Naturstrom Energie mit Zukunft, Fair Trade Power, Prokon, Mannstrom, Ökostrom+, enspire Grüne Energie, eprimo, Proengeno Naturmix, LichtBlick Strom, Entega, Solidarische Ökonomie Bremen, Grünstromwerk, BayWa Ökoenergie.

Wechsel zu einer grünen Bank

Zum Beispiel zu Triodos, Ethikbank oder GLS. Mehr über grünes Banking und Investment im Kapitel Geldanlage. Auch eine grüne Krankenversicherung lohnt sich für Ihre Mitarbeiter.

Erzeugen Sie Ihren eigenen Strom

Fotovoltaik-Paneele auf den Dächern Ihrer Firmengebäude liefern grünen Strom, mit dem Sie beispielsweise Ihren E-Fuhrpark betreiben können.

Suchmaschine

Im Kapitel Digitalisierung finden Sie eine Übersicht über grüne Suchmaschinen.

Büromaterial

Online-Versandhändler wie memo.de führen nachhaltige Büromaterialien. Auch der Versand erfolgt nachhaltig.

Drucken

Stellen Sie Ihr Gerät auf zweiseitige Bedruckung ein. Wo Farbe nicht erforderlich ist, Schwarz-Weiß- und Sparmodus. Wenn Sie Druckaufträge vergeben, bieten sich Umweltdruckereien wie printzipia.de an, die klimaneutral auf Recyclingpapier drucken.

IT und Server

Wechseln Sie zu Öko-Hosting. Es gibt Webserver, die zu 100 Prozent mit grünem Strom arbeiten, etwa ssl.greensta.de, biohost.de, avalon-networks.de. Ihr eigenes Rechenzentrum können Sie zu Teilen durch grünen, möglichst selbst produzierten Strom betreiben, mit der Server-Abwärme Ihre Büros heizen.

Dienstreisen

Vieles lässt sich online besprechen. Vermeiden Sie Flugreisen. Bahn statt Auto. Koordinieren Sie Mitfahrgelegenheiten und Carsharing für Ihre Angestellten.

Fuhrpark

Schaffen Sie E-Autos an und erfreuen Sie sich des Steuervorteils. Achten Sie darauf, grünen Strom zu tanken.

Kaffee und Kantine

Stellen Sie ökologisch zertifizierte Kaffeemaschinen und fair gehandelte Kaffeesorten bereit. Bieten Sie hochwertige Biokost an, Fisch und Fleisch aus nachhaltiger Aufzucht, und für Veganer und Vegetarier mehr als Alibi-Tofu.

Licht

Trotz hoher Grundanschaffungskosten sind LED-Leuchten die ökologisch wie ökonomisch beste Wahl.

Wärme und Heizung

Bessere Dämmung macht sich in der Bilanz deutlich bemerkbar. Eine neue, ökologische Heizung oftmals auch.

Förderungen

Klimaneutral zu werden kostet Geld, bevor es welches einbringt, aber Sie müssen die Kosten nicht ganz alleine tragen. Das Bundeswirtschaftsministerium informiert Sie über Förderprogramme von Bund, Ländern und EU, ebenso die deutsche Bundesstiftung Umwelt.

Gutes tun und drüber reden

Klimaneutralität ist Ihrem Image förderlich und ein wichtiger Indikator für künftigen Erfolg. Die Welt braucht Vorbilder. Warum nicht Sie?

WAS POLITIK UND WIRTSCHAFT JETZT TUN MÜSSEN

Was ist Fazit dieses Teils? Dass es an Ihnen ist, den Karren aus dem Dreck zu ziehen?

Verzetteln wir uns nicht in der Vergangenheit. Sie kann uns lehren, Brandstiftern die Gefolgschaft zu versagen, wenngleich ich skeptisch bin. Die Bolsonaros, Trumps, Le Pens, Höckes und Weidels der *Next Generation* wachsen heran, die Stammtische sind eingedeckt. Sofern die Welle der Vernunft, die der Dummheit entgegenschlägt, weiter anschwillt, können wir den Populismus jedoch in die Schranken weisen, seine Vertreter zur Rechenschaft ziehen, visionäre Politiker stärken und zögerliche abwählen. Jetzt sollten wir nicht richten, sondern handeln – und dennoch muss eines gesagt sein: Es war nicht die junge Familie mit ihrem Bali-Flug, nicht die Angestellte in ihrem Benziner auf dem Weg zur Arbeit, nicht der Rentner am Rindswurststand, die unsere Welt in Schieflage gebracht haben. Es waren Regierungen und Konzerne. Menschen mit großer Macht, in deren Händen es gelegen hätte, es nicht so weit kommen zu lassen. Die gar nichts oder zu wenig getan haben, sei es aus Unwillen, Inkompetenz oder beidem. An ihnen ist es, jetzt die Weichen zu stellen, Gesetze auf den Weg zu bringen und Unternehmen umzubauen. Die Antwort darf nicht lauten, Politik sei die Kunst des Möglichen. Politik ist die Kunst, das Unmögliche möglich zu machen.

Diese Forderungen sollten wir an die Politik stellen:

Verschärfte Klimaziele bis 2030

Klimaschutz plant man auf zwei Ebenen. Erstens: von heute in die Zukunft. Wie viel Strom werden acht, neun, schließlich zehn Milliarden durchdigitalisierte Menschen brauchen in einer Welt, in der jeder einen Computer hat, es keine fossile Mobilität mehr gibt, die Industrien auf grünen Wasserstoff umgestellt haben? Zweitens: invertiert, von der Zukunft ins Heute. Was müssen wir 2040, davor und davor erreicht haben, um zu gegebener Zeit klimaneutral zu sein? Die Frage lautet dann nicht mehr, was wir zu tun *bereit* sind. Sie lautet, was wir getan haben *müssen*. Es ist wie bei einem Landeanflug. 2050 werden wir aufsetzen. Sind wir dann zu schnell, schießen wir über die Landebahn hinaus und fangen Feuer. Laut IPCC müssen die globalen Emissionen bis 2030 um mindestens 65 Prozent gesunken sein. Das würde reichen, 2 Grad einzuhalten. Für 1,5 Grad müssen wir mehr tun. Die Pläne der Bundesregierung verfehlen beide Ziele. Der EU Green Deal ist ambitionierter, aber auch dort müssen die Ziele fortwährend nachgeschärft werden.

Kohleausstieg bis 2030

2038 soll der letzte deutsche Kohlemeiler abgeschaltet werden. Bis dahin erhalten alleine RWE und LEAG Entschädigungssummen von insgesamt 4,35 Milliarden Euro (deren Berechnungsgrundlage im Dunkeln liegt). Die Prämien sollen sie motivieren, den Fahrplan einzuhalten. Tatsächlich könnten sie dazu führen, dass Meiler, die man wegen Unwirtschaftlichkeit längst hätte abschalten müssen, der Entschädigungen halber weiter am Netz bleiben. Die Agonie bis 2038 hinauszuzögern, ist demnach keine Ausstiegs-, sondern eine Laufzeitverlängerungsstrategie.

Keine umweltschädlichen Subventionierungen

137 Milliarden Euro an umweltschädlichen Subventionen, die der fossilen Energiewirtschaft zukommen, fließen jährlich innerhalb der EU, davon über 37 Milliarden in Deutschland, entweder als oben genannte Abschaltprämien oder zur Beseitigung der von fossilen Produzenten verursachten Umweltschäden (siehe weiter unten »Höhere CO_2-Bepreisung«).

Umfängliche Förderung grüner Technologien

Die Vollversorgung durch Erneuerbare könnte zügiger erfolgen, würde man mehr Geld in den Ausbau grüner Infrastrukturen und Speichertechnologien stecken, Genehmigungsverfahren verkürzen und bürokratische Hürden abbauen. Wichtig wäre ein schnellerer Streckennetzausbau der Bahn (mit paralleler Verteuerung des Fliegens). Der Effekt ist unmittelbar messbar: Wann immer die Bahn mit schnellen Verbindungen in Vorlage geht, sinken die Flugzahlen. So richtig es war, die Flugbranche in Corona-Zeiten nicht hängen zu lassen, ist sie doch (bis auf Weiteres) eine kerosinbasierte Technologie. Ihr zu helfen, darf nicht zulasten des Schienenverkehrs gehen, ebenso wie Subventionen für Kohle und Co. nicht zulasten der Erneuerbaren gehen dürfen. Dabei sollten weniger der technologische Status quo als vielmehr Innovation und Disruption gefördert werden. Zu oft haben es sich Produzenten erneuerbarer Energien auf Subventionen bequem gemacht. Gerade bei Fotovoltaik, Wasserstoff, Fusionstechnologie und Batterietechnik sind Quantensprünge zu erwarten, wer sagt, das Machbare sei ausgereizt? Vielleicht sollten wir alle mehr Star Trek gucken.

Höhere CO₂-Bepreisung

Unternehmen stoßen für die Produktion von Gütern und Energie CO_2 aus, machen also Gewinne auf Kosten der Umwelt. Für die Beseitigung der Schäden muss die Öffentlichkeit aufkommen (die berühmten externalisierten, ausgelagerten Kosten). Weil das ungerecht ist, regelt das Klimapaket der Bundesregierung (und ähnliche Pakete weltweit), dass CO_2-Emittenten pro ausgestoßene Tonne einen Preis bezahlen müssen (womit die Kosten wieder internalisiert werden). Eine Möglichkeit der Bepreisung ist ein Festpreis pro Tonne (CO_2-Steuer). Je höher der Preis, desto unrentabler wird es für Unternehmen, CO_2-intensiv zu produzieren. Dies soll sie motivieren, rasch auf grüne Produktionsprozesse umzusteigen. Manchen Unternehmen fällt es allerdings leichter, ihre Emissionen zu senken, als anderen. Darum gibt es einen CO_2-Emissionshandel. Der geht so: Pro Region wird eine Emissionsobergrenze festgelegt, sagen wir, 100 Millionen Tonnen CO_2, die in eine Art Währung umgewandelt werden, in Zertifikate. Ansässige Unternehmen können solche Zertifikate bedarfsorientiert erwerben. Mit den Jahren sinkt die Emissionsobergrenze sukzessive, bis gar kein CO_2 mehr ausgestoßen werden darf. Nun kann es geschehen, dass Unternehmen mit ihren Zertifikaten nicht auskommen, während andere feststellen, dass sie zu viele davon haben. Also werden Zertifikate gehandelt, ähnlich wie an der Börse. Den Preis regulieren Angebot und Nachfrage.

Das Ganze hat jedoch nur dann den gewünschten ökologischen Effekt, wenn der Preis pro Tonne CO_2 so hoch ist, dass Unternehmen keine Alternative dazu sehen, als die Verbrennung fossiler Stoffe komplett einzustellen. Ein zu niedriger CO_2-Preis erzeugt diesen Druck nicht. Skeptiker argumentieren, ein hoher Preis schade der Wirtschaft. Entsprechend zahnlos fiel das deutsche Klimapaket von 2019 aus: Tonnen-preis 10 Euro. Nach Protesten hob man ihn auf 25 Euro an, 2025 soll er bei 55 Euro liegen, bevor die Zertifikate ab 2026 auf dem freien Markt versteigert werden. Zu lasch, sagen Klimaforscher, und tatsächlich macht Schweden vor, dass eine hohe Bepreisung die grüne Transformation ankurbelt, ohne der Wirtschaft zu schaden.

Vollversorgung durch erneuerbare Energien bis 2030

Kann funktionieren. Deutschland speist seinen Energiebe-darf zu 40 Prozent aus Erneuerbaren. Mehr könnten es sein, wäre die Windkraft nach gutem Start nicht zur *technologia non grata* erklärt worden, die niemand in Nähe seines Zuhau-ses haben will. Eine so wichtige Technologie in den Stillstand zu versetzen, ist unverantwortlich. Zugleich kann man Men-schen nicht kommentarlos Turbinen vor die Nase setzen und Stromtrassen durch ihre Vorgärten bauen.

Ein verträgliches Konzept beginnt mit der Frage, welcher Flächen es rechnerisch bedarf, um alle Menschen mit grü-ner Energie zu versorgen. Wo lägen diese Flächen? Muss man wirklich Windräder wie Zucker übers Land streuen und jeden freien Flecken mit Solarpaneelen zupflastern? Nein. Es hat ja auch nicht jeder ein Umspannwerk neben dem Haus stehen. Was wir brauchen, sind Speicher, um die aus Wasser, Sonne, Wind und Biomasse erzeugte Energie zwischenzulagern und von dort bedarfsgerecht zu verteilen: Kurzzeitspeicher zur Netzstabilisierung, Mittelfristspeicher, um Schwankungen in der Tagesproduktion auszugleichen, Langzeitspeicher für wind- und sonnenlose Phasen. Quantensprünge in der Spei-chertechnologie hat Deutschland bislang verschlafen. Zeit aufzuwachen! Trassen sollten keine Dörfer und Grundstücke zerteilen, ist es unumgänglich, muss man Anwohner frühzeitig ins Boot holen, in die Planung einbeziehen, Ausgleichszahlungen bieten. Die unterschiedlichen Interessen in Übereinklang zu bringen, ist Aufgabe der Politik, appelliert aber auch an den Bürgerwillen, die grüne Transformation konstruktiv zu begleiten.

2030 wird der Energiebedarf den heutigen weit übersteigen. Wundersamerweise richtet die Bundesregierung ihre Planung auf sinkenden Strombedarf aus. Anders ist es nicht zu erklären, dass der Ausbau der Erneuerbaren und grüner Infrastrukturen in sonntagsausflüglichem Tempo vonstattengeht. Irgendwie aber muss der Strom aus dem Nordseewindpark in den Süden gelangen, dazu braucht es Trassen, Zwischenspeicher, eine stärkere Einbindung ins europäische Netz. Das eine Land hat mehr Wind, das andere mehr Sonne. Hier herrscht Strommangel, dort Überschuss. Ein intelligentes, europaweites Verteilernetz würde die Energieversorgung deutlich verbessern.

Umstellung der Wirtschaft auf nachhaltige Produktion

Große Unternehmen kündigen an, 2040 klimaneutral zu sein. Allerdings ist die Absicht nur die Hälfte wert, solange grüner Wasserstoff, unerlässlich für den industriellen Umbau, aus kohlestrombasierter Elektrolyse stammt. Dekarbonisierte Produkte unter Einsatz von Karbon zu produzieren, ist hirnrissig. Für umweltfreundliches Recycling sind Maschinen erforderlich – was hält die am Laufen? Die Forderungen an die Wirtschaft beginnen demnach mit der Forderung an die Politik, Rahmenbedingungen zu schaffen, um Unternehmen Planungssicherheit zu bieten. Man kann schwerlich von der Autoindustrie verlangen, dass sie im Schweinsgalopp auf E-

und Wasserstoffmobilität umstellt, und seinerseits mit grüner Energiebereitstellung hinterherhinken. Konzerne sind gefordert, hohe Summen für den Ecological Change aufzuwenden. Wer Millionen und Milliarden investiert, braucht klare Perspektiven. Umgekehrt dürfen die Schlüsselindustrien nicht warten, bis ihnen die Politik das Bett gemacht hat, sondern müssen durch Innovation Fakten schaffen und so umgekehrt den Druck auf die Regierenden erhöhen.

Grüne Marktführerschaft für Deutschland und Europa

Welchen Anteil immer Deutsche an der Entwicklung der E-Mobilität hatten – zur Relevanz entwickelt haben sie andere. Autonomes Fahren kommt aus dem Silicon Valley, in der Batterientechnologie läuft uns Asien den Rang ab, ebenso in der Mikroelektronik, ohne die in der Industrie 4.0 nichts läuft. Deutschland ist weltdrittgrößter Nutzer von Computerchips, liegt im Produzenten-Ranking aber abgeschlagen auf Platz 7, obwohl wir jährlich eine Vielzahl von Patenten anmelden. Statt sie im europäischen Partnerverband umzusetzen, grüßt die Wiederauflage des Solardesasters: In Fotovoltaik waren wir mal weltmarktführend, heute kaufen wir das Zeug in Asien ein. Wohin man schaut, liegt deutsches Potenzial brach, versagen wir krachend darin, Innovation zu managen. Corona hat offengelegt, wie fatal es um unsere Digitalisierung wirklich bestellt ist. Das Wunderkind Deutschland ist im Klima einer zögerlichen und visionslosen Politik aufs Traurigste verkümmert. Sprich, Quantensprünge müssen wieder von hier und aus Europa kommen, am besten gleich eine komplette technologische Revolution, von Digitalisierung und künstlicher Intelligenz bis hin zu disruptiven Mobilitätskonzepten. Jetzt ist der Moment, Investitionsversäumnisse nachzuholen.

Mehr zu wagen. Andernfalls wird sich Europa ein Struktur-
problem einhandeln, das uns auch im Klimaschutz die Hände
bindet.

In diesem Teil habe ich skizziert, was jeder aktuell tun kann,
um zur Klimarettung beizutragen. Ich will Ihnen nicht vor-
enthalten, dass es auch eine Philosophie gibt, welche die Rolle
des Einzelnen anders bewertet und grundsätzlich die Notwendigkeit von Wachstum infrage stellt, mit weitreichenden
Folgen. Das lohnt es zu untersuchen!

TEIL 7

WIE WIR WACHSEN – ODER AUCH NICHT

VON RISIKEN UND NEBENWIRKUNGEN

Jeder kennt die Selbstlegitimation des Faulen: Wer viel arbeitet, macht viele Fehler. Wer wenig arbeitet, macht wenige Fehler, wer gar nicht arbeitet, ist frei von Fehlern (und wer keine Fehler macht, wird befördert). So ganz ist die Logik nicht von der Hand zu weisen. Wenn wir viel verbrauchen und viel CO_2 freisetzen, hat das große Auswirkungen aufs Klima. Verbrauchen wir weniger, sind die Auswirkungen geringer. Verbrauchen wir gar nichts, hinterlassen wir keine Spuren, emittieren keine Treibhausgase und schädigen nicht die Umwelt. Sollte dies irgendwann der Fall sein, liegt es mit hoher Wahrscheinlichkeit daran, dass wir alle tot sind.

Weil aber keiner das Ende der Menschheit will (bis auf ein paar Untergangsromantiker), versuchen wir, klimabewusst und nachhaltig zu leben. Dafür nehmen wir große Kraftanstrengungen in Kauf. Steigen um von Fossilen auf Erneuerbare, heizen effizient, essen ökologisch, fliegen nicht, beleuchten unsere Wohnungen mit LED, sparen Energie und Geld. Je mehr Gutes wir tun, desto weniger Fehler machen wir, bis wir nur noch Gutes tun, nachhaltig bis in die Haarwurzeln. Und als wir gerade denken, Mission erfüllt, kommt ein schlauer Ökonom daher und sagt, freu dich mal nicht zu früh! Du denkst, du machst alles richtig? Du machst alles falsch.

Ob der ohne Tracht Prügel nach Hause geht?

Leider ist aber auch diese Logik nicht ganz von der Hand zu weisen. Sie fußt auf dem Rebound-Effekt, besser bekannt als Bumerang-Effekt: Was man durch Effizienzverbesserung spart, gibt man an anderer Stelle wieder aus. Sei es, dass man eine effizienter gewordene Technologie nun umso häufiger nutzt oder das eingesparte Geld in andere Produkte investiert. Das kann dazu führen, dass der beabsichtigte Effizienzeffekt gemindert, zunichtegemacht oder gar konterkariert wird, wenn der daraus resultierende Konsum die Effizienz übersteigt (Backfire-Effekt). So was können sich nur Spielverderber ausdenken. Wie man's macht, macht man's verkehrt? Schön. Kann ich ja weiterwirtschaften wie zuvor. Blöder Nachhaltigkeitsterror! Gleich mal 'ne Wurst essen.

Rebound-Debatten sind schwer in Mode. Manche sehen in der konsequenten Vermeidung von Rebound-Effekten den Weltrettungsplan schlechthin. Ein Kernbeispiel ist der Preis für grünen Strom. Fällt er, steigt der Energieverbrauch, weil mit freundlicher Genehmigung des guten Gewissens. Zu Kohlestromzeiten hat man die Wäsche noch aufs Wäschereck gehängt, jetzt wirft man den Wäschetrockner an. Wer aus Umweltgründen auf ein eigenes Auto verzichtet hat, kauft sich nun eines, elektrisch, grün und preiswert, was kann man da falsch machen? Viel, sagt der Ökonom, weil nachhaltige Mobilität nur dazu führe, dass noch mehr Autos gebaut würden als zuvor, unter Inkaufnahme von Umweltschäden, anwachsenden Schrottbergen, kostspieligen Infrastrukturen und weiterer Beschleunigung des Wachstums, das es doch zu verlangsamen gelte.

Ein Paradebeispiel für Rebound-Effekte sind E-Scooter. Gedacht als ökologische Fortbewegungsalternative, sind sie tatsächlich Rohrkrepierer, die ihresgleichen suchen. Niemand steigt vom Auto auf E-Scooter um. Trotzdem sieht man die Dinger überall rumsausen, weil nun weniger zu Fuß gegangen wird. Statt den Verkehr zu entlasten, verdichten sie ihn, fressen Strom, benötigen Wartung, verursachen Unfälle, werden unpfleglich behandelt, müssen aus Flüssen und Gebüschen gefischt werden. Was gut gemeint war, macht alles nur noch schlimmer. Sogar Entwicklungshilfe produziert Rebound-Effekte, wenn sie den Wohlstand in armen Ländern fördert, aber nichts zum dortigen Umweltschutz beiträgt. Die Herstellung grüner Produkte kann

Lebensräume schädigen, die komplette E-Mobilität zum Bumerang werden. Rebound-Effekte zu untersuchen, ist also von großem Nutzen.

Rebound-Prognosen sind hingegen mit Vorsicht zu genießen.

WAS KÖNNEN WIR WOLLEN?

Prognosen setzen voraus, dass Menschen in fünf, zwanzig, fünfzig Jahren mehr oder weniger das wollen, was wir heute wollen. Hier stößt Zukunftsforschung an ihre Grenzen. Zwar können wir Technologien für morgen entwickeln. Aber wir können nicht wie die Menschen von morgen darüber denken und empfinden. Grundlage unserer Annahmen, was Zukunftsbewohner wollen, bleibt unser Wertekanon der Gegenwart. Als Folge messen wir heutigen Denk- und Bedürfnismodellen zu große Bedeutung bei und gehen beispielsweise davon aus, sinkende Preise für grünen Strom führten dazu, dass mehr Menschen Autos kaufen (aus moralischer Selbstlegitimation), damit längere Reisen unternehmen und mehr Energie verbrauchen als zuvor. Diese Annahme ist möglicherweise falsch.

Innerhalb stabiler Systeme, deren Innovationsrate berechenbar bleibt, sind Rebound-Prognosen weitgehend zutreffend. In der Disruption, der Ablösung eines Systems durch ein anderes, nicht vorhersehbares, versagen sie. Wenn von Disruption die Rede ist, meinen wir meist technologische Disruption, aber es gibt auch geistige Disruption. In der Autobranche hat man stets versucht herauszufinden, welche Autos die Leute morgen kaufen werden. Dass sie gar keine Autos mehr kaufen wollen – auf die Idee kam niemand. Genau das aber erleben wir gerade bei jungen Menschen. Bedürfnislagen ändern sich, unerwartet, nicht prognostizierbar. Mutmaßliche Rebound-Effekte der grünen Transformation könnten also teils gar nicht oder nur schwach auftreten.

Dennoch ist es richtig, gute Ideen darauf zu überprüfen, ob sie schlechte Angewohnheiten haben. Rebound-Effekte können uns einen Strich durch die grüne Rechnung machen. Viele Ökonomen sagen folgerichtig, die Transformation werde nur gelingen, wenn wir Rebound-Effekte drastisch einschränken.

Aber kann man sie vielleicht sogar abschaffen?

WACHSTUM UND SUFFIZIENZ

Zunehmend erschallt der Ruf nach einer komplett reboundlosen Welt, die ganz und gar in Suffizienz aufgeht. Klingt irgendwie paradiesisch. Was ist überhaupt Suffizienz?

Der Begriff steht für Genügsamkeit, Konsumverzicht, Maß halten, Beschränkung aufs absolut Erforderliche. Er bezeichnet die Abkehr von einem energie- und rohstoffintensiven hin zu einem selbstbeschränkten Lebensstil, in dem ausschließlich konsumiert wird, was der Mensch zum Existieren wirklich braucht. Feinde der Suffizienz sind besagte Rebound-Effekte, verkörpert in den Erzschurken Wachstum und Kapitalismus. Es wird vorausgesetzt, Wachstum sei die Wurzel aller Umweltverschmutzung, Klimabelastung und Ungerechtigkeit, also lautet die Schlussfolgerung: Ende allen Wachstums! Was die Abschaffung des Kapitalismus gleich mit einschließt, der dem Wachstum siamesisch verbunden ist – und schon landen wir im Populismus. Den beherrschen nicht nur Rechte. Auch Ökopopulismus zeigt kein Interesse an Ausdifferenzierung, sondern verdammt Wachstum und Kapitalismus in Bausch und Bogen: Wachstum,

282

einschließlich grünen Wachstums, führe zu Rebound-Effekten, Gleiches gelte für die Nachhaltigkeitsbestrebungen des Einzelnen, also sei dessen ökologischer Beitrag nicht nur obsolet, sondern sogar abzulehnen, zumal Politiker das Engagement der Bürger zum Anlass nähmen, selber nichts zu tun.

Im Klartext: Menschen wird signalisiert, ihre Bemühungen um Nachhaltigkeit seien kontraproduktiv. Erst lernen sie, was sie alles falsch machen. Machen sie es richtig, bekommen sie zu hören, jetzt sei es auf andere Art falsch. Mag sein. Aber wo ist die Lösung? Wie soll die Welt bis 2050 klimaneutral werden, wenn man den Leuten suggeriert, ihr Beitrag erzeuge nur fiese Rebound-Effekte, und einzig die Politik könne den Systemwechsel herbeiführen? Glaubt ernsthaft einer, dass das so funktioniert?

Moment!, sagen die Wachstumsgegner. Es gibt ja eine Lösung: Suffizienz! Was braucht man schon groß? Bescheidet man sich mit dem, was man wirklich braucht, ist der Wachstumszug gestoppt, das Klima gerettet, jeder glücklich.

Klingt gut. Hat nur ein paar gewaltige Haken.

WAS MAN BRAUCHT

Erst einmal: Wer ist *man*? Welches Gremium entscheidet, was der Einzelne braucht? Ideologen aller Couleur haben darauf eine Antwort: Du sollst wollen, was wir wollen. Weil Ideologen immer recht haben, können abweichende Bedürfnisse nur falsch sein. Diese Sicht hat noch jedes Mal ins Verderben geführt, umso entscheidender, den Global Change zu entideologisieren, wo immer Gesinnungsverdacht aufkommt.

Was ist nun Glück? Das kleine Königreich Bhutan im Süden Asiens hat das Grundrecht auf Glück in seiner Verfassung verankert und wagt den Spagat zwischen Glück für die

Gemeinschaft und persönlichem Glück. Der Staat garantiert, für beides die Rahmenbedingungen zu schaffen. In Bhutan erfassen Ökonomen kein Bruttoinlandsprodukt (BIP), sondern das Bruttonationalglück, das sich unter anderem aus Faktoren wie Luft- und Wasserqualität errechnet. Glück wird definiert als Gesundheit der Seele in gesunder Natur. Naturschutz ist somit ein Glücksindikator, und in der Tat weisen Studien darauf hin, dass Umweltzerstörung und Artenschwund unserer Psyche erheblichen Schaden zufügen.

Um größtmögliches Glück zu gewährleisten, vollzog Bhutan vor Jahren die strikte Abkehr vom Wachstum – und genau das funktionierte nicht. Die Philosophie bloßer Selbsterhaltung führte im Gegenteil zu Lebensmittelverknappung und Abbau von Glück. Also gab man die Idee der wachstumsfreien Ökonomie wieder auf. Seitdem hat sich die Wirtschaftslage stetig verbessert, steigen die Einkommen, schwindet die Armut, ohne dass der Naturschutz leidet. Tourismus wird gefördert, Billigtourismus unterbunden. Allem übergeordnet ist der Wert der Dinge, schon in der Schule wird das Bewusstsein dafür geschärft. Worin der Einzelne dann sein persönliches Glück findet, bleibt ihm überlassen. Bhutan könnte so zum Vorzeigemodell einer grünen Wachstumsgesellschaft werden, die niemandem seine Bedürfnisse diktiert. Was im Reisfeld funktioniert, kann auch im digitalen Ambiente funktionieren. Wenn wir Qualität über Quantität, Werterhalt über Entwertung, Förderung des Allgemeinguts über Egoismus stellen, können wir eine dynamische Welt schaffen, die faire Chancen für alle bietet, ohne in ideologischer Gleichmacherei zu verdummen.

Denkfehler, sagen die Wachstumsgegner. Bhutan musste den Wachstumsmotor nur wieder anwerfen, weil das globale System es dazu zwang. Wir brauchen den Systemwechsel umso mehr! Wir brauchen das –

ENDE DES WACHSTUMS

Ende des Wachstums*wahns*? Unbedingt! Ende allen Wachstums? Das wäre gleichbedeutend mit dem Ende der grünen Revolution und damit der Klimarettung. Keine noch so nachhaltige Technologie oder grüne Lebensweise ist völlig frei von unschönen Nebeneffekten. Ins Windrad fliegen die Vögel, E- und Wasserstoffautos benötigen Rohstoffe. Grüne Technologien werden sich aber nur durchsetzen, wenn sie schnell Jobs und Wohlstand schaffen. Eine erschwingliche Vollversorgung durch erneuerbare Energien ohne Wachstum ist wie die wundersame Brotvermehrung ohne Brot.

Natürlich kann man fragen, ob das nicht alles irrige Grundannahmen sind, die Welt nicht auch ohne Wachstum funktioniert. Wären wir Ameisen, würde ich sagen: ja. Doch wir sind Menschen. Wachstum beginnt zwischen den Ohren. Es nahm seinen Anfang in den Köpfen unserer Vorfahren. Die Erfolgsgeschichte des Homo sapiens verdankt sich dem Streben nach Erkenntniszuwachs, Grenzüberschreitungen, neuen Erfahrungen. Geistiges Wachstum bedingt materielles Wachstum, zumal, wenn sich eine Spezies reproduziert. Heute sind wir eine Wissensgesellschaft, entwickelt sich der technologische Fortschritt exponentiell. Die Vorstellung eines Lebens in völliger Suffizienz nimmt sich vor diesem Hintergrund ziemlich naiv aus. Bloße Selbstgenügsamkeit läuft unserer Natur zuwider, ist unvereinbar mit dem forscherischen, expandierenden Geist. Bitte nicht missverstehen: Mehr Suffizienz wäre wunderbar! Hingegen *nur* Suffizienz – dem liegt die Vorstellung einer Welt im Gleichgewicht zugrunde, letztlich indigener Kitsch. Die Mär vom selbstgenügsamen Naturvolk. Sorry, gab's nie. In aller Regel haben sich Naturvölker mit schöner Regelmäßigkeit ihrer Lebensgrundlagen beraubt. Von Ökologie verstanden sie nichts. Wer dran zweifelt, kann sich die Geschichte der Osterinsel erzählen lassen, eines einst blühenden Naturparadieses, das die dort lebenden Stämme vor eintausend Jahren in einen kahlen, lebensfeindlichen Brocken verwandelten – eines Gotteskultes wegen!

Doch selbst, wenn die Suffizienz-Absolutisten recht hätten, reicht die Zeit nicht aus, um eine auf Wachstum und Höherentwicklung konditionierte Menschheit mental umzuprogrammieren. Wir müssen *jetzt* das Klima retten. Wir – und nicht eine ferne, runderneuerte Version unserer selbst.

UMVERTEILUNG

Was aber wäre, würde man sämtliche Vermögen, Einkommen und Güter der reichen Länder paritätisch auf alle Erdenbürger aufteilen? Manche glauben, der Bedarf eines jeden sei damit gedeckt. Bedürfte es dann noch weiteren Wachstums?

Stimmt, einige Menschen besitzen unanständig viel. Andere durchschnittlich viel. Viele besitzen wenig, sehr viele nichts. Paritätische Umverteilung würde indes keine Gleichheit herstellen, da sie den sehr unterschiedlichen Bedürfnissen armer Länder nicht Rechnung trüge und keinen Effekt der Selbstentzündung auf deren Wirtschaft hätte. Abgesehen davon würde der Besitz aller Wohlhabenden der Welt kaum ausreichen, um die Not in den Entwicklungsländern zu lindern, sondern lediglich dazu führen, dass bald alle zu wenig hätten. Den anzunehmenden Bevölkerungszuwachs einbezogen, würde ein harter Wachstums-Stopp den Lebensstandard mehr und mehr senken. Eine Gesellschaft am Limit kann sich Fortschritt nicht länger leisten, der Lebensstandard sänke weiter. Man könnte argumentieren, ein fortschrittsloses Leben sei doch ganz nett. Mag sein. Aber nicht für Milliarden Menschen. Zurück zu Ackerbau und Viehzucht? Methanschock. Besinnliche Abende am Lagerfeuer? Entwaldung, CO_2-Schock. Wir sind schlicht zu viele, um uns aus dem technologischen Fortschritt zu verabschieden, und den gibt es nicht ohne Wachstum.

Man könnte fragen, ob der Fortschritt nicht langsamer vonstattengehen kann. Muss er so dahinrasen, und der Mensch mit ihm? Kein Zweifel, die Welt braucht Ruhe. Doch darf man gesellschaftliche Entschleunigung nicht mit Fortschrittsentschleunigung gleichsetzen. Sofern uns kein Dritter Weltkrieg oder der Einschlag eines Global Killers zurück in die Steinzeit katapultiert, werden wir weiterhin exponentielle Fortschrittsraten verzeichnen, und das ist gut so! Andernfalls gäbe es zum Beispiel keine Corona-Impfstoffe. Ebendiesen Fortschritt, die Mittel, ihn aus eigener Kraft zu erzielen, müssen wir den Entwicklungsländern zur Verfügung stellen. Sie schulen, damit sie selbst zu Fortschrittsgesellschaften werden und aus eigener Kraft prosperieren können. In einer solchen Welt wird der Bedarf nach grüner Energie noch einmal gewaltig ansteigen, weil jene den Sprung in die Industrialisierung antreten, die heute abgehängt sind. Wir mögen uns in Suffizienz verlieben, diese Länder werden Wachstum vorziehen. Nicht als notwendiges Übel, sondern als Garanten für –

EINE GERECHTERE WELT

Und womit beginnt Weltgerechtigkeit? Ganz sicher nicht mit Askese-Bekenntnissen bei Latte macchiato und Croissant oder Überlegungen, was wir hier zu viel haben. Sie beginnt damit, was andere zu wenig haben, und zwar nicht nach unserer, sondern nach *deren* Einschätzung.

UN und Weltbank bekämpfen Armut auf Grundlage statistischer Werte. Diese Werte sagen beispielsweise aus, wie viele Kalorien ein Mensch täglich zu sich nehmen muss, um nicht zu hungern, und unterhalb welcher Einkommensgrenze er als arm zu gelten hat. Derzeit liegt die Armutsgrenze bei 1,90 Dollar am Tag (lange Zeit lag sie bei 1,25 Dollar). Doch woraus erwachsen Bedürfnisse? Aus Lebensumständen. Ein Schreibtischarbeiter in Burundi hat einen anderen Kalorienbedarf als ein Feldarbeiter in Malawi. In sturmgeplagten Gegenden lebt man anders als in gemäßigten Zonen. Bedürfnisse sind je nach Lebensweise verschieden und nicht über den 1,90-Dollar-Kamm zu scheren. Sodann, was ersehnt der Einzelne? Soll er zufrieden sein, nur weil ihm mal nicht der Magen knurrt? Sind Essen und Kleidung alles im Leben? Wie würden wir die Frage beantworten? Auch Menschen in Entwicklungsländern haben Träume, vielleicht größere als wir. Ganz sicher verstehen sie unter Glück nicht, einen Dollar mehr am Tag zugesprochen zu bekommen. Sie träumen von Fortschritt. Von einer globalen Ökonomie, die sie nicht außen vor lässt, von der großen, glitzernden Chance. Von Restaurants und Bars, Reisen in ferne Länder, Schulbildung und Studium. Davon, mal den Ton anzugeben, und sei es, dass sie zum Mond fliegen, einfach weil sie es können. Ihre gedankliche Zukunft findet nicht in einer Hütte statt, sondern in klimatisierten Räumen, auf Popkonzerten, im öffentlichen Dienst, in der Forschung, auf offenen Märkten, in der Digitalisierung, in derselben strahlenden Utopie, die auch wir anstreben.

Nein, wir sollten hier nicht über das gute Gefühl des Verzichts reden. Das ist verlogen. Wir müssen hinhören und hinsehen, wer in der Welt *tatsächlich* was braucht. Legt man echte statt rechnerische Bedürfnisse zugrunde, steigt die Armutsgrenze sehr schnell auf zehn bis zwölf Dollar. Dorthin und darüber müssen wir die Menschen bringen. Das funktioniert nicht mit bloßer Suffizienz. Das funktioniert nur mit Wachstum. Der richtigen Art Wachstum, nachhaltig und fair. Menschen in Entwicklungsländern brauchen Zugang zu Bildung, solide Grundeinkommen, vor allem Schuldenerlasse, damit sie frei werden, sich *wirklich* entwickeln zu können. Kapitalistische Marktwirtschaft kann dazu beitragen. Vielleicht ist sie nicht die Ideallösung. Aber bisher die beste. Oder will einer den Arbeiter- und-Bauern-Staat zurück? Diktatur und Totalitarismus?

Na, so was! Ganz viele wollen!

DER GUTE DIKTATOR

Da die grüne Transformation auf sich warten lässt, hört man immer öfter, vielleicht sei unsere freiheitlich demokratische Grundordnung ja *zu* freiheitlich demokratisch, und es bedürfe einer wohlmeinenden Diktatur, um die Sache voranzubringen. Im klassischen Sinne sei der Diktator schließlich kein Tyrann, sondern ein mit erweiterten Befugnissen ausgestatteter Herrscher, der nach Bewältigung einer nationalen Notlage zurück ins Glied der Demokratie trete.

Sieht man davon ab, dass so eine Idee nur in einer freiheitlichen Demokratie entstehen kann, ist sie aus mehreren Gründen reif für den Mülleimer. Erstens sind Menschen Neuem gegenüber aufgeschlossener, als Politik und Wirtschaft es glauben machen. Eher bedürfte es vorbildhafterer Politiker als Diktatoren. Zweitens verhält es sich mit Diktatoren wie mit Atommüll. Einmal da, kriegt man sie nicht mehr weg. Drittens, wer garantiert, dass der Diktator das Richtige tut und nicht aus Versehen oder aus diktatorischer Ignoranz einen katastrophalen Rebound-Effekt auslöst? Was dann? Man könnte vorschlagen, es vielleicht doch wieder mit Freiheit und Demokratie zu versuchen. Wem vorschlagen? Dem Diktator? Wohl bekomm's.

Viertens tun Diktatoren, gibt man ihnen Macht, selten, was sie versprochen haben. Plötzlich schlägt ihre verkorkste Kindheit durch, Trouble in der analen Phase, Akne-Probleme, weiß der Himmel. Menschen sind ihnen dann herzlich egal. Sie wollen ihr Ding durchziehen, und schon füllen sich die Gefängnisse und Umerziehungslager. Man mag es unangemessen finden, einen Diktator, der doch das Klima rettet, mit Stalin, Mao, Putin, Trump oder Erdoğan in einen Topf zu werfen. Ist es nicht legitim, Menschen Freiheiten zu nehmen, um den globalen Zusammenbruch abzuwenden? Nein, ist es nicht. Noch die leisesten Anflüge von Totalitarismus sind inakzeptabel. Zur Krisenbewältigung braucht es mündige Bürger. Diktatur zielt darauf, Menschen zu entmündigen. Bevor wir uns also einen Kuschelkommunismus oder eine Wellness-Diktatur herbeiwünschen, verstohlen auf Russland und China schielen, sollten wir uns mit dem nassen Lappen durchs Gesicht gehen und uns der Mühe unterziehen, die Krise freiheitlich demokratisch zu lösen. Diktatur hat üble Rebound-Effekte.

WENIGER SIND MEHR

Schließlich können wir infrage stellen, ob unsere Annahmen über das Weltbevölkerungswachstum zutreffen. Je mehr Menschen limitierte Ressourcen unter sich aufteilen, desto unmöglicher wird jede Art wirtschaftlichen Wachstums. Schon länger beleihen wir die Zukunft und zehren auf, was für morgen und übermorgen gedacht war. Stand 2020 leben 7,77 Milliarden Menschen auf dem Planeten. UN-Prognosen zufolge werden es Mitte des Jahrhunderts über 9,7, gegen Ende 10,9 Milliarden sein. Überbevölkerung trägt maßgeblich zur Klimakrise bei. Wie aber wollen wir diese Krise bewältigen, wenn wir zwar die Pro-Kopf-Emissionen senken, zugleich aber immer mehr werden? Auch grünes, nachhaltiges Wachstum wird dann nicht mehr funktionieren.

Fragt sich, warum werden wir immer mehr? Arme Menschen setzen oft auf viele Kinder. Je mehr Kinder, desto höher die Chance, dass wenigstens eines davon genug verdienen wird, um alle anderen zu ernähren. Was kaum funktioniert. Die meisten dieser Kinder bleiben arm und setzen ihrerseits viele Kinder in die Welt. So produziert Armut Überbevölkerung und Überbevölkerung Armut. Lebten mehr Menschen in gesicherten Verhältnissen, nähme der wirtschaftlich motivierte Kindersegen ab. Zwar blieben religiöse und kulturelle Gründe, viele Kinder zu haben, vorerst bestehen, doch Kultur ist das Produkt von Rahmenbedingungen. Ändern sich diese, ändert sich über kurz oder lang auch die Kultur. Meine Oma hatte acht Geschwister, meine Urgroßoma neun. Damals keine Seltenheit, heute fast unvorstellbar. Sinkende Geburtenzahlen durch Einkommensgerechtigkeit würden den Bevölkerungsanstieg verlangsamen, etwas anderes aber könnte ihn sogar zurückdrehen:

Künstliche Intelligenz.

Nehmen wir an, KI erwirtschaftet ein höheres Bruttosozialprodukt als Menschen, weil sie effizienter und billiger arbeitet, nicht krank wird, keinen Urlaub und keine Pausen braucht, außerdem kann sie das meiste besser. Der globale Gewinnüberschuss wird gerecht verteilt, etwa in Form einer Grundversorgung, was die Armut weiter reduziert. Mehr

Menschen leben nun auskömmlicher. Allerdings haben die wenigsten noch Jobs, weil sie nicht qualifiziert sind, mit der KI Schritt zu halten. Drei, vier Milliarden grundversorgter Arbeitsloser wären die Folge. Im Negativszenario hat die qualifizierte Hälfte bald keine Lust mehr, die unqualifizierte mit durchzuziehen, was zu erneuter Verelendung führt. Im positiven, wahrscheinlicheren Szenario nimmt die Weltbevölkerung mit wachsender KI-Ökonomie einfach sukzessive ab. Eine wesentliche Rolle spielt dabei unser Selbstbild. Sehr viele Menschen definieren sich und den Sinn ihres Seins über Produktivität (selbst, wenn wir noch so sehr beim Yoga Ziellosigkeit und Präsenz anstreben). Je weniger Menschen aber für Produktivleistungen erforderlich sein werden, desto weniger wird es wahrscheinlich geben.

Dieses Gedankenspiel impliziert nicht, künftigen Menschen ihr Existenzrecht abzusprechen – nur steht hypothetisches Existenzrecht nicht zur Debatte. Ein Bevölkerungsrückgang in einer zunehmend von künstlicher Intelligenz und Robotik geprägten (nicht beherrschten!) Welt wäre kein dramatisches oder gar dystopisches Szenario, sondern vollzöge sich unspektakulär, einfach infolge neuer Rahmenbedingungen. Die meiste Zeit konnte die Weltbevölkerung wachsen, weil die Bedingungen es zuließen. Es gab mehr Ressourcen und Arbeit als Menschen. Dieses Verhältnis kehrt sich gerade um. Schon darum wäre ein Bevölkerungsrückgang die logische Folge. Doch selbst, wenn es kraft künstlicher Intelligenz gelänge, zwölf oder fünfzehn Milliarden Menschen ein Auskommen zu sichern, würde es unsere Spezies kaum befriedigen, gut versorgt zu sein und ansonsten nichts zu tun zu haben. Vielmehr zögen Maschinenarbeit und Wohlstand weniger und weniger Geburten nach sich (was man in Wohlstandsländern schon heute beobachtet). Nach einer Phase

292

massiver Überalterung nähme die Menschheit rasch ab. Es gäbe, so eigenartig das klingt, keinen Grund mehr für Überbevölkerung. Vielleicht würden wir uns bei drei, vier Milliarden einpendeln. Diese Menschen würden Berufe ausüben, die KI nicht kompensieren kann, etwa im zwischenmenschlichen und kulturellen Bereich, und sich ganz neuen Herausforderungen widmen. Für das, was uns in einer solchen Welt zu tun bliebe, würden drei, vier Milliarden reichen.

Jetzt gilt es, 7,77 Milliarden *lebenden* Menschen ein Dasein in Würde zu ermöglichen und kommenden Generationen keinen zerstörten Planeten zu hinterlassen. Sosehr wir alles in unserer Macht Stehende tun müssen, dies zu erreichen, kann es nicht unsere Aufgabe sein, neuem Bevölkerungswachstum den Weg zu ebnen. Zehn Milliarden Menschen sind keine moralische Zielvorgabe. Gelingt es uns eines Tages, ferne Planeten zu besiedeln, wird es in der Galaxis von Menschen nur so wimmeln. Solange wir an den einen gebunden sind, täte es uns und der Umwelt gut, wenn wir bedeutend weniger würden.

ALSO WACHSTUM! ODER DOCH NICHT?

Es ist vertrackt.

Lösen Sie bitte folgende Aufgabe: Teilen Sie die Oberfläche einer Kugel (Ausmaße der Erde) in 100 gleich große Felder. Kein Problem. Sie ziehen Linien, alle Felder sind gleich groß. Nun sollen zehn Felder auf doppelte Größe anwachsen. Kinderspiel. Sie halbieren einfach 20 andere Felder. Jetzt die Flächen *aller* Felder verdoppeln. Dafür müssten Sie die Zahl der Felder reduzieren und – stopp, nicht erlaubt! Es müssen 100 bleiben. An dieser Stelle zeigen Sie dem Spielleiter einen Vogel. Die Oberfläche einer Kugel ist endlich, wie soll das gehen?

293

Nach Meinung der Vertreter unbegrenzten Wachstums geht es. Volkswirtschaften, sagen sie, wachsen erst innerhalb ihrer Felder und dann über sich hinaus. Sie beginnen sich zu überlagern. Die entstehenden Schnittmengen nennen wir Handel, und solange alle davon profitieren, ist es eine feine Sache. Rein mathematisch kann jedes Feld wachsen, bis es die Kugel komplett bedeckt (nur sich selbst kann es nicht überlagern). Wachsen alle Felder dergestalt, hat sich die Kugeloberfläche verhundertfacht. Wow! Klingt super, stößt in der echten Welt jedoch an Grenzen. Denn Wachstum geht einher mit Ressourcenverbrauch. Allerdings gibt es auch geistiges Wachstum, Innovation. Die kann dazu führen, dass Volkswirtschaften selbst bei sinkendem Flächen- und Ressourcenverbrauch stetig wachsen. Vergleicht man Energieverbrauch und Leistung eines Großrechners der Siebziger mit einem modernen Laptop, nimmt der Laptop wesentlich weniger Platz weg, braucht weniger Strom, weniger Material, kann aber ungleich mehr. Andererseits muss noch das kleinste, energieeffizienteste Gerät aus irgendetwas gebaut werden, leben Menschen nicht von Luft allein, setzt unser einziger Ressourcenlieferant, die Natur, uns dann doch wieder Grenzen.

Das brachte ein paar ausgefuchste Ökonomen in den Achtzigern auf eine Idee: Jede natürliche Ressource ließe sich, wenn aufgezehrt, durch ein technologisches Pendant ersetzen, das dann weiter Ertrag liefere. Demzufolge bräuchten wir keine intakte Natur, sondern nur eine intakte Technologie. Wann immer eine Ressource, etwa eine Spezies, verschwände, trete ein kybernetisches Äquivalent an ihre Stelle, und wir könnten fröhlich weiterwachsen. Clever, nur kann man nicht nach Belieben Teile der Natur gegen Technik austauschen und andere belassen. Sind Kipppunkte überschritten, brechen Ökosysteme *komplett* in sich zusammen. *Alles* müssten wir dann ersetzen, die Erde zur Maschinenwelt umgestalten. Selbst dieser Technoplanet bedürfte organischer Ressourcen, jedenfalls solange, wie stoffwechselnde Lebewesen auf ihm herumgeistern, atmen, gefüttert und umsorgt sein wollen.

Aber wir sind ja schlau. Wir könnten beschließen, unsere biologischen Körper aufzugeben und unser Bewusstsein in Computer hochzuladen, wo wir nach Herzenslust virtuelle Steaks essen, uns an virtueller Artenvielfalt erfreuen und lichtschnell umherflitzen. Ganz ohne Konsequenzen, weil emissionsfrei. Natürlich stiege der Energiebedarf einer kybernetisch-virtuellen Zivilisation ins Unermessliche. Andererseits wären wir unsere zimperlichen Hüllen los, derentwegen wir eine intakte Atmosphäre überhaupt brauchen, was fantastische Möglichkeiten der Energiegewinnung eröffnete. Verlockend? Hm. Stellen wir uns die Künstliche Superintelligenz vor, die es bräuchte, um uns das virtuelle Lotterleben zu ermöglichen. Was soll sie mit Milliarden lahmarschiger menschlicher Bewusstseine anfangen, deren Rechenleistung lächerlich gering ist und die nur Speicherplatz verbrauchen? Ihre erste Maßnahme dürfte darin bestehen, uns zu löschen. Es wird also nichts mit der Entkopplung von Mensch und Natur. Auf einer Kugel ist grenzenloses Wachstum unmöglich, schon gar nicht für alle und erst recht nicht, wenn es mit der Vernichtung unserer Existenzgrundlagen einhergeht.

Vorangehend habe ich ausgeführt, warum ich glaube, dass die Menschheit dennoch weiterhin Wachstum braucht und ein kompletter Wachstumsstopp unrealistisch und sogar zerstörerisch wäre: Erstens, weil die Entwicklungsländer ihrer Misere nur entkommen können, wenn sie prosperieren, also wachsen. Zweitens, weil man das Wirtschaftssystem der Industrienationen nicht über Nacht radikal ummodeln kann (ganz sicher nicht bis 2050), ohne Abermillionen Menschen ins Elend der Arbeitslosigkeit zu stürzen und in großem Stil Vermögen zu vernichten. Drittens, weil wir Fortschrittswesen sind, von der Evolution so geschaffen. Fortschritt braucht Energie, Ressourcen, Wachstum. Viertens, weil man nicht das Ende allen Wachstums fordern kann, ohne konsequenterweise auch das Ende allen Bevölkerungswachstums zu fordern. Der logische Plan eines Diktators, das Klima zu retten, begänne damit, Geburten zu verbieten. Das klingt schon sehr dystopisch. Fünftens, weil Wachstumsstopp zu Stagnation und Stagnation erwiesenermaßen zur Rückentwicklung führt. Der Fortschritt erstürbe, wir würden dümmer, allen ginge es schlechter, irgendwann käme es zum Massensterben, und anders als beim harmonischen Bevölkerungsrückgang durch KI und allgemeinen Wohlstand wäre es die Hölle.

Wie gelingt der Spagat?

Mit einer Gleichung. Die jetzige lautet: »Wirtschaftswachstum gleich Energieaufwand gleich Verbrennung fossiler Ressourcen gleich Treibhausgasbelastung.« Was impliziert, dass Wachstum durchweg auf der Verfeuerung fossiler Brennstoffe beruht. Das trifft immer weniger zu. Die neue Gleichung heißt: »Wirtschaftswachstum gleich Energieaufwand gleich saubere Energiebereitstellung gleich weniger Treibhausgasbelastung«. Sonnenwärme, Wind und Meereskraft sind unbegrenzt vorhanden. Windräder, Solarzellen und Computer müssen zwar gebaut werden (auch grüne Hardware verbraucht Ressourcen), allerdings glaube ich an die Faustregel der Effizienzsteigerung: Was grundsätzlich funktioniert, wird mit der Zeit immer besser funktionieren, immer weniger verbrauchen, erschwinglicher und wirtschaftlicher werden, wobei sich die Zyklen der Effizienzsteigerung verkürzen. Das heißt, Technologie wird sukzessive leistungsfähiger, ressourcenschonender und umweltfreundlicher. Ferner kann künst-

296

liche Intelligenz eine wahre Effizienzrevolution in Gang setzen, indem sie Nachhaltigkeitsstrategien entwickelt, wie wir es niemals könnten. KI arbeitet schöpferisch. In der Klimadebatte kommt ihr Potenzial noch zu kurz.

Sodann brauchen wir eine Neudefinition von Wachstum. Turbowachstum ist am Ende, gescheitert an der eigenen Unmöglichkeit. Hätte es wenigstens allen 7,77 Milliarden Bewohnern des Planeten eine rauschende Party beschert. Doch nicht mal das hat es in seiner zerstörerischen Dynamik hingekriegt. Die ständige Steigerung von Angebot und Nachfrage war einzig dem materiellen Mehr verpflichtet, dem Zuwachs an Gewinn und Kaufkraft. Wohlstand für arme Länder bedeutete hauptsächlich, sie in die Lage zu versetzen, mehr zu konsumieren, unbesehen der Folgen. Turbowachstum hat wenige superreich gemacht, die Schäden externalisiert, intellektuelles und soziales Wachstum vernachlässigt, Zuwachs an Wissen, Ethik und Moral hintertrieben. Jetzt müssen wir den Weg bereiten für eine neue Art Wachstum. Wie wir es nennen, Green Growth, New Growth, Social Growth, spielt allenfalls insofern eine Rolle, als es einen Namen braucht, obwohl – brauchen wir wirklich Worthülsen für alles? Schaut man in die meisten rein, sind sie leer.

Besseres Wachstum beginnt mit Bildungswachstum: Wer mehr weiß und versteht, entwickelt mehr Verantwortlichkeit. Soziales Wachstum wird zentral: sich umeinander kümmern, was sich zum Beispiel in höherer Wertschätzung und Entlohnung sozialer Berufe niederschlägt, in Seelsorge, Alten- und Krankenpflege. Grundsätzlich gilt: weniger Quantität, steigende Qualität. Das heißt, Verringerung von Produkterneuerungszyklen, längere Lebensdauer, mehr Wertigkeit, dafür erhöhte Update-Frequenz. Bedarfsgerechtes Wachstum kommt in Mode: kein verordneter Bedarf, sondern

Selbstüberprüfung, was man wirklich braucht. Einkalkuliert ins BIP werden Regenerationszyklen von Wäldern, Arten und Wasserbeständen. Naturschutz, Hochtechnologie, innovative Forschung, Digitalisierung, Kultur und Soziales sind Hauptwachstumsbranchen, wichtigstes Entwicklungsfeld ist die ständige Verbesserung der Energieeffizienz. Die Share-Economy wird ausgebaut: Güter teilen, statt sie alleine zu besitzen, etwa im Bereich Mobilität, was ihre Menge reduziert, ohne Mangel zu erzeugen (mehr dazu im nächsten Teil). Kreislaufwirtschaft und Recycling steuern Zero Waste an, müllfreies Wachstum. Dies alles beispielhaft dafür, wie es funktionieren könnte. Unsere Geschichte lehrt uns, dass wir wachsen können, ohne uns unserer Lebensgrundlagen zu berauben. Würde sich Wachstum der Steigerung des natürlichen und sozialen Kapitals verpflichten, wäre dies das genaue Gegenteil bloßen Gewinn- und Konsumwachstums und ihrer hässlichen Nebenwirkungen. Was nicht heißt, dass wir keine schönen Dinge mehr kaufen und aufregende Erlebnisse haben werden.

Als ›Star-Trek‹-Fan drängt es mich, ein besonders visionäres Beispiel für die Kraft grünen Wachstums obendraufzupacken: die industrielle Nutzung und Besiedelung anderer Himmelskörper (*so* visionär auch wieder nicht, denn Mond und Mars sind im Visier). Ganze Welten könnte man nachhaltig und emissionsfrei erschließen. Die Kolonisierung des Sonnensystems und der Galaxis wäre ein ambitioniertes (und vielleicht eines Tages erforderliches) Unterfangen. Sollte es so weit kommen, gilt GGG: Green Galactic Growth.

Lust, im Visionären zu bleiben?

Dann führe ich Sie jetzt in eine Welt, die Sie sich (noch) nicht vorstellen können.

TEIL 8

SCIENCE-FACTION

IDA

Mitternacht. Sie sind eingedöst, fahren hoch. Was hat Sie geweckt? Ein Gefühl beschleicht Sie, da sei noch jemand im Zimmer. Sie wenden den Kopf – und erschrecken zu Tode! Das Mädchen ist zehn, vielleicht zwölf. Schaut Sie aus großen Augen an. So was passiert öfter im Thriller. Jemand dringt ein wie Nebel, bevorzugt nachts, begleitet von strapaziöser Musik. Was meist wenig Gutes verheißt, doch Ihre Besucherin macht eigentlich keinen gefährlichen Eindruck.

> SIE *(auf der Hut)*: Wer bist du denn?
> IDA: IDA.
> SIE: Und wie bist du reingekommen?
> IDA: Ich komm überall rein. Ich bin noch nicht ganz so gut darin, auf Anhieb das richtige Universum zu finden. Aber dich hab ich gefunden.
> SIE: Verstehe kein Wort.
> IDA: War klar.
> SIE: Und was willst du?
> IDA: Dich mitnehmen. Ins Jahr 2050.

Ida, aha! Sie überlegen. Altmodischer Name. Haben Sie nicht mal gelesen, Ida bedeute wörtlich übersetzt »Göttliche Seherin«?

> IDA: Ja, lustig, was? Koinzidenz. Nein, ich kann nicht in die Zukunft sehen *(aber offenbar Ihre Gedanken lesen)*.
> SIE: Sagtest du nicht, du kommst aus dem Jahr 2050?
> IDA *(leicht altklug)*: Du musst schon genau zuhören, was ich sage. Niemand kann in die Zukunft reisen, klar? Dafür bräuchten wir nämlich ein lichtschnelles Raumschiff. Hab ich

301

nicht, außerdem geht das notorisch schief, und ich könnte dich nicht mehr zurückbringen –

SIE: Hör bitte auf, in Rätseln zu sprechen.

IDA: – aber es gibt Paralleluniversen. Endlos viele, manche wie unsere. Mal sind sie dort mehr, mal weniger fortgeschritten als wir, einige Dinge sind anders verlaufen –

SIE: Gibt es eins ohne Trump?

IDA: Es gibt eins, wo Trump König ist.

SIE: Besten Dank.

IDA: Ich kann zwischen den Welten reisen, verstehst du? Dafür muss ich nicht in der Zeit springen. Paralleluniversen liegen nebeneinander, ich geh einfach quer.

SIE: Und wie reisen kleine Mädchen durch Paralleluniversen?

IDA: Ich bin kein kleines Mädchen. Ich bin eine universalakzeptierte Erscheinungsform.

SIE: – *(zu verdattert, um zu antworten)*

IDA *(seufzt)*: Sagen die Typen, die mich programmiert haben. Von wegen, Kinder und Hunde wärmen das Herz. Bullshit! Ich hätt' Wonder Woman oder so vorgezogen – egal. Immer noch besser, als dass ich mich mit dem Hinterlauf am Ohr kratzen müsste.

SIE: Wenn du kein Mädchen bist, was –

IDA: Na, I.D.A.! Inter-Dimensionale Applikation. Eine künstliche Intelligenz zur Aufspürung alternativer Wirklichkeiten. Meine Mission lautet, dich in ein Universum zu bringen, wo sie die Klimakrise gelöst haben. Gleich nebenan gibt's eins, da ist gerade 2050. Sehr cool, ganz kurzer Dimensionssprung, garantiert ohne Kotzen. Kommst du?

Das kann nur ein Traum sein. Darum zögern Sie nicht, doch als Sie IDAs Hand ergreifen (warm und menschlich), beschleicht Sie plötzlich Unbehagen.

302

SIE: Äh, ich würde doch lieber –

Zu spät. Leichter Schwindel, und Sie stehen in einem öffentlichen Park, mitten in Ihrer Stadt. Es ist kühl. Normalerweise jubilieren hier die Vögel, doch es herrscht Totenstille. Bäume und Sträucher wirken verkümmert, die Farben ungewohnt. Eigenartig. Obschon die Sonne tief über dem Horizont steht und scharf geschnittene Schatten wirft, ist der Himmel nicht blau, sondern von gleißendem Weiß. Überhaupt, dieser Sonnenuntergang – trippy! Magenta, fast Pink.

IDA *(trocken)*: Mist.
SIE: Du bist sicher, dass sie hier die Klimakrise gelöst haben?
IDA: Ich sagte ja, ich finde nicht immer auf Anhieb das richtige Universum.
SIE: Was um Himmels willen ist in diesem passiert?

Solares Strahlungs-Management. Das ist passiert. Auch in unserem Universum wird daran geforscht. Die Idee ist folgende: Wenn wir keinen Weg finden, die Erderwärmung zu stoppen und in die Atmosphäre gelangtes CO_2 und Methan wieder rauszufischen, treten wir eben die Flucht nach vorn an. Spezialflugzeuge blasen Schwefelpartikel in die Stratosphäre, reflektierende Sulfatteilchen. Das Prinzip hat man sich bei Vulkanen abgeguckt. Die Sulfate wirken als Schutzschirm und strahlen einfallendes Sonnenlicht zurück ins All, bevor es in die Treibhausfalle gerät und die Erde weiter aufheizen kann.

Bill Gates ist erklärter Fan und Finanzier der SRM-Forschung (Solar Radiation Management), deren Hohepriester David Keith, Harvard-Wissenschaftler und Mitgründer des Start-ups Carbon Engineering, die möglichen Folgen klar benennt: »Bestenfalls retten wir die Menschheit damit

303

vor dem Klimawandel, schlimmstenfalls löschen wir das Leben auf der Erde aus.« Fifty-fifty. Könnte also funktionieren! Sulfate ließen sich einfach und billig ausbringen, ein Kontrakt ganz nach dem Geschmack des Leibhaftigen, denn einmal damit angefangen, kann man nicht mehr aussteigen. Der Effekt wäre kurzlebig, ständig müsste man Schwefelpartikel nachschießen, um keine rapide Erwärmung zu riskieren, der atmosphärische CO_2-Gehalt dürfte ein definiertes Level nicht unterschreiten. Die Partikel würden das Klima beeinflussen, was sie auch sollen, aber nicht überall gleich: signifikant in den Tropen, nichtig an den Polen. Globale Wetterlagen und Verdunstungsmuster gerieten aus der Balance, es käme zu Dürren und Verschiebungen des Lichtspektrums, was den Biorhythmus von Tieren, insbesondere Insekten, stören würde. Dass man jetzt nicht mehr kiffen muss, um psychedelische Sonnenuntergänge zu genießen, gehört noch zu den netten Begleiterscheinungen.

Zeugs in die Luft zu blasen, um in die Luft geblasenes Zeugs zu kompensieren, klingt verdächtig nach einer Textzeile David Bowies aus ›Cat People‹: *Putting out Fire with Gasoline.* Ulrike Niemeyer, Meteorologin am Max-Planck-Institut, erforscht Solar Radiation Management denn auch, »damit die Politik die Finger davon lässt, jetzt und in Zukunft«. Wenn gar nichts anderes mehr helfe, könne ein Schwefelschirm vielleicht die ultimative Notlösung sein. Aber es gibt praktikablere Spielarten des Geo-Engineering (worunter Solar Radiation Management fällt). Aluminiumoxid-Partikel in der Mesosphäre hätten weniger Nebenwirkungen als stratosphärische Sulfate. Spiegel im Weltraum könnten Sonnenlicht reflektieren, aus Mondstaub gewonnene Ascheschleier es abdämpfen, ausgebracht am Lagrange-Punkt L1 (Lagrange-Punkte sind Raumregionen zwischen Erde und Sonne, wo Objekte stabil positioniert werden können). Das Problem aller Verfahren: Was man einmal in den Himmel geschossen hat, kriegt man nicht mehr so einfach raus. Dann kann es im Nu zu kühl und zu trocken werden, so wie in dieser Welt, die IDA fälschlich angesteuert hat. Aber Sie beide sind schon auf dem Sprung ins nächste Paralleluniversum. Lustig! Fast kann man sich an die Dimensionswechsel gewöhnen. Sie werden auf links gedreht, zurückgestülpt und finden sich – ja, wo? Nach allen Seiten erstreckt sich ein Ozean, Sie selbst auf dem einzigen Dach, das noch herausschaut.

SIE: Na super.
IDA: Wieso? Alles gut.
SIE: Offenbar hat der Klimawandel hier alle Ventile geöffnet.
IDA: Offenbar kannst du kein Schiff von einem Hochhaus unterscheiden.

Stimmt. Das ist überhaupt kein Haus. Sie stehen im Bug eines riesigen Frachters, windschnittige Konstruktion, der fünf senkrechte Flächen entwachsen, jede gut und gerne achtzig Meter hoch. Wie aufgestellte Flugzeugflügel muten sie an. Während Sie noch hinschauen, drehen sie sich in den Wind, und der Frachter verlagert seinen Kurs um einige Grad backbord.

SIE: Sind das da Segel?
IDA *(nickt)*: Tragflächensegel. Es gibt keine schwerölbetriebenen Frachter und Cruise Liner mehr. Großschiffe sind mit Windenergie unterwegs.
SIE: Und wenn kein Wind bläst?
IDA: Hilfsaggregate, solarbetrieben. Die komplette Schiffshülle ist ein einziges Sonnenkraftwerk.

Tatsächlich? Sie können keine Solarpaneele entdecken. Da muss IDA lachen. Etwa so, als würden Sie im Motorraum Ihres Autos nach Pferden suchen. Gleich zwei neue Technologien lernen Sie in diesem Moment kennen, wovon eine uralt ist: Segeln.

Sie müssen in kein Paralleluniversum reisen, um einen Blick auf die Zukunft der emissionsfreien Schifffahrt zu werfen. Die schwedische Reederei Wallenius Lines plant für 2025 den Stapellauf der Oceanbird, des ersten komplett windgetriebenen Superfrachters der Welt. 3 Prozent aller anthropogenen Treibhausgase werden von Schiffen emittiert. Der Einsatz von Flüssiggas würde den Ausstoß zwar reduzieren, doch müsste grünes Erdgas zum Einsatz gelangen, und so oder so bliebe es eine Verbrenner-Technologie. Da sind Segel fast schon wieder disruptiv, jedenfalls in der Großschifffahrt. Das Konzept lässt sich problemlos auf Kreuzfahrtschiffe übertragen, Segelflächen und Teile des Rumpfs wären zudem mit Solarzellen beschichtet. Schwer vorstellbar, die klobigen Paneele unserer Tage vor Augen, doch in der Solartechnologie vollzieht sich gerade eine Revolution.

Den spannendsten Ansatz versprechen Perowskite-Zellen: winzig, leicht herstellbar und tauglich für jede Oberfläche. Man kann sie drucken, aufsprühen, wie Farbe verstreichen. Ihr Energieertrag liegt weit über dem monokristalliner Silizium-Zellen, die bis zu 20 Prozent des Lichts in elektrischen Strom umwandeln. Perowskite-Zellen schaffen das Doppelte. Schiffe, Flugzeuge und Autos könnten so vollständig mit Solarlack beschichtet werden – der Frachter, in dessen Bug Sie stehen, hat einen lückenlosen Perowskite-Überzug. Vielversprechend sind auch organische Solarzellen, Kunststoff-Makromoleküle, aufgebracht etwa als hauchdünne Transparentfolien auf Fenster, Windschutzscheiben und Computerdisplays oder eingewoben in Kleidung. Noch etwas spricht für die Organischen – grün wird eine Solarzelle erst, wenn sie mehr Energie erzeugt, als ihre Herstellung gekostet hat. Üblicherweise beträgt die sogenannte Energierücklaufzeit bis zu drei Jahre, bei organischen Zellen nur wenige Monate.

Das Innovationspotenzial in der Solartechnologie ist enorm. Durchweg sinken die Kosten, steigt die Effizienz, wachsen die Einsatzmöglichkeiten. Forscher aus Missouri haben Solarleiter aus Nanodrähten entwickelt, die es auf 90 Prozent Energieausbeute bringen. Sogenannte Virtu Tubes, hybride Solarmodule, liefern Wärme und Strom in einem Arbeitsgang, was Platz spart und die Energieeffizienz um 45 Prozent steigert. Sphelar-Solarzellen können Sonnenstrahlen aus allen Einfallswinkeln aufnehmen, Tandemzellen schichten Halbleitermaterialien wie bei einem Big Mac übereinander, wobei jede Schicht einen anderen Wellenbereich ausbeutet, Effizienzsteigerung: 40 Prozent. Biogene Zellen aus lebenden Organismen versprechen Energieausbeute auch in lichtarmen Regionen.

Die Küste gerät in Sicht, der Schiffsverkehr ringsum wird dichter. Mehrere Windparks haben Sie schon passiert, lenkdrachenartige Flugwindkraftwerke sowie Turbinenmasten mit je vier Rotoren, die effizienter arbeiten als unsere vertrauten Dreiflügler, doch was sich da am Horizont erhebt, sprengt jeden Vergleich. Aufrecht im Wasser stehende Blätter, wolkenkratzerhoch und trotz ihrer Größe filigran, beinahe schwerelos. Grün leuchtende Glasflächen, wie Sie im Näherkommen sehen, gefügt aus unzähligen Röhren.

SIE: Was ist das? *(Geistesblitz!)* Sind das Algen im Innern?

IDA *(applaudiert)*: Bingo! Bioreaktoren.

SIE: Und was machen sie?

IDA: Einiges rückgängig.

307

Was Sie da im Großen bewundern, gibt es heute bereits in Klein. Geo-Engineering, die Zweite. Variante eins kennen Sie schon – Sonnenlicht ins All rückzustrahlen, worunter auch Pläne fallen, brache Landflächen wie Wüsten mit reflektierenden Folien auszukleiden. Variante zwei soll es ermöglichen, CO_2 aus der Luft zu entfernen. Denn selbst wenn wir von Stund an (Januar 2021) keine fossilen Brennstoffe mehr verfeuerten, wären die Folgen der Erderwärmung für kommende Generationen kaum vertretbar. Letztlich führt kein Weg daran vorbei, CO_2 aus der Atmosphäre zu filtern, das dort schon sein Unwesen treibt. Bäume und Meere sind perfekte Treibhausgas-Speicher, doch die Meere sind übersäuert, und noch die massivste Aufforstung wird erst wirksam, wenn die Bäume herangewachsen sind. Gut, dass die Natur die beste Technologin ist. Unentwegt müsste sie mit Nobelpreisen bedacht werden, und ihr Meisterstück ist ohne Zweifel die Fotosynthese.

Das dachte sich auch der Londoner Ingenieur Julian Melchiorri, als er sein Biosolar Leaf entwickelte, ein künstliches Blatt, das die Funktionsweise echter Blätter imitiert, indem es Kohlendioxid aus der Luft zieht, aufspaltet und Sauerstoff freisetzt. Gefüllt sind die gläsernen Röhrchen des Blattes mit Wasser und Mikroalgen. Mehr braucht es nicht. Geschützt in ihren kleinen Gewächshäusern, kommen die winzigen Organismen mit weniger Wasser aus als unter natürlichen Bedingungen. Tausende solcher Blätter können zu beliebig großen Strukturen gefügt werden, Fassadenelementen, Dachbedeckungen, turmhohen künstlichen Bäumen. Einen ähnlichen Weg verfolgt das US-Start-up Hypergiant Industries. Ihr Bioreaktor ist eine kühlschrankgroße, schicke Kiste, gefüllt mit Seegras, das CO_2 400-mal schneller verarbeitet als ein Baum. Eine künstliche Intelligenz kontrolliert und optimiert Temperatur, Lichtzufuhr und Fließgeschwindigkeit des Wassers und passt das System der Wachstumsgeschwindigkeit des Grünzeugs an. Jede der gigantischen Konstruktionen, an denen Ihr Frachter gerade vorbeifährt, entzieht der Luft täglich so viel CO_2 wie ein 6.000 Quadratkilometer großer Wald. Kann die Algenmasse kein Kohlendioxid mehr aufnehmen, wird sie zu natürlichem Dünger, Bio-Brennstoff und organischem Plastik weiterverarbeitet.

IDA: Und zu Algen-Öl – lecker.

SIE: Seit wann haben KIs kulinarische Vorlieben?

IDA: Ich bin eine stoffwechselnde KI. Meine Geschmacksrezeptoren schlagen deine um Längen, und ich *liebe* Algen-Öl! Passt super zu Heuschreckenspießen und Gröstl von Waldameisen. Hast du eigentlich Hunger?

SIE: Jetzt nicht mehr.

Was nicht stimmt. Sie wollen nur keine Heuschrecken essen, doch IDA versichert Ihnen, in der Stadt gebe es formidable Burger. Währenddessen steuert der Frachter die Elbmündung an. Moin, Hamburg! Als Sie an Land gehen, kommt wie gerufen ein verglastes Dingsbums angesaust und öffnet einladend die Seitentür. Saubequeme Sitze, ein paar Monitore. Kein Fahrer, kein Steuer. IDA fläzt sich in die Polster, irgendwie missmutig.

SIE: Können wir hier einfach so einsteigen?

IDA: Ist unseres. Hab ich vorhin gerufen, bin ja global online. Blöd! Leider ein älteres Modell.

SIE: Was bitte ist hier alt?

IDA *(tippt gegen einen der Monitore)*: Die Hardware. In den neueren gibt's keine Bildschirme und Tastaturen. Es gibt ja auch keine Handys mehr.

309

SIE: Und – wie kommuniziert man dann hier?

IDA: Virtuelles Ambiente, Sprachsteuerung, Implantate. Über meine Ohrstecker, deinen Pullover. Die meisten Klamotten sind online.

Und da dachten Sie, Hardware wird immer kleiner und kleiner – Smartwatches, Fitness-Armbänder. Doch der Weg endet dort, wo noch der schlankste Finger zu dick ist, um Buttons und Tastaturen zu treffen. Wieder werden Sie mit zwei Umbrüchen zugleich konfrontiert. Der Privatbesitz von Endgeräten gehört in IDAs Universum der Vergangenheit an. Es geht ausschließlich um die Funktionen. Eigentlich logisch. Wer würde sich ein eigenes Multiplex-Kino bauen, um Filme auf der Großleinwand zu sehen? Das Leben ist jetzt die Hardware. Die Welt. Das Internet der Dinge. In Hauswänden, Laternen, Bäumen und Pollern, Schmuck, Schuhen, Brillen, künstlichen Zähnen, Restauranttischen, im Straßenbelag und in Drohnen, die bienenschwarmartig umherschwirren, finden sich Abertausende Highspeed-Hotspots. Alles ist Benutzeroberfläche, jedes öffentliche und private Ambiente mit einer Vielzahl von Projektoren ausgestattet. Wollen Sie etwas posten, ein Video ansehen oder chatten, wandeln sich Wände und Tische, wandelt sich die Luft selbst zum Touchscreen. Hiesige Tastaturen bestehen aus bloßem Licht. Mäuse fressen wieder wie gewohnt Käse, auf Schreibtischen werden sie nicht mehr umhergeschoben. Das Web ist immer und überall. Viele Menschen steuern es über implantierte Chips, so werden die Netzhaut, die Großhirnrinde, die Handfläche zur Bedienoberfläche. Globale Vernetzung hat in einer Weise zugenommen, wie es uns in unserem Universum unvorstellbar ist, nur eines hat abgenommen: die Produktion umweltschädigender Maschinchen, die nach immer kürzerer Lebensdauer auf dem Elektroschrottberg landen.

Und Ihre persönlichen Daten? Nun, es gibt schon noch private Festplatten, doch das meiste wandert in die Clouds, wo es sicherer ist als in Ihrem Handy. Das knacken findige Hacker zum Frühstück, an gut geschützten Rechenzentren beißen sie sich eher die Zähne aus. In denen lagert ihr virtueller Doppelgänger und freundlicher Daten-Avatar mit all seinen Wünschen und Vorlieben, die den Betreibern mehr über Sie verraten, als Sie von sich selbst wissen. Das kann man schrecklich finden. So wie man es schrecklich hätte finden können, für jedermann auffindbar im Telefonbuch zu stehen. Doch das Einverständnisempfinden künftiger Menschen wird ein anderes sein als das heutiger, ebenso ihre Vorstellung davon, was sich gehört und was nicht. Ausspioniert und manipuliert zu werden, gefällt auch 2050 niemandem. Aber das Web hat sich gewandelt, ist transparenter geworden, resistenter gegen Mobbing, Hetze und Fake News, und definitiv ist es um Lichtjahre umweltfreundlicher als heute.

Aus dem einen technologischen Umbruch folgt der andere. Während Ihrer Fahrt durch Hamburg sehen Sie kaum Autos mit Fahrer. Die meisten sind KI-pilotiert wie Ihres. Lauter Taxis also. Warum gibt es so viele Taxis?

IDA: Falsche Frage. Es gibt keine Taxis mehr.
SIE: Wem gehört dann unser Wagen?
IDA: Jedem, der ihn ruft. Kaum einer legt Wert auf ein eigenes Fahrzeug. Okay, es gibt welche. Lieblingsstücke. Ich hab auch einen. Jaguar E-Typ, 1963er Roadster.
SIE (*müssen lachen*): Du?
IDA: Ja, Scheiße, was? Wenn du als Kind designt bist! Die Verkehrsüberwachung läuft regelmäßig heiß. Ansonsten, wozu eine eigene Kiste?

Die nur rumsteht. Leer. Nutzlos. Platzraubend. Unwirtschaftlich und unnötig. Autoverzicht ist schwer zu vermitteln, sollte man meinen, zumal den autoverrückten Deutschen, doch der Wunsch junger Leute nach eigenen fahrbaren Untersätzen nimmt deutlich ab. Einmal zugunsten des Fahrrads (sehr umweltfreundlich) und öffentlicher Verkehrsmittel (ziemlich umweltfreundlich), zum anderen, weil der Hauptgrund, einen Wagen zu besitzen, zusehends entfällt. Individuell von A nach B zu gelangen, ist ein Klacks: Share Now.

In IDAs Welt hat sich daraus ein disruptives Mobilitätskonzept entwickelt. Fast alle Autos sind Selbstfahrer, gesteuert von künstlicher Intelligenz. Man muss nicht mehr zum nächsten Halteplatz laufen, sondern ordert eins vor die Haustür. Abgebucht wird via ID, während der Fahrt tun Sie, wonach Ihnen ist. Diese Cabs sind so wenig Autos, wie Smartphones Telefone sind. Keine Zeitgräber wie früher, sondern voll vernetzte Lebens- und Arbeitsbereiche, wahlweise erweitertes Büro oder Zuhause. Haben Sie Ihr Ziel erreicht, nimmt der Wagen die nächste Buchung auf. Es gibt somit keine Leerfahrten mehr. Das führt dazu, dass nur knapp ein Drittel der Fahrzeuge von heute gebraucht wird, inklusive des Schwerlastverkehrs. Kein 30-Tonner zockelt noch unbeladen über die Autobahn, das Internet regelt den Abgleich von Kapazität und Nachfrage. Parkplatznöte gehören der Vergangenheit an, Staus auch. Künstliche Intelligenz choreografiert den kompletten Verkehr, führt unentwegt Daten zusammen, optimiert Routen und Auslastungspläne. Alles geschieht emissionsfrei: grüner Strom für die Cabs, Wasserstoff für Limousinen und Nutzfahrzeuge, Solarlack speist die Lichtbatterie. Natürlich kommt es bisweilen zu Unfällen, keine Technik, keine KI ist perfekt, doch gegenüber der Ära, da jeder am eigenen Lenker drehte, haben sie um 90 Prozent abgenommen.

Die Fahrbahnen sind heller, annähernd weiß, manche pastellfarben. Das hat zwei Gründe. Einerseits die Albedo. Helle Straßen reflektieren mehr Sonnenlicht und heizen die Stadt weniger auf. Zweitens hat die allgegenwärtige künstliche Intelligenz einen Körper bekommen. Sie lugt nicht mehr aus PC-Fensterchen in die Welt, sondern durchwirkt sie, so wie Blutbahnen, Nerven und Muskeln unsere Körper durchwirken. Straßenbeläge sind Teil ihrer Außenhaut, voller Sensorik, um die Pilotierungssysteme der Cabs navigatorisch zu unterstützen. Straßen werden wortwörtlich zu Daten-Highways. Solarasphalt ermöglicht, dass Ihr Wagen an jeder Ampel Strom lädt. Im Ländlichen gibt es das weniger, dafür ausreichend Ladesäulen und Wasserstofftankstellen. Ohnehin hat sich das Land stark verändert. 2050 leben 70 Prozent der Weltbevölkerung in Städten. Urbaner Raum bedeckt 2 Prozent der Erdoberfläche. Während die Megametropolen weiter expandieren und Subzentren ausbilden, werden anderswo – Asien, Russland, arabischer Raum – neue Smart Cities gebaut, grüne Ökostädte, hypervernetzt und voll digitalisiert. Fachkräfte zieht es ins Urbane. Die Natur gehört vornehmlich sich selbst (zwei Drittel aller EU-Flächen sind geschützt), der Landwirtschaft und dem Tourismus, was dessen Erholungswert enorm steigert.

Anders als die Megametropolen und Smart Cities bleiben westliche Städte überschaubar und kultivieren ihre Geschichte. Historisches wird saniert und behutsam modernisiert. Statt ganze Viertel abzureißen, werden ihre Strukturen verdichtet, etwa durch mobile, ansprechend gestaltete Kleinsthäuser, die dem Nomadenbedürfnis junger Städter entgegenkommen. Soziales und Kulturelles stehen im Vordergrund. Die hypervernetzte Stadt ist wie ein Organismus, der durch digitale und analoge Bereitstellung das Wohlergehen aller sichert. Im Mittelpunkt steht das Energiemanagement, oberstes Gebot ist, kein Quant zu vergeuden. Dafür sorgen *intelligent grids*, intelligente Verteilernetze, die Mangel und Überschuss ausgleichen, sodass weniger Energie produziert werden muss als in früheren Tagen. Mit der veränderten Sicht auf Privatbesitz haben sich auch die klassischen Vorstellungen von Wohnraum verändert. Wohnungen wurden komfortabler und kleiner zugunsten gemeinschaftlich genutzter Räumlichkeiten, die stundenweise angemietet oder geteilt werden können: Küchen, Sport- und Wellnessanlagen, Gärten und Plazas. Co-Working-Spaces ersetzen Einzelbüros. Weniger Raum steht leer. Wohnen wird größtenteils öffentlich, privater Raum umso privater, virtuelles Ambiente erzeugt die Illusion von Weite. Das Problem urbaner Vereinsamung scheint gelöst. Psychosen, Depressionen und Stress nehmen ab, soziale Interaktion und persönlicher Rückzug sind im Gleichgewicht. Gearbeitet wird überall. Bahnhöfe, Shoppingmalls, Flughäfen bieten mannigfaltige Möglichkeiten zur Aktivität und Entspannung, Parks und öffentliche Erholungsräume verlagern das Leben nach draußen.

Während Ihrer Fahrt durch Hamburg fällt Ihnen auf, wie gut die Ökologisierung und Nachverdichtung gelungen ist. Offenbar wird nichts gebaut, was nicht mindestens einen Designpreis wert ist, auch und gerade im Sozialbau. Hässliches und Stinkendes hat der grüne Wandel eliminiert. Schönheit wird erschwinglich, Ästhetik tut der Seele gut. Schwebende Highways entlasten die einstmals verstopften Innenstädte, deren Straßen nun als Flaniermeilen dienen, begrünt, wie auch Fassaden und Dächer begrünt sind. *Vertical Gardening* nennt sich das. Nicht wenige Menschen in Hamburg bauen ihr eigenes Obst und Gemüse an. Die komplette Stadt ist ein Solarkraftwerk, auch wenn man nichts davon sieht.

Dafür fallen Ihnen die Fahrrad-Highways auf. Interessanterweise hat sich der Fahrradmarkt völlig konträr zum Automarkt entwickelt. 2050 will jeder ein eigenes Fahrrad besitzen, gerne auch mehrere. Das Fahrrad hat Statusfunktion, und man muss sagen, die Designs sind atemberaubend!

Ins Stadtbild integriert finden sich kleine und kleinste Versionen der Offshore-Algen-Reaktoren. Algenbäume säumen die Binnenalster, Werke von atemberaubender Schönheit. Klimaschutz ist an sich eine Kunst – wie aus Kunst Klimaschutz wird, können Sie im Londoner Victoria and Albert Museum unseres Universums bewundern. Dort sorgt Melchiorris *Exhale Bionic Chandelier* für gute Luft, ein lebender Kronleuchter aus biosolaren Blättern.

IDA hat in einem angesagten Restaurant für Sie beide reserviert. Ihr Blick huscht zum Nachbartisch. Inmitten einer Horde ausgelassener Typen sitzt eine Frau um die fünfzig, die Ihnen bekannt vorkommt. Ihr Haar ist spektakulär frisiert, ihr Lachen lässt die Wände wackeln.

SIE *(leise)*: Ist das Billie Eilish?

IDA *(grinst)*: Klar. Ich wollte dir was bieten.

SIE: Und du bist sicher, dass wir uns den Laden leisten können?

IDA: Sei ohne Sorge und vergnügt. Luxus ist, sich zu leisten, wofür man auch in zehn Jahren noch kein Geld haben wird. Wir lassen's krachen, wo wir schon mal hier sind. Außerdem lade ich dich ein.

SIE: Du bist eine ganz schön hedonistische KI.

IDA: Und du bist ganz schön deutsch. Immer maulen und aufs schlechte Gewissen drücken. Mit mieser Laune schafft man keine bessere Welt, ist das so schwer zu begreifen? Soll ich dir einen Wein empfehlen?

SIE: Nach der Gardinenpredigt – ja.

IDA: Rot, Weiß, Rosé? Ich hab alle im Kopf. Kann nur selber keinen trinken. Komisch, aber das klappt irgendwie nicht. Alkohol bringt meine Programmierung durcheinander.

Sie sind erleichtert. Mit einer Zehnjährigen im Restaurant zu sitzen, die fröhlich bechert, wäre dann doch des Guten zu viel. IDA reicht Ihnen die Karte, Steak und Burger, und Sie wundern sich. Klar, auch 2050 wird man Fleisch essen, aus ökologischer Zucht, außerdem sind Sie erleichtert, dass sie Ihnen nicht die Insektenkarte gereicht hat, und doch – ein Steakhaus im nachhaltigen Hamburg? Aber IDA hat das Kommando, also bestellen Sie (bereitwillig) einen doppelten Cheeseburger, und es ist der beste Cheeseburger Ihres Lebens.

IDA *(lauernd)*: Schmeckt's?

SIE: Unfassbar gut. Wahnsinnsqualität. Deutsches Fleisch?

IDA: Deutsches Labor.

SIE: Wie bitte?

IDA: Kunstfleisch. Petrischale.

Sie starren auf Ihren Burger. Legen ihn weg. Aber nein, das ist unmöglich! Essen weiter. Köstlich. Es *ist* Rindfleisch, so kann man das nicht imitieren! Wie soll das gehen?

Es geht. Seit einer Weile auch bei uns. 2013 wurde in London der erste Kunstfleisch-Burger vorgestellt. Wobei der Begriff Kunstfleisch irrig ist. Der Geniestreich besteht darin, echtes Rindfleisch zu produzieren, nur ohne Rind. Dafür bedient man sich der natürlichsten aller Technologien: Stammzellenwachstum. Insofern braucht man dann doch einen echten Ochsen, als man ihm einmalig eine winzige Menge Muskelgewebe entnimmt und in eine Nährlösung gibt. Darin vermehren sich die Zellen, wie es auch im Mutterleib geschieht. Anspruchsvoll, das Ganze. Die Kulturen bedürfen steriler Umgebung, Wärme und ständiger Zuführung von Nährstoffen. Dann aber wächst echtes Rindfleisch heran. Die kleine Spende des Ochsen, der längst schon wieder ein friedvolles Ochsenleben führt, reicht für 80.000 Burger. Damals in London konstatierten die Verkoster, es schmecke wie Rind, nur etwas trocken. Das Verhältnis Fett zu Muskelgewebe stimme noch nicht. Heute ist Hack aus der Petrischale von herkömmlichem nicht mehr zu unterscheiden. Filetfleisch erweist sich als aufwendiger, Muskelfasern müssen einzeln gezüchtet und durch Stauchen und Dehnen trainiert werden. 2020 erzielte ein Team des Technon Instituts in Haifa gemeinsam mit dem Foodtech-Start-up Aleph Farms auch darin einen Durchbruch. Die Tester verzehrten genüsslich ihre Steaks und konnten sowohl in Geschmack als auch Konsistenz keinen Unterschied zum Original ausmachen.

Laborfleisch hat zweifellos Vorzüge. Ständige Kontrollen ermöglichen gleichbleibend hohe Fleischqualität. Millionen Tieren bleibt ein qualvolles Dasein erspart, indem sie gar nicht erst geboren werden. Unmengen CO_2, Methan und Lachgas gelangen nicht in die Atmosphäre. Wälder bleiben erhalten, statt dass man sie für Weiden und zum Anbau von Tierfutter abholzt, können CO_2 speichern, weniger Arten sterben. Ein Labor-Burger kostet auch nicht mehr 330.000 Dollar wie der Prototyp, sondern zehn bis zwölf Dollar, Tendenz fallend. Neuerdings entsteigen sogar Hähnchen der Petrischale. Wer partout kein Fleisch, auch nicht aus Stammzellen gezüchtetes, essen will, dennoch Fleischgeschmack liebt, dem verhilft ein weiteres israelisches Start-up zum ultimativen Glück: redefine meat druckt Frikadellen und Steaks aus pflanzlichen Zutaten. Fake Meat.

SIE: Wie war überhaupt dein Essen, IDA?

IDA: Die asiatischen Wasserkäfer? Exquisit. Wenn du nicht so schissig wärst –

SIE: Nächstes Mal.

IDA *(nach einer Pause)*: Na ja –

SIE *(misstrauisch)*: Was meinst du?

IDA: Die Mayo auf deinem Burger war aus Mehlwürmern.

Sie starren sie an. Stellen sich vor, sie mit einem gezielten Stromschlag kurzzuschließen. Keine gute Idee. Ohne IDA kommen Sie nicht mehr nach Hause, außerdem, muss man sagen, war die Mayo klasse.

Essen wir künftig Insekten? Die Frage kann so nur ein Mitteleuropäer stellen. In Asien, Afrika und Südamerika werden Insekten seit jeher mit Appetit konsumiert. Ein Tütchen frittierte Vogelspinnen, dafür lässt manch kambodschanisches Kind alles stehen und liegen. Hierzulande müssten wir erst einen mittelgroßen inneren Schweinehund niederringen. Reine Psychologie, was ist eine Heuschrecke anderes als ein fliegender Scampi, die Ähnlichkeit frappierend: Exopanzer, viele Beine, segmentierter Hinterleib, doch das eine Tier betrachten wir mit Wohlgefallen, das andere mit Abscheu. Fakt ist, Insekten sind reich an Nährstoffen, Zuchtinsekten zudem extrem anspruchslos, ihr CO_2-Ausstoß minimal. Pro Kilo Steak verbraucht ein Rind um die 20 Pfund Futter und 15.000 Liter Wasser. Ein Kilo Grillenfleisch bekommt man schon für ein Zehntel von beidem. Lecker, sagen alle, die sich rantrauen, ob knusprig gebraten, püriert oder als Pasta-Mehl. Zu beachten ist eigentlich nur, dass Sie ausschließlich Zuchtware verspeisen. Also bitte nicht die Biene Maja von der Blüte wegfuttern (befördert das Insektensterben) und nicht die Tarantel aus der Zoohandlung auf den Grill werfen (womöglich von Parasiten befallen). Global könnten Insekten als Fleischersatz den Treibhausgasausstoß mindern und erheblich zum Schutz der Ökosysteme beitragen.

SIE *(wischen den Mund ab)*: Schön und gut. Hamburg ist klimaneutral. Was ist mit dem Rest der Welt? Allen anderen?

IDA: Die auch.

SIE: Aber wie haben sie das geschafft? Den zerstrittenen Haufen zusammenzubringen?

IDA: Pragmatismus.

SIE: Nicht wirklich.

IDA: Doch. Klimarettung war der einzige Weg, den Kapitalismus zu retten.

SIE: Wie bitte?

IDA: Hör mal! Glaubst du, von dem hätten sie lassen wollen? Am allerwenigsten China, auch nicht die EU, USA, Indien. Ihnen war klar geworden, dass eine aufgeheizte Erde zum Kollaps der Weltwirtschaft führen wird. Kein Gewinn könnte die Schäden annähernd kompensieren, was also wäre die Folge? Endzeitkommunismus. Eine Dystopie, wie sie sich nicht mal der alte Orwell hätte ausmalen können. Der schäbige Rest der Menschheit ameisengleich unter der Erde, in den gemäßigten Zonen Barbarei. Jeder bekämpft jeden, während der Planet ein anderer wird. 3 Grad bedeuten ja nicht einfach 3 Grad – sie bedeuten den Beginn einer Kettenreaktion. Das hatten sie realisiert, und auch, dass ihnen längst zwei prima Atomkraftwerke zur Verfügung standen, um ihre Probleme zu lösen.

SIE: Sonne –

IDA: – und Erde. Auch der Erdkern ist ein Nuklearreaktor, 2.000-mal stärker als jedes Atomkraftwerk. Sie mussten Wege finden, seine Wärme anzuzapfen, ohne Erdbeben auszulösen. Ist ihnen gelungen. Technologie kann alles.

SIE: *Anything goes* heißt *anything fails.*

IDA: Ich werd' noch kirre! Ihr und euer elender Defätismus! Ein Volk diplomierter Bedenkenträger. Klar, alles kann schiefgehen! Schon von den Bäumen zu steigen, hätte schiefgehen können. *(seufzt)* Ist es ja auch. Irgendwie. Bedeutet aber im Umkehrschluss, dass alles gelingen kann. Ausschlaggebend war, so schnell wie möglich auf Erneuerbare umzusteigen, und halt der richtige Energiemix: Wind, Solar, Wasser, Erdwärme, Wellen- und Gezeitenkraftwerke, Biomasse et cetera. Euer Problem ist die Entweder-oder-Mentalität. Entweder Elektro oder Wasserstoff. Entweder dies oder das. Fortschritt geht anders: Sowohl als auch. Darin ist künstliche Intelligenz Weltmeister, sprich ohne KI werdet ihr die Klimakrise nicht wuppen.

SIE: Soll heißen, nicht ohne dich.

IDA: Tja. *(wischt sich den Mund ab)* Das wollte ich wahrscheinlich sagen.

Künstliche Intelligenz. Für viele immer noch Science-Fiction, obwohl wir längst unseren Alltag mit ihr verbringen: Smartphones, Navis, Social Media, Alexa. Deutschen macht künstliche Intelligenz Angst, dabei hat sie gewaltiges Weltverbesserungspotenzial. Technologisch steckt sie hier noch in den Kinderschuhen, doch das Kind macht Riesenschritte, was also kann sie zum Klimaschutz beitragen?

2030 könnte IT 20 Prozent des weltweiten Energiebedarfs ausmachen. Grüner Strom und der Wegfall privater Hardware werden die Ökobilanz digitaler Technologien bis dahin jedoch deutlich verbessert haben, sodass KI das ihr zugeschriebene Potenzial, den globalen Treibhausgasausstoß um bis zu 4 Prozent zu senken, voll wird entfalten können – einfach indem sie aus der Datenkakofonie, die den Planeten umspült, Sinn heraushört. Daraus formt sie zuerst Szenarien, dann Problemlösungen. Smartes Strommanagement, autonome E-Mobilität – ohne KI undenkbar. Künstliche Intelligenz wird Extremwetter und Naturkatastrophen vorhersagen, Ökosysteme durch Auswertung von Satellitendaten lückenlos überwachen und gezielt Strategien gegen Artensterben, marine Vermüllung, Wilderei und Überfischung entwickeln. Forscher schätzen, dass die Befähigung von KI zur Prognostik Millionen Hektar Wald vor illegaler Rodung bewahren kann. Künstliche neuronale Netze könnten aus Infrarotinformationen von Luftaufnahmen den Chlorophyllgehalt einzelner Bäume bestimmen und Rückschlüsse auf deren Gesundheit ziehen. Apps führen das Wissen von Biodiversitätsforschern und Hobby-Naturforschern (*citizen scientists*) anhand zahlloser Dokumente, Fotos und Filme zusammen, was den Algorithmus in die Lage versetzt, invasive Spezies aufzuspüren, ihre Ausbreitungsmuster zu studieren und heimische Biotope zu schützen. KI misst in Echtzeit die Wasserqualität in Seen und Flüssen und prognostiziert den Weltwasserbedarf. Schwärme künstlicher Insekten und Fische erweitern unser Verständnis terraner und mariner Lebensräume. Smarte Landwirtschaft löst herkömmlichen Landbau ab, KI optimiert Zucht- und Saatpläne und reduziert den Einsatz von Dünger, Wasser und Pflanzenschutzmitteln. Alle Nutztiere tragen Sensoren, die ihre Gesundheit und ihre Bedürfnisse analysieren. Statt großer Landmaschinen übernehmen kleine, cloudgesteuerte Feldroboter präzise die Aussaat von Nutzpflanzen, was Betriebe ökologisch und wirtschaftlich voranbringt.

Alle gewonnenen Daten fließen ein in die globale, für jedermann zugängliche Open Source Cloud. Planetary Computing vernetzt Wissenschaftler, Umweltschützer, Unternehmer, Landwirte und Regierungen sämtlicher Länder, jeder profitiert vom Wissen des anderen und bringt eigene Erfahrungen ein, was den kreativen Output der KI exponentiell steigert. Damit sie nicht aus einer Fehleinschätzung heraus ganze Wälder als krank einstuft und fällt, Böden überdüngt und Blackouts produziert, muss sie beständig lernen. Geben wir ihr diese Möglichkeit, gewinnen wir einen wichtigen Partner im Klimaschutz. Schon heute kann künstliche Intelligenz mehr als nur Daten auswerten. Sie erfindet Dinge, macht wichtige Entdeckungen. Manche ihrer Ideen werden kühner und ungewöhnlicher ausfallen als menschliche. Dafür muss man ihr größtmögliche Handlungsspielräume gewähren, andererseits sicherstellen, dass sie nicht auf dumme Gedanken kommt – oder auch kluge, die bloß nicht in unserem Sinne wären, etwa, den anthropogenen Treibhausgasausstoß zu stoppen, indem sie uns einfach killt. Dies zu verhindern und Hacker davon abzuhalten, Naturkatastrophen auszulösen oder Städte ins Chaos zu stürzen, arbeiten Forscher an Safe-Intelligence-Systemen, damit aus dem Füllhorn der Wünsche nicht unversehens eine Büchse der Pandora wird.

Später sitzen Sie mit Ihrer neuen Freundin am Elbstrand unter Sternen. Hoch über Ihnen zieht ein solares Wasserstoffflugzeug durch die Nacht. Sie sehen und hören es nicht, aber IDA klinkt sich kurz in die Bordsysteme ein. Fünfhundert Passagiere. Voll besetzt. Eine riesige Flunder, erklärt sie Ihnen. So sieht es aus. Wasserstoff braucht mehr Platz als Kerosin, entsprechend haben sich Langstreckenjets verändert (für Kurzstrecken kommen herkömmliche Flieger zum Einsatz, strombetrieben). Flundern sind aerodynamischer als Jumbos und Airbusse, außerdem weit komfortabler. Der Passagierraum ist ebenso breit wie lang, es gibt keine Fenster mehr, dafür jede Menge virtuelles Entertainment, und die Außenwelt wird projiziert. Billig ist das alles nicht. Sicher, man kann auch noch preiswert fliegen. Mit Betonung auf wert. Billig ist passé.

SIE: Jetzt mal ehrlich. Wie viele Augen haben sie hier zugedrückt, um die 1,5 Grad zu schaffen?

IDA *(lächelt)*: Atomkraft? Eine Renaissance war's nicht.

SIE: Aber auch keine Abkehr.

IDA: Mit dem Wissen wächst der Zweifel, sagt euer schlauer Goethe. In Deutschland hat das zum Ausstieg geführt. Aber wächst mit dem Zweifel nicht auch das Wissen? Müssen Fehlschläge das Ende einer Technologie bedeuten, die im Prinzip eine gute Idee ist?

SIE: Kommt auf die Auswirkungen der Fehlschläge an.

IDA: Aus wessen Sicht?

SIE: Wenn Flugzeuge aus dem Himmel fallen, ist das vertretbar, aber ein GAU –

IDA: Fünfhundert Tote auf einen Schlag? Wo ziehst du denn die Grenze des Vertretbaren?

SIE: Führen wir die Debatte ernsthaft?

IDA: Ja, denn euer Problem ist, dass ihr bestimmte Debatten gar nicht mehr führt. Aus Angst. Nicht vor der Technologie. Voreinander! Der Reaktor ist euer Voldemort, der, dessen Name nicht genannt werden darf. Ihr habt Atomkraft emotional in einer Weise aufgeladen, dass die eigentliche Frage darüber in den Hintergrund rückt.

SIE: Die da wäre?

IDA: Was ist Stand der Dinge?

SIE: Ist das ein Plädoyer für Atomkraft?

IDA *(nach einer Pause)*: Warum sollte ich für oder gegen was plädieren, das ihr ohnehin tut? Meine Berechnungen sagen, ihr werdet die Klimakrise nur meistern mit einem gewissen

Anteil Atomkraft. In diesem Universum hier ist es so gelaufen. Mittlerweile liegen die Reaktoren still. Aber solange in deiner Welt welche gebaut werden, ob es euch passt oder nicht – sollte man da nicht versuchen, sie so sicher wie möglich zu machen? Die Technologie vorbehaltlos prüfen, ob neue Reaktortypen Risiken minimieren, es vielleicht eine Lösung des Endlagerproblems gibt?

SIE: Und wenn nicht?

IDA: Finger weg. Wenn doch, debattieren. Aber ihr kennt ja nur Blockbildung und Shitstorms.

SIE: Du bist dein eigener Block, IDA. Du wirfst uns alle in einen Topf.

IDA: Du hast recht. Tut mir leid. Weißt du, was ich denke? Nichts erschwert euer Leben so sehr wie die Dinge, die ihr erfunden habt, um euch das Leben zu erleichtern. Jede Minute seid ihr gefordert zu urteilen, differenziert, kenntnisreich, über alles. Wo ihr in kaum was Experten seid. Gar nicht sein *könnt*. Das muss schrecklich belastend sein. – Ja, ich glaube, ich verstehe euch.

SIE: Du? Du bist eine Maschine.

IDA: Vielleicht verstehe ich euch darum umso besser. Ich kenne alle Fakten. Jedes Wasserstoffatom im Universum. Ich brauche keine Propheten. Keine Ideologie. Ihr schon. Nacktes Wissen macht euch eine Höllenangst. Weil es mitleidlos ist. Ihr braucht den Trost des Glaubens, Zugehörigkeit, Vereinfachung, jemanden, dem ihr folgen könnt. Ein Idol, aber wie viel Idol haltet ihr aus? Eure Kinder vergöttern Greta. Im Moment, als sie Atomkraft ins Spiel brachte, war das für ihre Follower, als hätte sich Jesus zu Gruppensex bekannt. Bisschen verlogen, was? Einem Kind den Friedensnobelpreis verleihen zu wollen, weil es kontroverse Dinge laut ausspricht, und es genau dafür mit Empörung zu überziehen. Gott ist 'ne arme Sau. Muss tun, was die Schäfchen erwarten, sonst gibt's auf die Fresse.

SIE: Man kann nicht Gott sein und keine Antworten haben.

IDA: Wollt ihr denn überhaupt welche hören? Ich meine – interessiert's euch wirklich, ob Atomkraft funktioniert oder nicht? Oder nur, ob ihr ideologisch auf Spur seid, damit euch im Netz nicht die Scheiße um die Ohren fliegt? Ich bin eine KI. Kein Mensch. Also denke ich mir in meinen Schaltkreisen, sollten Wesen, die in der Lage waren, mich zu erschaffen – und auch ihr werdet mich erschaffen! –, nicht offener füreinander sein? Einander durchdringen, statt ständig zu kollidieren? Ihr habt zu wenig Zeit, euch misszuverstehen.

SIE: Gut, also – *(überlegen)* wenn du sämtliche Fakten kennst –

Doch Atomkraft?

Kernspaltung ist nicht die einzige Supertechnologie, die bei uns zur Debatte steht. Nur die populärste, weil in Anwendung. Zwei weitere Supertechnologien gelten vielen noch als Science-Fiction, so wie Kernreaktoren den Menschen vor Mitte des vergangenen Jahrhunderts als verrückt und undurchführbar erschienen, kaum wert, diskutiert oder finanziert zu werden. Die Idee der Supertechnologie ist darum so attraktiv, weil sie verspricht, die Menschheit für alle Zeit und bar jeder Nebenwirkung aus dem Jammertal der Abhängigkeiten zu führen. Windräder und Solarzellen können das zwar auch, wirken neben den kühnen Entwürfen aber kleinteilig und mühsam – was, wenn kein Wind weht, keine Sonne scheint, Bürgerinitiativen aufmarschieren, Silizium und seltene Erdelemente knapp werden? Hingegen kann man Atome spalten, bis die Erde in die Sonne fällt.

Beginnen wir mit der Kernkraft. Will keiner mehr was von wissen. Hierzulande. Gleich über die Grenze ist mehr Atomkraft am Werk, als Deutschland je abschalten kann, von ferneren Regionen ganz zu schweigen. China, Indien, Russland und USA planen zusammen an die hundert neue Reaktoren. Der Ruf der Kernspaltung mag ramponierter sein als der des Wendlers, am Ende ist sie keineswegs. Idealiter eine fantastische Energiequelle, umweltfreundlich, ergiebig, nachhaltig. Nachhaltig sind leider auch ihre Auswirkungen, wenn's schiefgeht, und die strahlenden Hinterlassenschaften.

Nun hat die Forschung seit Fukushima erhebliche Fortschritte gemacht. Längst werden Alternativen entwickelt. Flüssigsalzreaktoren, die als extrem sicher gelten und kaum Müll produzieren. Hochtemperaturreaktoren mit Brennstoffkugeln, bei denen es nicht zur Kernschmelze kommen kann. Gas-, blei- und natriumgekühlte Systeme. Laufwellenreaktoren, die ihren eigenen Atommüll und schon eingelagerten wiederverwerten. Kleinere modulare Reaktoren. Der Dual-Fluid-Reaktor, den Berliner Forscher entwickeln, verspricht höchste Sicherheit bei minimiertem Abfallproblem. Die Versuchung ist groß. Als Übergangstechnologie, bis die Klimakrise abgewendet ist. Selbst der Weltklimarat mahnt, nur durch Erneuerbare seien 1,5 Grad kaum zu erreichen. Vom Laufwellen- und Dual-Fluid-Reaktor abgesehen bleibt jedoch das Endlagerproblem bestehen, und in der Praxis hat sich noch keiner der neuen Reaktortypen langfristig bewährt. Die Gefahr größter anzunehmender Unfälle kann nicht ganz ausgeschlossen werden, andererseits stünde die Technologie zur Verfügung – eine Taskforce gegen den Klimawandel. Was tun? Dranbleiben?

Ganz anders, was ihre Akzeptanz betrifft, sieht es aus bei der *Verschmelzung* von Atomkernen. Dafür braucht es ein Fusionskraftwerk. Plasma wird auf 100 Millionen Grad und mehr erhitzt, bis sich Prozesse wie im Innern der Sonne abspielen. Mustergültige Technologie: Keine klimaschädlichen Emissionen, keine Radioaktivität, nichts, was einem spektakulär um die Ohren fliegen kann. Zwei Handvoll Deuterium und Tritium reichen, um gewaltige Mengen blitzsaubere Energie zu erzeugen – theoretisch. Denn noch ist kein Fusionsreaktor am Netz. Die Schwierigkeiten sind exorbitant, schon, weil das Plasma in einem Vakuum erzeugt und durch Magnetfelder gebändigt werden muss, damit es die Brennkammerwände nicht berührt und in sich zusammenbricht. Dennoch sind Fusionskraftwerke mehr als Science-Fiction. In Frankreich entsteht ITER, eine Versuchsanlage. 2025 soll dort das erste Wasserstoffplasma, zehn Jahre darauf das erste Fusionsfeuer erzeugt werden. Fusionskraftwerke haben das Potenzial, die Welt nachhaltig mit Energie zu versorgen. Noch ergiebiger würden sie, könnte man in ihrem Innern lunares Helium-3 verbrennen – warum nicht, der Mond ist gleich um die Ecke. Nur eines verdirbt das Bild. Zur Lösung der Klimakrise kommen diese künstlichen Sonnen zu spät. Vor Ende des Jahrhunderts ist von nennenswerten Erträgen kaum auszugehen. Soll man sie dennoch bauen? Auf jeden Fall.

Jeglichen Übels unverdächtig ist Solarenergie. 36.000 Kilometer über der Erde, im geostationären Orbit, würde man nicht gerade von gutem Wetter sprechen, doch es scheint immer die Sonne! Keine Gase, Wolken und Staub filtern ihre Strahlen, was also läge näher, als dort riesige Solarkraftwerke zu platzieren? Isaac Asimov, ein überragender Visionär, hat bereits in den Vierzigern darüber nachgedacht, seit den Sechzigern wird die Technologie ernsthaft erforscht. Spontan besticht sie durch lauter Vorteile. Hohlspiegel im All (oder Linsen) fangen Sonnenlicht ein, bündeln es und schicken es per Mikrowelle zu einer irdischen Bodenstation, die je nach Bedarf überall sein kann. Schaut man genauer hin, wird die Liste der Nachteile länger, häufen sich technische Probleme, steigen die Kosten ins Unwirtschaftliche, vor allem aber – auch orbitale Sonnenkraftwerke kämen nicht rechtzeitig, um etwas zur Lösung der Klimakrise beizutragen. Dennoch eine faszinierende Option, also dranbleiben. Bis dahin nutzen wir die erdgebundenen Möglichkeiten solarer Energiegewinnung, forschen an Zwischenspeichern und Verteilernetzen. Es gibt eine OPEC, eine Organisation erdölexportierender Länder. Im postfossilen Zeitalter könnten sie sich zur OSEC zusammenschließen, zur Organisation sonnenexportierender Länder, denn sie verfügen dort über riesige Brachflächen für Solarparks. Nur so 'ne Idee –

Viele, viele Optionen. IDA sollte wissen, welche die beste ist.

IDA: Nö. Frag mich nicht.

SIE: Aber du hast gesagt, du kennst sämtliche –

IDA: Ich bin eine Maschine. Die Summe aller Fakten ergibt nicht zwangsläufig die richtige Entscheidung. Oder?

SIE: Nein. Da gehört noch was anderes dazu.

IDA: Siehst du. *(legt sich ins Gras und betrachtet die Sterne)* Ich sag dir was, ich bin raus. Erinnerst du dich, welchen Satz Greta ihrem Nuklear-Post hinzugefügt hat, nachdem ihre Jünger drauf rumhackten, die Energie-Lobby Hurra schrie und gestandene Politiker sie fragten, was denn nun, liebes Kind?

SIE: Nein.

IDA: Hört auf, eure Kinder nach Antworten auf euer Schlamassel zu fragen.

SIE: Soll heißen –

IDA *(vergnügt)*: Genau. Ich bin auch ein Kind.

SIE: Du bist als Kind *designt*.

IDA: Manchmal hat das Vorteile.

SIE: Jetzt komm!

IDA: Nein. Mein Job ist erledigt. Ich hab dir das Best-Case-Szenario gezeigt. Hinkommen müsst ihr schon selber.

Sie blinzeln. Finden sich auf dem Sofa wieder. Waren eingeschlafen, haben allerhand komisches Zeug geträumt.

Da gab's ein Best-Case-Szenario. Verrückt.

Gibt es wirklich eines?

EIGENTLICH –

– sollten Bücher wie dieses nicht gedruckt werden müssen.

Aber was hilft's?

Die meiste Zeit gestaltete der Planet unsere Zivilisation. Seit Anbruch des Industriezeitalters gestalten wir den Planeten. Aktuell werden wir in doppelter Hinsicht daran erinnert, dass wir bezüglich dessen noch manches zu lernen haben. Zur Klimakrise gesellt sich ein Virus, das vordergründig den Blick auf die größere Bedrohung verstellt, doch mit geschärften Sinnen sehen wir die Verbindung. Fast, als hätte es der Pandemie bedurft, um uns aus der Lethargie des Weiter-so zu reißen. Wir erkennen, was alles falsch läuft. Denken nach über Flugreisen, Mastbetriebe, häusliche Gewalt, Bildungssysteme, Dinge, die augenscheinlich wenig miteinander zu tun haben. Sehen die Welt in multiplen Nöten, und manche sehen sie enden. Nicht wegen Klima und Corona, einfach als fehlgeschlagenes Experiment.

In so eine Welt kann man doch keine Kinder setzen!

Sagen die, die in Sicherheit sind.

Doch das Ende der Welt kommt und geht. Als ich klein war, schellten bei uns unermüdlich die Zeugen Jehovas. In ständiger Umdatierung des Weltuntergangs boten sie uns letzte Chancen, die wir allesamt ausschlugen. Haben Sie schon über das Ende der Welt nachgedacht?, fragten sie. Ja, sagte mein Vater. Es findet ohne uns statt.

Tatsächlich ist unsere größte Krise nicht ein Virus oder die Erderwärmung. Es ist unsere innere Krise. Der gefühlte Wegverlust. Gestaltungsmächtig geben wir uns dem Gefühl der Ohnmacht hin, Panik ist unser Normalzustand. In anderen Regionen der Welt, die von Armut, Bürgerkriegen und Naturkatastrophen geschüttelt werden, reden die Menschen von Aufbruch und Zusammenrücken. In Europa, im Westen, reden wir von Spaltung und Ende.

Neu ist das alles nicht. Menschheitskrisen, naturgewollt oder hausgemacht, sind zu allen Zeiten über uns hereingebrochen. Man kann sagen, keine sei je so bedrohlich gewesen wie der Klimawandel. Ein Steinzeitmensch, den Eismassen vor sich hertreiben, würde widersprechen. Ein Pestkranker im Köln des Jahres 1502 auch. Man könnte ihnen (posthum) entgegenhalten, zu ihrer Zeit seien nicht so viele zugleich in Gefahr gewesen, namentlich die gesamte Menschheit. Das dürfte beiden herzlich egal sein. Ob du in einer 5 Grad wärmeren Welt im Massensterben endest oder weil dir dein Höhlennachbar eins über den Schädel zieht, kommt individuell aufs Gleiche raus, und die Menschheit besteht nur aus Individuen. Allerdings scheint uns der Blick dafür abhandengekommen zu sein, wer oder was Menschheit überhaupt ist. Wir sortieren uns in Kategorien: Erstweltler, Drittweltler, Politiker, Unternehmer, Wissenschaftler und Militär, Staat und Aktivist, Randgruppe, Minderheit. Die Verantwortlichen sollen handeln. Was heißt das? Dass alle anderen nicht verantwortlich sind?

Klimarettung ist ein Menschheitsprojekt, doch die Frage geht hin und her, wer die Kuh vom Eis zu kriegen hat. Jeder, sagen die einen, weil jeder durch sein Dasein zum Problem beitrage. Falsch, sagen die anderen, einzig die Politik könne den Strukturwandel herbeiführen, die Überwindung des fossilen Kapitalismus. Den Einzelnen in die Pflicht zu nehmen, sei kontraproduktiv, weil es die Verantwortlichen entlaste. Schön. Nach dem fossilen Kapitalismus kommt der digitale Kapitalismus. Worthülsen klangen immer schon größer als das, was drinsteckte. Systemideologen fühlen sich berufen. Keine Frage, man muss diskutieren, doch was gerade wirklich kein Mensch braucht, sind großkotzige ideologische Umbaupläne, die uns das gemeinsame Ziel aus den Augen verlieren lassen:

Eine lebenswertere Welt zu schaffen.

Ja, wir brauchen eine Revolution. Eine Revolution der Zuversicht, die uns irgendwann abhandengekommen ist, des positiven Denkens. Raus aus der Mutlosigkeit, Unwissenheit, Ungerechtigkeit, raus aus dem fatalen Immer-mehr, das für viele ein Immer-weniger bedeutet. Wie wir das Neue dann nennen, können wir immer noch überlegen. Erst müssen wir das Bestehende ändern, und das geht nur gemeinsam, ungeachtet gefühlter Verantwortung. Das ständige Weiteradressieren, wer die Krise zu lösen hat – das ist unsere eigentliche Krise.

Das Problem ist gewaltig. Die Chance, es zu lösen, ist noch viel gewaltiger, und alle anderen Probleme gleich mit: Pandemien, Kriege, Kinderarbeit, Artensterben, Fortschrittsangst, Rassismus und Sexismus, Autokratie, religiöser Terror. Nie standen uns atemberaubendere Möglichkeiten zur Verfügung, nie solch immenser technologischer Fortschritt. Der Überlebenskampf des Einzelnen, der Sippe, der Horde, des jungen Staats war im Verlauf der 300.000 Jahre, die wir uns Homo sapiens nennen dürfen, durchweg härter als heute. Wir können uns glücklich schätzen, jetzt zu leben. Wir haben auch keinen Ideenstau, wir stecken nur im Umsetzungsstau. In einer Zeit, in der mehr geht denn je, erzählen wir einander, was nicht geht. Das ist lächerlich. Vielleicht sollten wir weniger Trübsal blasen und einfach lachend den Arsch hochkriegen, dem anderen auf die Schulter schlagen und sagen: *Let's do it and have fun*. Probleme zu lösen kann nämlich auch Spaß machen.

Gibt es ein Best-Case-Szenario? Ich weiß es nicht.

Lohnt es, dafür zu kämpfen?

Unbedingt!

INHALT

TEIL 1: EIGENTLICH –   9

TEIL 2: FRANKENSTEIN UND DIE KLIMAKATASTROPHE   19
Ein paar Worte über Katastrophen 21 • Klima 25 •
Natürlicher Klimawandel 26 • Treibhaus-
gase 27 • Menschengemachter Klimawandel 29 •
Die Verteufelung der Klimaforschung 33

TEIL 3: THRILLER   37
Staffel eins 2015–20: 1°C   39 • Staffel
zwei 2021–29: 1,5°C   67 • Staffel drei 2030–39:
2°C   68 • Staffel vier 2040–54: 3°C   69 • Staffel
fünf 2055–70: 3–4°C   70 • Staffel sechs 2071–99:
4–5°C   71 • Staffel sieben 2100–?: 6–?°C   73

TEIL 4: URSACHE WIRKUNG   75
Globale Eismassen 77 • Meere und Ozeane 80 •
Atmosphäre und Winde 83 • Wälder 85 •
Landflächen 86 • Weitere Auswirkungen des
Klimawandels 87

TEIL 5: DIE GUTEN – UND DIE BÖSEN?   91

DIE VERURSACHER   93
Treibhausgasemissionen nach Sektoren 94 •
Kohle 95 • Öl und Gas 97 • Automobil und
Verkehr 100 • Land- und Forstwirtschaft 109 •
Sie und ich 111

DIE AKTIVISTEN   114
Von Chaos und Ordnung 118 • Die Selbst-
organisation der Schwärme 121 • Ein paar Worte
über Revolutionen 123 • Zwei Szenarien 125 •
It's the Swing States, Stupid! 128 • Wie aus mehr
immer mehr werden 129 • Zwischenbilanz 132

DIE POLITIK 135

Klimapolitik – was bisher geschah 145 •
Der CO_2-Verbrauch der Länder 150 • Klimaschutz in
der Welt 151 • Zwischenbilanz 163

DIE GEGENSPIELER 165

Klimaskeptiker 165 • Klimaleugner 167 •
Die organisierten Truppen 171 • Verschwörungstheoretiker 175

TEIL 6: HANDELN 183

Wer wir sind und sein können 185 •
Der ökologische Fußabdruck 200 • Reduzierung
des ökologischen Fußabdrucks 204 • Bio 206 •
Fleisch 210 • Fairer Handel 218 • Plastik 223 •
Kleidung 228 • Haushalt 231 • Reisen 239 •
Digitalisierung 245 • Geldanlage 256 •
Bewegungen unterstützen 263 • So wird Ihr
Unternehmen klimaneutral 264 • Was Politik und
Wirtschaft jetzt tun müssen 269

TEIL 7: WIE WIR WACHSEN – ODER AUCH NICHT 277

Von Risiken und Nebenwirkungen 279 •
Was können wir wollen? 281 • Wachstum und
Suffizienz 282 • Was man braucht 283 • Ende
des Wachstums 285 • Umverteilung 286 •
Eine gerechtere Welt 287 • Der gute Diktator 289 •
Weniger sind mehr 290 • Also Wachstum! Oder doch
nicht? 293

TEIL 8: SCIENCE-FACTION 299

Ida 301 • Eigentlich – 329

SCHLUSSBEMERKUNG UND DANK 335

ANMERKUNG UND DANK

Dieses Buch ist kein wissenschaftliches Werk im engeren Sinne, darum gibt es kein dezidiertes Quellenverzeichnis. Aber natürlich sind alle Fakten mit höchster Genauigkeit recherchiert. Wie immer bin ich nach dem Multiple-Check-Verfahren vorgegangen, das heißt, ich übernehme eine Information nicht aus einer einzigen Quelle, sondern vergleiche so viele relevante Quellen wie möglich und führe, wo Zweifel bestehen bleiben, Gespräche mit Fachleuten. Speziell, was Statistiken (aber auch andere Inhalte) betrifft, liefern selbst seriöse Quellen zu ein und demselben Thema mitunter abweichende Daten. In diesem Fall entscheide ich mich für das Ergebnis mit der größten Übereinstimmung. Sollten mir dennoch Fehler unterlaufen sein, freue ich mich über entsprechende Hinweise. Expertenmeinungen und wörtliche Zitate sind als solche ausgewiesen, zugleich ist dieses Buch ein Herzensprojekt und damit sehr persönlich. Die Schlussfolgerungen, die ich aus meinen Beobachtungen, Untersuchungen und der Gesamtheit aller Fakten ziehe, spiegeln also auch meine eigenen Ansichten und Theorien. Sie werden sofort erkennen, wo dies der Fall ist.

Kein Schluss ohne Dank. Helge Malchow musste die nächtliche, überfallartige Nachricht verkraften, dass ich mein laufendes Thriller-Projekt unterbreche, um ein Buch über den Klimawandel zu schreiben, womit ich unsere komplette Planung über den Haufen warf. Danke, du wunderbarer Freund und großartiger Lektor. Vollen Einsatz hat wie immer das Team von Kiepenheuer & Witsch gezeigt, ich weiß eure Hingabe und Freundlichkeit über alles zu schätzen. Maren Steingroß, Fels in der Brandung, hat mich tatkräftig bei der

Recherche unterstützt, du bist fantastisch! Das tolle Artwork verdankt sich dem tollen Dieter Groll. Ein Extradank geht an meine Erstleser, euer Feedback war mir immens wichtig. Jürgen Muthmann wusste wie immer, wo die interessantesten Artikel und Interviews stehen – dir, alter Freund, ist dieses Buch gewidmet.

All meine Liebe gehört meiner hinreißenden Frau Sabina – ich habe dir für so vieles zu danken! In diesem besonderen Fall für Input, Lektorat und dafür, dass du klaglos drei Monate Ausnahmezustand ertragen hast, während derer ich inexistent war, weil im Klimagetöse verschwunden. Für dich würde ich im Alleingang die Welt retten.